2

BIBLIOTHÈQUE
LATINE-FRANÇAISE

PUBLIÉE

PAR

C. L. F. PANCKOUCKE.

PARIS, IMPRIMERIE DE C. L. F. PANCKOUCKE,
RUE DES POITEVINS, N. 14.

INSTITUTION

ORATOIRE

DE QUINTILIEN

TRADUCTION NOUVELLE

PAR C. V. OUIZILLE

CHEF DE BUREAU AU MINISTÈRE DE L'INTÉRIEUR

TOME CINQUIÈME.

PARIS
C. L. F. PANCKOUCKE
MEMBRE DE L'ORDRE ROYAL DE LA LÉGION D'HONNEUR
ÉDITEUR, RUE DES POITEVINS, N° 14.

M DCCC XXXII.

QUINTILIEN.

LIVRE DIXIÈME.

M. FABII QUINTILIANI

ORATORIÆ INSTITUTIONIS

LIBER X.

CAPUT I.

De copia verborum.

Sed hæc eloquendi præcepta, sicut cogitationi sunt necessaria, ita non satis ad vim dicendi valent, nisi illis firma quædam facilitas, quæ apud Græcos ἕξις nominatur, accesserit; ad quam *scribendo* plus, an *legendo*, an *dicendo* conferatur, solere quæri scio : quod esset diligenti nobis examinandum cura, si qualibet earum rerum possemus una esse contenti. Verum ita sunt inter se connexa et indiscreta omnia, ut, si quid ex his defuerit, frustra sit in ceteris laboratum : nam neque solida atque robusta fuerit unquam eloquentia, nisi multo stilo vires acceperit; et citra lectionis exemplum labor ille, carens rectore, fluit : qui autem scierit, quo quæque sint modo dicenda, nisi tamen in procinctu, paratamque ad omnes

QUINTILIEN

DE L'INSTITUTION ORATOIRE

LIVRE X.

CHAPITRE I.

De la lecture.

Autant les préceptes que nous avons donnés jusqu'ici sont nécessaires à méditer, autant ils sont insuffisans pour déployer toutes les forces de l'éloquence, si l'on n'y joint cet aplomb, cette habitude de la parole qui tient à une faculté de l'esprit que les Grecs appellent ἕξις. Est-ce à force d'écrire, ou de lire, ou de parler, que s'acquiert cette habitude? voilà une question que l'on entend faire tous les jours. Elle mériterait d'être approfondie, s'il était vrai qu'on pût se contenter de l'un de ces trois exercices; mais je les regarde comme tellement unis, tellement inséparables que, si l'on en négligeait un seul, tout le temps qu'on donnerait aux autres serait en pure perte. En effet, l'éloquence n'aura ni soutien, ni solidité, si l'on ne s'exerce beaucoup à écrire; on s'égarera, faute de guide et de modèle, sans le secours de la lecture; et sût-on comment chaque chose doit se dire, si l'on n'a une élocution toujours prête et

casus habuerit eloquentiam, velut clausis thesauris incubabit.

Non autem ut quidque præcipue necessarium est, sic ad efficiendum oratorem maximi protinus erit momenti : nam certe quum sit in eloquendo positum oratoris officium, *dicere* ante omnia est; atque hinc initium ejus artis fuisse manifestum est; proximam deinde *imitationem*, novissimam *scribendi* quoque *diligentiam*. Sed ut perveniri ad summa, nisi ex principiis non potest, ita procedente jam opere minima incipiunt esse, quæ prima sunt.

Verum nos non, quomodo instituendus orator, hoc loco dicimus; nam id quidem aut satis, aut certe uti potuimus, dictum est; sed athleta, qui omnes jam perdidicerit a præceptore numeros, quo genere exercitationis ad certamina præparandus sit : igitur eum, qui res invenire et disponere sciet, verba quoque et eligendi et collocandi rationem perceperit, instruamus qua ratione, quod didicit, facere quam optime, quam facillime possit. Num ergo dubium est, quin ei velut opes sint quædam parandæ, quibus uti, ubicunque desideratum erit, possit? Eæ constant *copia rerum ac verborum*.

Sed res propriæ sunt cujusque causæ, aut paucis communes; verba in universas paranda : quæ si in rebus sin-

pour toutes les occasions, on sera comme ces avares qui dorment à côté de leurs trésors enfouis.

Or, de ce qu'il y a des préceptes indispensables pour l'éloquence, il ne s'ensuit pas que ces préceptes soient ce qu'il y a de plus important pour faire un orateur; car assurément, puisque le devoir d'un orateur est de parler, c'est de parler qu'il s'agit avant tout. Aussi est-il évident que l'art a commencé par là; l'imitation n'est venue qu'ensuite, et c'est en dernier qu'on s'est imaginé d'écrire avec soin. Mais comme on ne parvient à la perfection dans aucune science, si l'on ne part des commencemens, il arrive qu'à mesure qu'on avance, les premières choses qu'on a apprises commencent à devenir les moindres.

Mon dessein n'est pas d'expliquer ici comment doit se former un orateur. C'est un sujet que j'ai traité assez au long dans les deux premiers livres, autant du moins que je l'ai pu. Mais, de même qu'un athlète à qui son maître a enseigné tous les secrets de la gymnastique, a besoin encore d'être préparé aux combats par un certain genre d'exercice; de même aussi le jeune orateur qui connaît déjà l'invention et la disposition, qui sait l'art de choisir ses mots et de les arranger, a besoin qu'on lui montre par quels moyens il tirera le parti le plus avantageux et le plus prompt des connaissances qu'il a acquises. Qui doute qu'il ne faille pour cela se ménager des ressources dont on puisse user au besoin, et que ces ressources n'existent que dans une grande abondance d'*idées* et de *mots?*

Mais les idées sont propres à une seule matière, ou communes à un petit nombre. Les mots, au contraire,

gulis essent singula, minorem curam postularent; nam cuncta sese cum ipsis protinus rebus offerrent : sed quum sint aliis alia aut magis propria, aut magis ornata, aut plus efficientia, aut melius sonantia, debent esse non solum nota omnia, sed in promptu, atque, ut ita dicam, in conspectu, ut, quum se judicio dicentis ostenderint, facilis ex his optimorum sit electio.

Et quæ idem significarent solitos scio ediscere, quo facilius et occurreret unum ex pluribus, et, quum essent usi aliquo, si breve intra spatium rursus desideraretur, effugiendæ repetitionis gratia sumerent aliud, quo idem intelligi posset : quod quum est puerile et cujusdam infelicis operæ, tum etiam utile parum; turbam enim modo congregat, ex qua sine discrimine occupet proximum quodque.

Nobis autem *copia cum judicio* paranda est, vim orandi, non circulatoriam volubilitatem spectantibus : id autem consequemur *optima legendo atque audiendo*: non enim solum nomina ipsa rerum cognoscemus hac cura, sed cui quodque loco sit aptissimum. Omnibus enim fere verbis, præter pauca, quæ sunt parum verecunda, in oratione locus est : nam scriptores quidem iamborum veterisque comœdiæ etiam in illis sæpe laudantur; sed nobis nostrum opus interim tueri sat est. Omnia verba, exceptis de quibus dixi, sunt alicubi op-

il en faut faire provision pour tous les sujets. S'il y en avait de particuliers pour chaque chose, le choix serait moins embarrassant, car ils s'offriraient sur-le-champ d'eux-mêmes avec les idées qu'ils représenteraient. Mais parmi ces mots, les uns sont plus propres, les autres plus ornés, ceux-ci plus expressifs, ceux-là plus sonores; il faut donc non-seulement les connaître tous, mais les avoir, pour ainsi dire, sous les yeux, afin que l'orateur discerne sans peine quels sont les meilleurs.

Quelques personnes, je le sais, ont la manie de se faire un fonds de synonymes, tant pour choisir plus aisément entre plusieurs mots, que pour éviter de se répéter, si le sens appelle le même mot à une distance trop rapprochée, en se servant d'un équivalent; mais, outre que ce procédé a quelque chose de puérile et de mesquin, j'y vois peu d'avantage; car ce ne sont, après tout, que des mots qu'on entasse pêle-mêle, pour prendre indistinctement le premier venu.

Pour nous, qui avons en vue la véritable éloquence, et non la verbeuse loquacité des charlatans de places, nous voulons que l'abondance soit réglée par le jugement. Or, cette abondance ne s'acquiert qu'en lisant les meilleurs écrivains, en entendant les meilleurs orateurs. C'est l'unique moyen d'apprendre à la fois à connaître les noms de chaque chose et la manière de les placer convenablement; car presque tous les mots trouvent place dans le discours, sauf un petit nombre que la pudeur désavoue; encore ceux-ci ont-ils souvent leur prix chez les poètes iambiques et dans le style naïf de la vieille comédie. Quant à nous, qu'il nous suffise

tima : nam et humilibus interim et vulgaribus opus, et quæ nitidiore in parte videntur sordida, ubi res poscit, proprie dicuntur. Hæc ut sciamus, atque eorum non significationem modo, sed formas etiam mensurasque norimus, et, ubicunque erunt posita, an conveniant, nisi multa lectione atque auditione assequi nullo modo possumus, quum omnem sermonem auribus primum accipiamus : propter quod infantes a mutis nutricibus jussu regum in solitudine educati, etiamsi verba quædam emisisse traduntur, tamen loquendi facultate caruerunt.

Sunt autem alia hujus naturæ, ut idem pluribus vocibus declarent, ita ut nihil significationis, quo potius utaris, intersit, ut *ensis* et *gladius;* alia, quæ etiamsi propria rerum aliquarum sint nomina, τροπικῶς quasi tamen ad eumdem intellectum feruntur, ut *ferrum* et *mucro*. Nam per abusionem *sicarios* etiam omnes vocamus, qui cædem telo quocunque commiserint : alia circuitu verborum plurium ostendimus; quale est, *Et pressi copia lactis* : plurima vero mutatione figuramus, *Scio, Non ignoro,* et, *Non me fugit,* et, *Non me præterit,* et, *Quis nescit?* et, *Nemini dubium est* : sed etiam ex proximo mutuari licet; nam et *Intelligo,* et *Sentio,* et *Video,* sæpe idem valent, quod *Scio.* Quorum nobis ubertatem ac divitias dabit lectio, ut non solum quomodo

d'être à l'abri de tout reproche. Tous les mots donc, excepté ceux dont je viens de parler, sont on ne peut mieux, quelque part : on a souvent besoin des plus humbles, des plus vulgaires ; et tel qui déparerait un style poli, devient le mot propre quand le sujet l'exige. Pour parvenir à savoir tous ces mots, à en connaître la signification, la forme, la mesure, et le lieu où ils produisent le plus d'effet, il ne faut pas se lasser de lire et d'écouter, car c'est par le sens de l'ouïe que tout langage se forme, et cela est si vrai que des enfans élevés dans la solitude, et confiés par le caprice d'un roi à des nourrices muettes, restèrent privés de l'usage de la parole, bien qu'on prétende qu'ils aient proféré certains mots.

Il est des mots qui expriment identiquement la même idée, en sorte qu'il n'y a pas à recourir à une signification intermédiaire, comme *ensis* et *gladius*, *épée* et *glaive*; d'autres qui, quoique propres à certaines choses, se rapportent à une seule, au moyen d'un trope, comme *ferrum*, *mucro*; *fer*, *pointe*. C'est ainsi que, par catachrèse, nous appelons *sicarios*, *sicaires*, tous ceux qui ont commis un meurtre, avec une arme quelconque. Il est des objets que nous exprimons par une périphrase, comme *pressi copia lactis**... beaucoup, que nous figurons, en changeant l'expression : *Je sais, Je n'ignore pas, Il ne m'a point échappé, Je n'ai pas oublié, Qui ne sait? Personne ne doute*, etc. Quelquefois, nous empruntons des idées analogues. *J'entends, Je sens, Je vois*, ont souvent la même signification que *Je sais*. C'est la lecture qui nous enrichira de ces diverses manières de s'exprimer, et qui nous enseignera à

---

* Virgile, *Éclog.* 1, v. 81, pour dire du *fromage*.

occurrent, sed etiam quomodo oportet, utamur : non semper enim hæc inter se idem faciunt; nec sicut de intellectu animi recte dixerim, *Video*, ita de visu oculorum, *Intelligo;* nec ut *mucro* gladium, sic *mucronem* gladius ostendit.

Sed ut copia verborum sic paratur, ita non verborum tantum gratia legendum, vel audiendum est: nam omnium, quæcunque docemus, hoc sunt exempla potentiora etiam ipsis, quæ traduntur, artibus, quum eo, qui discit, perductus est, ut intelligere ea sine demonstrante, et sequi jam suis viribus possit; quia, quæ doctor præcepit, orator ostendit.

Alia vero audientes, alia legentes magis adjuvant : excitat, qui dicit, spiritu ipso, nec imagine et ambitu rerum, sed rebus incendit : vivunt omnia enim, et moventur, excipimusque nova illa, velut nascentia, cum favore ac sollicitudine : nec fortuna modo judicii, sed etiam ipsorum, qui orant, periculo afficimur. Præter hæc, vox et actio decora, commoda, ut quisque locus postulabit, pronunciandi, vel potentissima in dicendo, ratio, et, ut semel dicam, pariter omnia, docent.

In lectione certius judicium, quod audienti frequenter aut suus cuique favor, aut ille laudantium clamor

nous en servir à propos et avec justesse ; car elles ne s'emploient pas toujours indifféremment l'une pour l'autre. Ainsi, on dira bien, en parlant des yeux de l'entendement, *Je vois*; et l'on ne dira pas, en parlant du sens de la vue, *Je comprends* : on dira bien un *fer* en parlant d'une *épée*, on ne dira pas une *épée* pour désigner un *fer*.

Mais de ce que c'est là le plus sûr moyen de se former un fonds abondant et riche, il ne s'ensuit pas qu'il faille lire et écouter, seulement pour apprendre des mots. Il faut étendre ces exercices à tout ce qui s'enseigne ; car les exemples sont bien plus puissans que les préceptes, sur un élève qui est en état d'en faire l'application sans le secours du maître, et qui peut suivre de lui-même la marche de l'orateur ; puisqu'en définitive, celui-ci ne fait que mettre en pratique les leçons du rhéteur.

Ces deux exercices, de lire et d'écouter, ont respectivement leurs avantages. D'un côté, celui qui parle nous communique le feu dont il est animé : ce ne sont plus des images, des périphrases, ce sont les objets eux-mêmes qui nous saisissent : tout a de la vie et du mouvement ; ces pensées neuves et hardies, qui semblent naître à sa voix, nous les accueillons avec transport, avec sollicitude ; pleins d'anxiété sur l'issue du jugement, nous tremblons même pour le sort de ceux qu'il défend. Ajoutez à cela que tout concourt à nous charmer et à nous instruire, la beauté de l'organe et du geste, et ce prestige du débit, si puissant dans les plaidoyers, quand il est en rapport avec la situation.

D'un autre côté, quand on lit, le jugement est beaucoup plus sûr. On n'a pas, comme lorsqu'on écoute,

extorquet : pudet enim dissentire, et velut tacita quadam verecundia inhibemur plus nobis credere, quum interim et vitiosa pluribus placeant, et a corrogatis laudentur etiam quæ non placent. Sed e contrario quoque accidit, ut optime dictis gratiam prava judicia non referant. Lectio libera est, nec actionis impetu transcurrit; sed repetere sæpius licet, sive dubites, sive memoriæ affigere velis : repetamus autem et tractemus; et ut cibos mansos ac prope liquefactos demittimus, quo facilius digerantur, ita lectio non cruda, sed multa iteratione mollita et velut confecta, memoriæ imitationique tradatur.

Ac diu non nisi optimus quisque, et qui credentem sibi minime fallat, legendus est, sed diligenter, ac pæne ad scribendi sollicitudinem; nec per partes modo scrutanda omnia, sed perlectus liber utique ex integro resumendus, præcipue oratio, cujus virtutes frequenter ex industria quoque occultantur : sæpe enim præparat, dissimulat, insidiatur orator, eaque in prima parte actionis

à se défendre d'une certaine prévention pour celui qui parle, on ne se voit pas arracher son suffrage par les acclamations qui retentissent autour de soi; on rougirait en effet d'être seul de son avis, on aurait une sorte de vergogne à s'en rapporter à soi-même plus qu'à tous les autres, quoique souvent ce soient des choses de fort mauvais goût qui plaisent au plus grand nombre, et qu'on rencontre même de ces louangeurs gagés, décidés à trouver bon tout ce qui déplaît : en revanche, il est vrai, les choses les mieux dites glissent sur ces esprits faux. Rien de tout cela dans la lecture. Elle vous laisse une pleine liberté : on n'est point entraîné par la rapidité du débit; on peut revenir à chaque instant sur ses pas, soit pour éclaircir des doutes, soit pour mieux retenir ce qu'on a lu. Or, on ne saurait trop reprendre et remanier ses lectures; et de même que nous mâchons nos alimens, que nous les réduisons presqu'à l'état de liquides, pour qu'ils soient plus facilement digérés, de même aussi nous devons, non dévorer à la hâte, mais broyer, triturer, et mettre, pour ainsi dire, en coction, nos lectures, afin qu'elles se gravent plus sûrement dans notre mémoire, et qu'elles portent tout leur fruit.

Je veux que, pendant long-temps, on ne lise que les meilleurs auteurs, ceux sur la foi desquels on court moins le risque de s'égarer; mais je veux qu'on les lise attentivement, qu'on se donne même la peine d'en transcrire des extraits. Il ne faut pas se contenter de tout examiner par parties : quand on a lu un livre, il faut le reprendre depuis le commencement, surtout si c'est un de ces plaidoyers, où les beautés de l'art sont cachées à dessein par l'orateur; car souvent il prépare,

dicit, quæ sunt in summa profutura; itaque suo loco minus placent, adhuc nobis, quare dicta sint, ignorantibus; ideoque erunt cognitis omnibus repetenda.

Illud vero utilissimum, nosse eas causas, quarum orationes in manus sumpserimus; et quoties continget, utrinque habitas legere actiones ; ut Demosthenis atque Æschinis inter se contrarias; et Servii Sulpicii atque Messalæ, quorum alter pro Aufidia, contra dixit alter; et Pollionis et Cassii reo Asprenate, aliasque plurimas. Quin etiam, si minus pares videbuntur, aliquæ tamen ad cognoscendam litium quæstionem recte requirentur; ut contra Ciceronis orationes, Tuberonis in Ligarium, et Hortensii pro Verre : quin etiam, easdem causas ut quisque egerit, utile erit scire : nam de domo Ciceronis dixit Calidius; et pro Milone orationem Brutus exercitationis gratia scripsit, etiamsi egisse eum Cornelius Celsus falso existimat. Et Pollio et Messala defenderunt eosdem, et nobis pueris insignes pro Voluseno Catulo, Domitii Afri, Crispi Passieni, Decimi Lælii orationes ferebantur.

Neque id statim legenti persuasum sit, omnia, quæ magni auctores dixerint, utique esse perfecta : nam et

il dissimule, il masque adroitement sa marche, et jette, en passant, dans la première partie de son discours, des traits qui lui serviront dans la suite. Voilà pourquoi nous remarquons moins certaines choses, ignorant dans quelle intention elles ont été dites; et c'est sur ces choses qu'il est bon de revenir, quand une fois nous connaîtrons tous les secrets de l'orateur.

Rien de plus utile que de faire connaissance avec ces causes dont on a les plaidoyers entre les mains, comme aussi de lire, toutes les fois qu'on le pourra, ceux qui ont été composés contradictoirement; par exemple, les harangues de Démosthène et d'Eschine, les plaidoyers de Servius Sulpicius et de Messala, l'un pour Aufidia, l'autre contre; ceux de Pollion et de Cassius, dans l'affaire d'Aspernas, et plusieurs autres. Quand les plaidoyers n'auraient pas tous le même mérite, quelques-uns du moins serviront à bien connaître l'état des questions qui y sont débattues, comme les oraisons de Tubéron contre Ligarius, et d'Hortensius pour Verrès, qui sont autant de réfutations des discours de Cicéron. Il n'y aura pas moins d'intérêt à savoir comment plusieurs orateurs ont traité les mêmes causes. Calidius a parlé pour le rétablissement de la maison de Cicéron; et Brutus a écrit, à titre d'exercice, une harangue pour Milon, qu'il n'a pas prononcée, comme le croit à tort Cornelius Celsus. Pollion et Messala ont aussi défendu les mêmes personnes; et, dans mon enfance, on citait avec éloge les plaidoyers de Domitius Afer, de Crispus Passienus et de Decimus Lélius, en faveur de Volusenus Catulus.

Mais n'allez pas, en lisant les grands écrivains, vous prévenir de cette fausse idée, que tout ce qu'ils ont dit

labuntur aliquando, et oneri cedunt, et indulgent ingeniorum suorum voluptati; nec semper intendunt animum; nonnunquam fatigantur, quum Ciceroni dormitare interim Demosthenes, Horatio vero etiam Homerus ipse videatur. Summi enim sunt, homines tamen : acciditque his, qui, quidquid apud illos reperietur, dicendi legem putant, ut deteriora imitentur (id enim est facilius), ac se abunde similes putent, si vitia magnorum consequantur.

Modeste tamen et circumspecto judicio de tantis viris pronunciandum est, ne, quod plerisque accidit, damnent quæ non intelligunt : ac si necesse est in alteram errare partem, omnia eorum legentibus placere, quam multa displicere, maluerim.

Plurimum dicit oratori conferre Theophrastus lectionem poetarum; multique ejus judicium sequuntur; neque immerito : namque ab his in rebus spiritus, et in verbis sublimitas, et in affectibus motus omnis, et in personis decor petitur, præcipueque velut attrita quotidiano actu forensi ingenia optime rerum talium blanditia reparantur : ideoque in hac lectione Cicero requiescendum putat. Meminerimus tamen, non per omnia poetas esse oratori sequendos, nec libertate verborum, nec licentia figurarum; genus ostentationi comparatum, et præter id, quod solam petit voluptatem, et eam, fin-

est parfait : car ils bronchent quelquefois, ou ils plient sous le faix, ou ils se laissent trop aller à la pente de leur génie; enfin, leur esprit n'est pas toujours tendu, ils se fatiguent. Cicéron trouve que Démosthène s'endort parfois, Horace en dit autant d'Homère lui-même; c'est qu'en effet, tout grands qu'ils sont, ils appartiennent à l'humanité ; et l'on s'expose, en prenant tout chez eux pour autant d'oracles, à n'imiter que ce qu'ils ont de faible, ce qui n'est jamais bien difficile, et à se croire semblables à eux, quand on n'a copié que leurs défauts.

Ce n'est toutefois qu'avec réserve et circonspection qu'il faut prononcer sur ces grands écrivains, de peur de faire comme tant de gens qui condamnent ce qu'ils n'entendent pas; et s'il faut pécher par quelque côté, encore vaut-il mieux, à mon sens, tout admirer en eux, qu'y trouver beaucoup à reprendre.

Théophraste dit que la lecture des poètes est très-importante pour un orateur. On est généralement de cet avis et avec raison, car c'est chez eux qu'on trouve le sublime des pensées, la magnificence des expressions, le mouvement et la variété des sentimens, la beauté des caractères; et tout cela, il faut en convenir, a un charme bien fait pour retremper des esprits usés, pour ainsi dire, par l'action journalière du barreau : aussi Cicéron recommande-t-il beaucoup cette lecture. Cependant, souvenons-nous que les poètes ne sont pas bons à suivre en tout par l'orateur, et qu'il ne doit surtout les imiter ni pour la liberté dans les mots, ni pour la hardiesse dans les figures; souvenons-nous que ce genre où l'on n'aspire qu'à briller, outre qu'il

gendo non falsa modo, sed etiam quædam incredibilia, sectatur, patrocinio quoque aliquo juvari; quod alligata ad certam pedum necessitatem non semper uti propriis possit, sed depulsa recta via, necessario ad eloquendi quædam deverticula confugiat; nec mutare quædam modo verba, sed extendere, corripere, convertere, dividere cogatur: nos vero armatos stare in acie, et summis de rebus decernere, et ad victoriam niti. Neque ego arma squalere situ ac rubigine velim, sed fulgorem inesse, qui terreat, qualis est ferri, quo mens simul visusque præstringitur; non qualis auri argentique, imbellis, et potius habenti periculosus.

Historia quoque alere orationem quodam uberi jucundoque succo potest; verum et ipsa sic est legenda, ut sciamus plerasque ejus virtutes oratori esse vitandas : est enim proxima poetis, et quodammodo carmen solutum; et scribitur ad narrandum, non ad probandum; totumque opus non ad actum rei, pugnamque præsentem, sed ad memoriam posteritatis, et ingenii famam componitur; ideoque et verbis remotioribus, et liberioribus figuris narrandi tædium evitat. Itaque, ut dixi, neque illa *Sallustiana brevitas,* qua nihil apud aures vacuas atque eruditas potest esse perfectius, apud occu-

sacrifie tout au plaisir, et s'égare quelquefois pour plaire dans de folles fictions, jouit encore d'un certain privilège. En effet, les poètes, esclaves de la mesure, ne peuvent pas toujours employer le terme propre; et, forcés quelquefois de dévier, ils se jettent dans les détours et les faux-fuyans; non contens même de changer certains mots, ils sont réduits à les étendre ou à les resserrer, à les bouleverser ou à les séparer. Pour nous, véritables soldats armés de toutes pièces, c'est pour les intérêts les plus graves qu'il nous faut combattre, et la victoire, voilà le but où doivent tendre tous nos efforts. Je ne veux pas pour cela que nos armes soient sales et rouillées, je veux, au contraire, qu'elles jettent de l'éclat, mais un éclat terrible, tel que celui du fer qui porte l'effroi dans l'âme, en même temps qu'il éblouit les yeux; non tel que celui de l'or et de l'argent, véritable apanage de la mollesse, et dangereux seulement à qui s'en pare.

L'histoire peut aussi nourrir et fortifier l'éloquence par un certain suc agréable et doux qui lui est propre. Mais il faut la lire sans perdre de vue que la plupart de ses qualités seraient des défauts dans l'orateur. En effet, elle a beaucoup d'affinité avec la poésie dont elle ne se distingue guère qu'en ce qu'elle n'est point assujétie à un mètre régulier. Elle se propose de narrer et non de prouver. Ce n'est point une cause qu'elle plaide, un combat présent qu'elle engage, c'est une série de faits qu'elle transmet à la postérité avec la gloire et le génie de l'écrivain. Elle a donc besoin, pour varier ses récits, de se donner plus de carrière dans le choix des termes et des figures. C'est pourquoi, ainsi que je l'ai dit, ni la brièveté de Salluste, qui est ce que je connais

patum variis cogitationibus judicem, et sæpius ineruditum, captanda nobis est; neque illa *Livii lactea ubertas* satis docebit eum, qui non speciem expositionis, sed fidem quærit. Adde, quod M. Tullius ne Thucydidem quidem, aut Xenophontem utiles oratori putat, quamquam illum *bellicum canere*, hujus *ore Musas esse locutas* existimet.

Licet tamen nobis in digressionibus uti vel historico nonnunquam nitore, dum in his, de quibus erit quæstio, meminerimus non athletarum toris, sed militum lacertis opus esse; nec versicolorem illam, qua Demetrius Phalereus dicebatur uti, vestem bene ad forensem pulverem facere.

Est et alius ex historiis usus, et is quidem maximus, sed non ad præsentem pertinens locum, ex cognitione rerum exemplorumque, quibus inprimis instructus esse debet orator, ne omnia testimonia exspectet a litigatore; sed pleraque ex vetustate diligenter sibi cognita sumat, hoc potentiora, quod ea sola criminibus odii et gratiæ vacant.

A philosophorum vero lectione ut essent multa nobis petenda, vitio factum est alio oratorum, qui quidem illis optima sui operis parte cesserunt : nam et de justis,

de plus parfait pour des oreilles attentives et délicates, ne réussira auprès d'un juge, préoccupé de mille pensées et, le plus souvent, étranger aux lettres; ni l'abondance de Tite-Live, qu'on compare à un ruisseau de lait, ne satisfera celui qui, peu touché de la beauté d'une exposition, n'y cherche que la vérité. Je m'appuierai encore ici de l'autorité de Cicéron, qui pense que Thucydide et Xénophon eux-mêmes ne peuvent être utiles à un orateur, quoiqu'il ait dit du premier qu'il *embouche merveilleusement la trompette héroïque,* et du second, que *les Muses ont parlé par sa bouche.*

Nous pouvons cependant user quelquefois dans nos digressions du fard de l'histoire, pourvu que, dans les points essentiels de la question, nous nous souvenions qu'il faut déployer le courage et la vigueur d'un soldat, plutôt que l'appareil musculaire d'un athlète, et que la robe bariolée dont on dit que se servait Demetrius de Phalère, ne convient point à la poussière du barreau.

Il est encore un autre parti fort avantageux à tirer de l'histoire, mais étranger à ce que nous traitons ici : c'est la connaissance qu'on y acquiert d'une multitude de faits et d'exemples, dont l'orateur ne peut jamais être trop pourvu, s'il veut n'être pas réduit à tirer tous ses témoignages de la cause même : témoignages qu'une étude bien approfondie de l'antiquité lui fournira pour la plupart, et qui ont d'autant plus de prix, qu'ils ne sont entachés d'aucun soupçon de haine ou de faveur.

Nous avons aussi, grâce à l'indolence des orateurs qui se sont volontairement démis de la plus noble partie de leur tâche[*], beaucoup de richesses à exploiter dans

---

[*] *Voyez* l'Exorde du premier livre.

honestis, utilibus, iisque quæ sint istis contraria, et de rebus divinis maxime dicunt, et argumentantur acriter; et altercationibus atque interrogationibus oratorem futurum optime Socratici præparant. Sed his quoque adhibendum est simile judicium, ut etiam quum in rebus versemur iisdem, non tamen eamdem esse conditionem sciamus litium ac disputationum, fori et auditorii, præceptorum et periculorum

Credo exacturos plerosque, quum tantum esse utilitatis in legendo judicemus, ut id quoque adjungamus operi, qui sint, quæ in quoque auctore præcipua virtus: sed persequi singulos, infiniti fuerit operis. Quippe quum in Bruto M. Tullius tot millibus versuum de romanis tantum oratoribus loquatur, et tamen de omnibus ætatis suæ, quibuscum vivebat, exceptis Cæsare atque Marcello, silentium egerit, quis erit modus, si et illos, et qui postea fuerunt, et Græcos omnes, et philosophos et poetas persequi velim? Fuit igitur brevitas illa tutissima, quæ apud Livium in epistola ad filium scripta, *legendos Demosthenem atque Ciceronem; tum ita, ut quisque esset Demostheni et Ciceroni simillimus.*

la lecture des philosophes, car ils embrassent tous les points de la morale : le juste, l'honnête, l'utile, le bien et le mal, et particulièrement les choses divines ; et ils se livrent sur ces divers sujets à des discussions très-vives. Les philosophes de l'école de Socrate sont surtout propres à former un jeune orateur par la subtilité de leurs altercations et de leurs questions. Il faut donc les lire ; mais cette lecture demande autant de discernement que les autres ; et, traitât-on incidemment les mêmes questions, il faut qu'on sache qu'autre chose est de plaider ou de soutenir une thèse, de parler au barreau ou dans une école, d'exposer des préceptes ou de défendre les jours d'un client.

Je ne serais point surpris qu'ayant fait connaître toute l'importance que j'attache à la lecture, on exigeât de moi, comme complément de ma doctrine, d'indiquer quels sont les auteurs qu'on doit lire, et quelles qualités se remarquent principalement dans chacun d'eux. Mais ce serait un travail infini de les parcourir tous ; et quand je songe que Cicéron, dans son *Brutus*, a consacré tant de pages à passer en revue les seuls orateurs romains, sans dire un mot de ceux de son siècle, au milieu desquels il vivait, à l'exception de César et de Marcellus, je me demande où je m'arrêterais si je voulais parler de ceux qu'a omis Cicéron, et de ceux qui les ont suivis, et de tous les Grecs, et des philosophes et des poètes ? Le plus sûr donc est de m'en tenir à la brièveté de Tite-Live, qui, dans une lettre à son fils, dit : *Qu'il faut lire d'abord Démosthène et Cicéron, et ensuite les autres orateurs, mais à proportion qu'ils se rapprochent plus de ces deux grands modèles.*

Non est tamen dissimulanda nostri quoque judicii summa : paucos et vix ullum ex his, qui vetustatem pertulerunt, existimo posse reperiri, quin judicium adhibentibus allaturus sit utilitatis aliquid, quum se Cicero ab illis quoque vetustissimis auctoribus, ingeniosis quidem, sed arte carentibus, plurimum fateatur adjutum. Nec multo aliud de novis sentio : quotus enim quisque inveniri tam demens potest, qui ne minima quidem alicujus certe fiducia partis memoriam posteritatis speraverit? qui si quis est, intra primos statim versus deprehendetur, et citius nos dimittet, quam ut ejus nobis magno temporis detrimento constet experimentum. Sed non quidquid ad aliquam partem scientiæ pertinet, protinus ad faciendam etiam φράσιν, de qua loquimur, accommodatum.

Verum antequam de singulis loquar, pauca in universum de varietate opinionum dicenda sunt : nam quidam solos veteres legendos putant, neque in ullis aliis esse naturalem eloquentiam, et robur viris dignum, arbitrantur; alios recens hæc lascivia, deliciæque, et omnia ad voluptatem multitudinis imperitæ composita, delectant; ipsorum etiam, qui rectum dicendi genus sequi volunt, alii pressa demum et tenuia, et quæ minimum ab usu quotidiano recedant, sana et vere attica putant; quosdam elatior ingenii vis, et magis concitata,

Cependant, s'il faut dire ici sommairement ce que je pense, il y a très-peu, ou plutôt, il n'y a pas un seul des écrivains qui ont surnagé jusqu'à nous, dont la lecture ne puisse profiter par quelque endroit à qui saura les lire avec jugement. Cicéron n'avoue-t-il pas qu'il doit beaucoup aux plus anciens auteurs, malgré le défaut d'art qui se fait sentir dans leurs écrits, d'ailleurs ingénieux? C'est à peu près ce que je pense aussi des modernes. Combien en trouve-t-on d'assez dénués de toute espèce de mérite, pour n'avoir pu, dans une partie si minime qu'elle soit, espérer raisonnablement un regard de la postérité? que s'il s'en rencontre un, il se trahira dès les premières lignes; et, rebutés bien vite, nous ne perdrons pas notre temps à pousser plus loin l'expérience. Mais, ce ne sont pas quelques parties bien traitées qui donneront ce tour de phrase, cette élocution dont je m'occupe.

Avant de parler de chaque auteur en particulier, faisons quelques remarques générales sur la diversité des goûts. Les uns croient qu'il faut s'en tenir à la lecture des anciens, parce qu'on ne trouve qu'en eux cette éloquence naturelle, ces traits mâles qui conviennent à la dignité de l'homme. D'autres ne prisent, au contraire, que ces formes efféminées qu'on a, depuis peu, introduites dans le style, ces grâces étudiées et tous ces petits moyens qu'on met en œuvre pour plaire à une multitude ignorante. Ceux-ci ne font cas que d'un langage simple et droit; ceux-là n'estiment bon et dans le goût attique que ce qui est concis et léger, et qui

et alti spiritus plena capit; sunt etiam lenis, et nitidi, et compositi generis non pauci amatores : de qua differentia disseram diligentius, quum de genere dicendi quærendum erit.

Interim summatim, quid et a qua lectione petere possint, qui confirmare facultatem dicendi volunt, attingam : paucos enim, qui sunt eminentissimi, excerpere in animo est : facile est autem studiosis, qui sint his simillimi, judicare; ne quisquam queratur omissos forte aliquos, quos ipse valde probet : fateor enim plures legendos esse, quam qui a me nominabuntur : sed nunc genera ipsa lectionum, quæ præcipue convenire intendentibus, ut oratores fiant, existimem, persequor.

Igitur, ut Aratus *ab Jove incipiendum* putat, ita nos rite cœpturi ab *Homero* videmur : hic enim, quemadmodum *ex oceano* dicit ipse *amnium vim fontiumque cursus initium capere*, omnibus eloquentiæ partibus exemplum et ortum dedit : hunc nemo in magnis rebus sublimitate, in parvis proprietate superaverit : idem lætus ac pressus, jucundus et gravis, tum copia, tum brevitate mirabilis; nec poetica modo, sed oratoria virtute eminentissimus : nam ut de laudibus, exhortationibus, consolationibus taceam, nonne vel nonus liber, quo missa ad Achillem legatio continetur, vel in primo inter duces

s'éloigne le moins du ton de la conversation. Il en est que séduit une certaine trempe d'esprit qui dit tout avec élévation, avec impétuosité, avec feu. Je connais aussi bon nombre d'amateurs qui préfèrent une composition où tout est coulant, poli, châtié. J'examinerai plus à fond ces divers sentimens, quand je traiterai des genres de style.

En attendant, disons succinctement quelles lectures conviennent à ceux qui veulent se fortifier dans l'éloquence, et quels avantages ils peuvent y trouver ; car je ne veux offrir qu'un petit nombre d'écrivains, mais les plus éminens. Or, comme il est facile d'apprécier par l'étude ceux qui s'en rapprochent le plus, personne ne sera fondé à se plaindre si j'omets, par hasard, quelques-uns des auteurs qu'il affectionne ; car je déclare qu'il y en a plus à lire que je n'en nommerai. Passons aux lectures que je crois principalement convenir à quiconque s'applique à devenir orateur.

Comme Aratus[*] croit devoir débuter par Jupiter, ainsi nous ne saurions mieux faire que de commencer par le grand nom d'*Homère;* car, lui appliquant à lui-même ce qu'il dit de l'Océan, que les mers, les fleuves et les fontaines y prennent tous leur source, ne peut-on pas dire qu'il est le modèle et le type de toutes les parties de l'éloquence ? Non, personne ne le surpassera jamais ni en sublimité dans les grandes choses, ni en naturel et en propriété dans les petites. Tour-à-tour fleuri et serré, grave et doux, il n'est pas moins admirable dans son abondance que dans sa concision. Il n'a pas seulement, au plus haut degré, toutes les qualités du poète ; il a

---

[*] Dans son poëme des *Phénomènes.*

illa contentio, vel dictæ in secundo sententiæ, omnes litium ac consiliorum explicant artes? Affectus quidem, vel illos mites, vel hos concitatos, nemo erit tam indoctus, qui non in sua potestate hunc auctorem habuisse fateatur.

Age vero, non utriusque operis ingressus in paucissimis versibus legem prooemiorum, non dico, servavit, sed constituit? nam benevolum auditorem invocatione Dearum, quas præsidere vatibus creditum est, et intentum proposita rerum magnitudine, et docilem summa celeriter comprehensa facit. Narrare vero quis brevius, quam qui mortem nuntiat Patrocli, quis significantius potest, quam qui Curetum Ætolorumque prælium exponit? jam similitudines, amplificationes, exempla, digressus, signa rerum et argumenta, cæteraque quæ probandi ac refutandi sunt, ita multa, ut etiam, qui de artibus scripserunt, plurimi harum rerum testimonium ab hoc poeta petant. Nam epilogus quidem quis unquam poterit illis Priami rogantis Achillem precibus æquari?

Quid? in verbis, sententiis, figuris, dispositione totius operis, nonne humani ingenii modum excedit? ut

encore toutes celles de l'orateur. En effet, sans parler des nombreux passages de l'*Iliade*, où il se montre si habile à louer, à exhorter, à consoler, ne trouve-t-on pas, dans l'ambassade envoyée vers Achille, au neuvième livre; dans la dispute entre ce héros et Agamemnon, au premier; dans les divers avis ouverts par les principaux chefs des Grecs, au deuxième, tous les secrets de l'art qui constituent les plaidoyers et les délibérations? Est-il quelqu'un d'assez ignorant pour ne pas reconnaître qu'il manie à son gré les deux plus grands ressorts de l'éloquence, la peinture des mœurs et le langage des passions?

N'a-t-il pas aussi, dans l'introduction de ses deux poëmes, je ne dis pas observé, en très-peu de vers, mais établi, fixé les lois de l'exorde? D'abord, il gagne la bienveillance de son lecteur par une invocation aux déesses qui, alors, étaient censées inspirer les poètes; ensuite, il éveille son attention par la grandeur des sujets qu'il se propose de chanter, et enfin il la captive par l'exposé sommaire de ces sujets. Est-il un modèle de narration plus concise que le récit de la mort de Patrocle? quoi de plus significatif que la description du combat des Curètes et des Étoliens? parlerai-je des comparaisons, des amplifications, des exemples, des digressions, des argumens, des preuves et des réfutations? tout cela abonde tellement chez Homère, que ceux même qui ont écrit sur l'art oratoire ont pris la plupart de leurs autorités dans ce poète. Quant à l'épilogue, en est-il un qui puisse jamais égaler Priam suppliant aux pieds d'Achille?

Enfin, dans les expressions, dans les pensées, dans les figures, comme dans l'entente générale de la com-

magni sit viri, virtutes ejus non æmulatione, quod fieri non potest, sed intellectu sequi.

Verum hic omnes sine dubio, et in omni genere eloquentiæ procul a se reliquit; epicos tamen præcipue, videlicet quia clarissima in materia simili comparatio est.

Raro assurgit *Hesiodus,* magnaque pars ejus in nominibus est occupata; tamen utiles circa præcepta sententiæ, levitasque verborum et compositionis probabilis; daturque ei palma in illo medio genere dicendi.

Contra in *Antimacho* vis et gravitas, et minime vulgare eloquendi genus habet laudem : sed quamvis ei secundas fere grammaticorum consensus deferat, et affectibus, et jucunditate, et dispositione, et omnino arte deficitur, ut plane manifesto appareat, quanto sit aliud proximum esse, aliud secundum.

Panyasin ex utroque mixtum putant in eloquendo, neutriusque æquare virtutes; alterum tamen ab eo materia, alterum disponendi ratione superari.

Apollonius in ordinem a grammaticis datum non venit, quia Aristarchus atque Aristophanes, poetarum judices, neminem sui temporis in numerum redegerunt; non tamen contemnendum edidit opus æquali quadam mediocritate.

position, n'a-t-il pas excédé la mesure de l'esprit humain à ce point, que c'est la marque d'un grand talent, non d'imiter ses perfections, ce qui me paraît impossible, mais de les comprendre?

Homère a donc laissé bien loin derrière lui tous les autres écrivains, dans tous les genres d'éloquence, et notamment les poëtes épiques; car c'est surtout en le comparant avec ceux qui ont couru la même carrière, que son triomphe est plus éclatant.

Hésiode s'élève rarement; son poëme n'est, en grande partie, qu'une nomenclature; cependant, il a de belles sentences mêlées à d'utiles préceptes; son style est poli, sa composition passable. On lui donne la palme dans le genre modéré.

Antimaque, au contraire, se distingue par la force et la solidité. Le genre de son éloquence n'est rien moins que vulgaire et vaut son prix. Mais quoique les grammairiens lui défèrent presque unanimement la seconde place, je trouve qu'il manque absolument d'art, qu'il pèche par la disposition, et qu'il n'a ni mouvement, ni grâce; ce qui prouve quelle différence c'est, d'approcher de quelqu'un ou d'être le premier après lui.

On croit que *Panyasis* tient de ces deux poètes; qu'il n'égale ni l'un ni l'autre pour les qualités, mais qu'il surpasse Hésiode par le choix du sujet, et Antimaque sous le rapport de la disposition.

Apollonius n'est point classé par les grammairiens, parce que Aristarque et Aristophane, qui s'étaient constitués juges des poètes, n'ont compris dans leur liste aucun écrivain de leur temps. Il a cependant fait un ouvrage qui n'est point à dédaigner, à cause d'une certaine médiocrité qui se soutient.

Arati materia motu caret, ut in qua nulla varietas, nullus affectus, nulla persona, nulla cujusquam sit oratio; sufficit tamen operi, cui se parem credidit.

Admirabilis in suo genere *Theocritus;* sed musa illa rustica et pastoralis non forum modo, verum ipsam etiam urbem reformidat.

Audire videor undique congerentes nomina plurimorum poetarum : quid? Herculis acta non bene *Pisandros?* quid? *Nicandrum* frustra secuti *Macer* atque *Virgilius?* quid? *Euphorionem* transibimus? quem nisi probasset Virgilius, idem nunquam certe conditorum chalcidico versu carminum fecisset in Bucolicis mentionem : quid? Horatius frustra *Tyrtæum* Homero subjungit? Nec sane quisquam est tam procul a cognitione eorum remotus, ut non indicem certe ex bibliotheca sumptum transferre in libros suos possit : nec ignoro igitur quos transeo, nec utique damno, ut qui dixerim esse in omnibus utilitatis aliquid; sed ad illos jam perfectis constitutisque viribus revertemur : quod in cœnis grandibus sæpe facimus, ut, quum optimis satiati sumus, varietas tamen nobis ex vilioribus grata sit.

Tunc et elegiam vacabit in manus sumere, cujus princeps habetur *Callimachus;* secundas confessione

La matière d'*Aratus* ne comporte pas de mouvement : aussi n'y remarque-t-on aucune variété, aucun sentiment, aucun caractère, pas un personnage qui parle. Toutefois, ce poète a prouvé qu'il n'avait pas entrepris une tâche au dessus de ses forces.

Théocrite est admirable dans son genre; mais sa muse, toute champêtre et toute pastorale, figurerait mal au barreau et même à la ville.

Je crois entendre d'ici ajouter une foule d'autres poètes à ceux que je viens de citer. Quoi! dira-t-on, *Pisandre* n'a-t-il pas chanté avec succès les travaux d'Hercule? Et *Nicandre*, est-ce à tort qu'il a été imité par Macer et Virgile? et *Euphorion*, n'en direz-vous rien? Virgile en faisait cas pourtant : sans cela, eût-il parlé dans ses *Bucoliques*, de ces chants qu'il médite à la manière du poète de Chalcis? et *Tyrtée*, est-ce en vain qu'Horace le met immédiatement après Homère? Je réponds qu'il n'est personne à qui ces poètes soient tellement inconnus, qu'il ne puisse s'en procurer un catalogue dans quelque bibliothèque, et les ajouter aux livres qu'il possède déjà. Ainsi, ce n'est pas parce que ces poètes ne me sont pas connus, que je les passe sous silence; ce n'est pas non plus parce que j'en désapprouve la lecture, puisque j'ai dit que tous présentaient quelque utilité; mais nous reviendrons à eux quand nos forces auront acquis du développement. Nous agirons comme dans ces repas somptueux, où, après nous être rassasiés des meilleurs mets, nous nous rejetons sur les plus simples, pour le plaisir de varier.

Alors aussi, il sera temps de faire connaissance avec l'élégie, où *Callimaque* tient le premier rang, et

plurimorum *Philetas* occupavit. Sed dum assequimur illam firmam, ut dixi, facilitatem, optimis assuescendum est; et multa magis quam multorum lectione formanda mens, et ducendus color.

Itaque ex tribus receptis Aristarchi judicio scriptoribus iamborum, ad ἕξιν maxime pertinebit unus *Archilochus*. Summa in hoc vis elocutionis, quum validae, tum breves vibrantesque sententiae, plurimum sanguinis atque nervorum, adeo ut videatur quibusdam, quod quoquam minor est, materiae esse, non ingenii vitium.

Novem vero lyricorum longe *Pindarus* princeps, spiritus magnificentia, sententiis, figuris, beatissima rerum verborumque copia, velut quodam eloquentiae flumine; propter quae Horatius eum merito credidit nemini imitabilem.

Stesichorum, quam sit ingenio validus, materiae quoque ostendunt, maxima bella et clarissimos canentem duces, et epici carminis onera lyra sustinentem : reddit enim personis in agendo simul loquendoque debitam dignitatem; ac, si tenuisset modum, videtur aemulari proximus Homerum potuisse; sed redundat, atque ef-

Philetas le second, de l'avis de plusieurs critiques. Mais tant que nous travaillons à obtenir cette facilité, cet aplomb dont j'ai parlé, c'est avec les meilleurs ouvrages qu'il faut nous familiariser; et c'est moins en lisant un grand nombre d'auteurs, qu'en lisant beaucoup les bons, que nous parviendrons à donner de la solidité à notre esprit et de la couleur à notre style.

Voilà pourquoi des trois poètes qui ont écrit en vers iambes, et qui sont dignes de mémoire au jugement d'Aristarque, *Archiloque* est le seul qui soit éminemment propre à développer cette *facilité*. Il y a, en effet, dans ce poète, une grande vigueur d'élocution, des pensées fortes, des traits vifs et perçans; c'est un corps plein de sang et de nerfs; ce qui donne lieu de penser à quelques personnes que, s'il est au dessous de qui que ce soit, cela tient moins à son génie qu'à sa matière.

Des neuf lyriques, *Pindare* est, sans contredit, le premier par la magnificence de sa verve, l'éclat de ses pensées, la hardiesse de ses figures, et cette heureuse abondance d'idées et de mots, qui fait comparer son éloquence à un fleuve. C'est par toutes ces qualités qu'Horace le juge, à bon droit, inimitable.

Stésichore avait aussi un génie vigoureux : les sujets qu'il a choisis en font foi. Ce sont toujours, ou des guerres fameuses ou des capitaines illustres qui sont l'objet de ses chants, et sa lyre se soutient à la hauteur de l'épopée. Il donne à tous les personnages qu'il fait agir et parler la dignité qui leur convient. S'il eût eu plus de mesure, il semble qu'il eût pu approcher d'Homère; mais il est redondant et diffus; ce qui, après

funditur; quod ut est reprehendendum, ita copiæ vitium est.

Alcæus in parte operis *aureo plectro* merito donatur, qua tyrannos insectatus multum etiam moribus confert; in eloquendo quoque brevis et magnificus, et diligens, et plerumque Homero similis; sed in lusus et amores descendit, majoribus tamen aptior.

Simonides, tenuis alioqui, sermone proprio et jucunditate quadam commendari potest; præcipua tamen ejus in commovenda miseratione virtus, ut quidam in hac eum parte omnibus ejus operis auctoribus præferant.

Antiqua comœdia quum sinceram illam sermonis attici gratiam prope sola retinet, tum facundissimæ libertatis, etsi est insectandis vitiis præcipua, plurimum tamen virium etiam in ceteris partibus habet : nam et grandis, et elegans, et venusta; et nescio an nulla, post Homerum tamen, quem, ut Achillem, semper excipi par est, aut similior sit oratoribus, aut ad oratores faciendos aptior. Plures ejus auctores; *Aristophanes* tamen, et *Eupolis*, *Cratinus*que præcipui.

Tragœdias primum in lucem *Æschylus* protulit, sublimis et gravis, et grandiloquus sæpe usque ad vitium, sed rudis in plerisque et incompositus : propter quod correctas ejus fabulas in certamen deferre pos-

tout, tient à trop de fécondité, mais n'en est pas moins un défaut.

On a donné à *Alcée* un archet d'or, et il le mérite dans la partie de son ouvrage où il poursuit impitoyablement les tyrans; il est aussi fort utile aux mœurs. Concis, riche, exact, il a souvent de la ressemblance avec Homère; sa muse descend quelquefois à la description des jeux et des amours, mais elle est plus propre aux sujets élevés.

Simonide a peu de consistance : il se recommande d'ailleurs par une certaine propriété d'expression, une certaine douceur. Il excelle particulièrement à remuer, à attendrir le cœur; et, sous ce rapport, quelques-uns le préfèrent à tous les écrivains du même genre.

La comédie antique est presque la seule qui ait conservé, sans les flétrir, toutes les grâces de l'atticisme; elle a une allure libre et pleine d'éloquence. Quoique son caractère principal soit de faire la guerre aux vices, elle déploie beaucoup d'autres qualités : tour-à-tour noble, élégante, agréable, je ne sais si, après Homère, qu'il faut toujours mettre hors de ligne comme son Achille, il y a rien qui ait plus d'analogie avec le talent de la parole et qui soit plus propre à former des orateurs. Beaucoup de poètes s'y sont distingués. Les principaux sont *Aristophane*, *Eupolis* et *Cratinus*.

Eschyle a, le premier, mis au jour de véritables tragédies. Il a de l'élévation et du nerf, et porte souvent jusqu'à l'excès le grandiose de l'expression; mais la plupart de ses compositions manquent d'art et sont négligées. Aussi, dans la suite, les Athéniens établirent-ils

terioribus poetis Athenienses permisere, suntque eo modo multi coronati.

Sed longe clarius illustraverunt hoc opus *Sophocles* atque *Euripides;* quorum in dispari dicendi via uter sit poeta melior, inter plurimos quæritur : idque ego sane, quoniam ad præsentem materiam nihil pertinet, injudicatum relinquo : illud quidem nemo non fateatur necesse est, iis, qui se ad agendum comparant, utiliorem longe fore Euripidem : namque is et in sermone (quod ipsum reprehendunt, quibus gravitas et cothurnus et sonus Sophoclis videtur esse sublimior) magis accedit oratorio generi; et sententiis densus, et in iis, quæ a sapientibus tradita sunt, pæne ipsis par, et dicendo ac respondendo cuilibet eorum, qui fuerunt in foro diserti, comparandus; in affectibus vero quum omnibus mirus, tum in iis, qui miseratione constant, facile præcipuus.

Hunc et admiratus maxime est, ut sæpe testatur, et secutus, quamquam in opere diverso, *Menander;* qui vel unus, meo quidem judicio, diligenter lectus, ad cuncta, quæ præcipimus, efficienda sufficiat; ita omnem vitæ imaginem expressit; tanta in eo inveniendi copia, et eloquendi facultas; ita est omnibus rebus, personis, affectibus accommodatus. Nec nihil profecto viderunt, qui orationes, quæ *Charisii* nomine eduntur, a Menandro scriptas putant : sed mihi longe magis orator pro-

un concours pour corriger ses pièces, ce qui valut des couronnes à beaucoup de poètes.

Sophocle et *Euripide* sont ceux qui ont le plus illustré la tragédie. Lequel des deux a la prééminence dans les routes diverses qu'ils se sont tracées? c'est une question qui divise bien des savans. Comme elle ne tient en rien à mon sujet, je passerai outre sans la juger. Toutefois, on m'accordera qu'Euripide est infiniment plus utile à ceux qui se destinent à la plaidoirie; car, d'une part, son style est plus conforme au genre oratoire, ce que lui reprochent précisément ceux à qui la majesté de Sophocle paraît plus convenable à la dignité du cothurne tragique; de l'autre, il est plein de pensées, il marche presque de pair avec les philosophes pour la solidité des préceptes, et je le crois comparable à ce qu'il y a jamais eu d'orateurs diserts au barreau, dans l'attaque et la réplique. De plus, il est admirable dans la peinture des sentimens, de ceux surtout qui font naître une douce pitié.

Ménandre professa pour lui la plus haute admiration, comme il le témoigne souvent, et l'imita même, quoique travaillant dans un genre différent, Ménandre qui, lu avec attention, suffit, à mon avis, pour donner à un orateur toutes les qualités que je recommande, tant il a bien représenté la vie humaine sous toutes ses faces, tant il a le génie inventif et l'élocution facile, tant il est exact observateur des convenances, tant il manie habilement les caractères et les passions! On a sans doute eu de bonnes raisons pour lui attribuer les discours qui ont paru sous le nom de Charisius; quant

bari in opere suo videtur, nisi forte aut illa mala judicia, quæ Epitrepontes, Epicleros, Locri habent, aut meditationes in Psophodee, Nomothete, Hypobolimæo non omnibus oratoris numeris sunt absolutæ.

Ego tamen plus adhuc quiddam collaturum eum declamatoribus puto, quoniam his necesse est, secundum conditionem controversiarum plures subire personas, patrum, filiorum, militum, rusticorum, divitum, pauperum, irascentium, deprecantium, mitium, asperorum : in quibus omnibus mire custoditur ab hoc poeta decor. Atque ille quidem omnibus ejusdem operis auctoribus abstulit nomen, et fulgore quodam suæ claritatis tenebras obduxit.

Habent tamen alii quoque comici, si cum venia leguntur, quædam, quæ possis decerpere; et præcipue *Philemon*, qui ut pravis sui temporis judiciis Menandro sæpe prælatus est, ita consensu tamen omnium meruit credi secundus.

Historiam multi scripsere præclare; sed nemo dubitat longe duos ceteris præferendos, quorum diversa virtus laudem pæne est parem consecuta : densus, et brevis, et semper instans sibi *Thucydides;* dulcis, et candidus, et fusus *Herodotus;* ille concitatis, hic remissis affectibus melior; ille concionibus, hic sermonibus; ille vi, hic voluptate.

à moi, c'est dans ses comédies qu'il me paraît éminemment orateur, à moins qu'on ne trouve que les *Arbitres*, l'*Héritière*, les *Locriens* ne sont pas une image fidèle de ce qui se passe au barreau, ou que le *Psophodée*, le *Nomothète*, l'*Hypobolimée** ne sont pas des morceaux achevés d'éloquence.

Je crois pourtant qu'il offre un degré d'utilité de plus aux déclamateurs; car ceux-ci, suivant la nature des controverses, sont forcés de revêtir plusieurs personnages. Alternativement pères, fils, soldats, paysans, riches, pauvres, tantôt ils se mettent en colère, tantôt ils sont supplians, tantôt ils se montrent doux et traitables, tantôt durs et hautains; et tous ces caractères, toutes ces situations sont admirablement observés chez Ménandre; aussi a-t-il fait oublier tous les auteurs qui se sont exercés dans la comédie, et la lumière qu'il répand les a-t-elle, pour ainsi dire, éclipsés.

Il y a cependant d'autres comiques dont on peut tirer quelque fruit, si on les lit avec indulgence, et particulièrement *Philémon*, qu'il y aurait autant d'injustice à ne pas proclamer le second, qu'il y a eu d'aveuglement de la part de son siècle à le préférer souvent à Ménandre.

L'histoire compte beaucoup d'écrivains distingués, à la tête desquels on ne balance pas à en placer deux, qui, par des qualités opposées, ont acquis la même portion de gloire. L'un est *Thucydide*, serré, concis, ne s'arrêtant jamais; l'autre, *Hérodote*, doux, clair et abondant. Le premier peint mieux les passions violentes, le second les sentimens modérés; Thucydide brille dans les harangues, Hérodote dans les entretiens familiers;

---

* Ce sont les titres de diverses comédies de Ménandre.

Theopompus his proximus, ut in historia prædictis minor, ita oratori magis similis; ut qui, antequam est ad hoc opus sollicitatus, diu fuerit orator.

Philistus quoque meretur, qui turbæ quamvis bonorum post eos auctorum eximatur, imitator Thucydidis, et ut multo infirmior, ita aliquatenus lucidior.

Ephorus, ut Isocrati visum, calcaribus eget. *Clitarchi* probatur ingenium, fides infamatur.

Longo post intervallo temporis natus *Timagenes* hoc est vel ipso probabilis, quod intermissam historias scribendi industriam nova laude reparavit. *Xenophon* non excidit mihi, sed inter philosophos reddendus est.

Sequitur oratorum ingens manus, ut cum decem simul Athenis ætas una tulerit : quorum longe princeps *Demosthenes*, ac pæne lex orandi fuit; tanta vis in eo, tam densa omnia, ita quibusdam nervis intenta sunt, tam nihil otiosum, is dicendi modus, ut nec quod desit in eo, nec quod redundet invenias. Plenior *Æschines*, et magis fusus, et grandiori similis, quo minus strictus est; carnis tamen plus habet, minus lacertorum.

Dulcis imprimis et acutus *Hyperides;* sed minoribus causis, ut non dixerim utilior, magis par.

celui-là a une force qui vous subjugue, celui-ci un charme qui vous entraîne.

Théopompe, qui fut presque leur contemporain, leur est inférieur, et a bien plus l'allure d'un orateur. On voit qu'il le fut long-temps, avant qu'on l'engageât à écrire l'histoire.

Philiste mérite aussi qu'on le tire de la foule des écrivains estimables qui vinrent après eux. Il a imité Thucydide; beaucoup plus faible que lui, il est jusqu'à un certain point plus clair.

Ephore, comme le disait Isocrate, a besoin d'éperons. On loue le génie de *Clitarque*, mais il n'a nul crédit comme historien.

Long-temps après a paru *Timagène*, auteur recommandable, ne fût-ce que pour avoir relevé, avec un nouveau lustre, l'art d'écrire l'histoire, qu'on avait interrompu jusqu'à lui. *Xénophon* ne m'a point échappé, mais il doit être rangé parmi les philosophes.

Vient ensuite un nombre prodigieux d'orateurs. Athènes en a compté dix à la fois dans un seul siècle. Au dessus d'eux s'élève à une grande distance, *Démosthène*, qui fut presque le type de l'éloquence même, tant il y a de force en lui, tant sa manière est serrée et nerveuse, tant il évite tout ce qui est inutile, tant il garde une juste mesure pour ne rien dire de trop ou de trop peu! *Eschine* est plus plein, plus abondant, et paraît d'autant plus grand qu'il est moins ramassé; mais on sent qu'il a plus de chair que de muscles.

Hypéride se recommande surtout par la douceur de son style et le piquant de son esprit. Il est, je ne dirai pas plus utile, mais dans des proportions plus appropriées aux petites causes.

His ætate *Lysias* major, subtilis atque elegans, et quo nihil, si oratori satis esset docere, quæras perfectius; nihil enim est inane, nihil arcessitum; puro tamen fonti, quam magno flumini propior.

Isocrates in diverso genere dicendi nitidus et comptus, et palæstræ, quam pugnæ magis accommodatus, omnes dicendi veneres sectatus est; nec immerito : auditoriis enim se, non judiciis compararat; in inventione facilis, honesti studiosus; in compositione adeo diligens, ut cura ejus reprehendatur.

Neque ego in his, de quibus locutus sum, has solas virtutes, sed has præcipuas puto; nec ceteros parum fuisse magnos : quin etiam *Phalerea* illum *Demetrium*, quamquam is primus inclinasse eloquentiam dicitur, multum ingenii habuisse et facundiæ fateor, vel ob hoc memoria dignum, quod ultimus est fere ex Atticis, qui dici possit orator; quem tamen in illo medio genere dicendi præfert omnibus Cicero.

Philosophorum, ex quibus plurimum se traxisse eloquentiæ M. Tullius confitetur, quis dubitet *Platonem* esse præcipuum, sive acumine disserendi, sive eloquendi facultate divina quadam et Homerica ? multum enim supra prosam orationem, et quam pedestrem Græci vo-

Lysias, qui les devança, est élégant et fin. Si l'orateur devait se borner à instruire, cet écrivain serait un modèle de perfection. Chez lui, rien d'oiseux, rien de recherché; mais c'est plutôt le courant d'une eau vive, que la rapidité d'un fleuve.

Isocrate, dans un genre différent, est pur et châtié. Cependant, je le crois plus propre à former aux luttes académiques qu'aux combats sérieux du barreau. Il a ambitionné tous les genres de beautés oratoires; et il a eu raison, car il ne parlait pas devant des tribunaux, mais devant un auditoire réuni pour l'entendre. Du reste, il a l'invention facile, un grand enthousiasme pour l'honnête, et tant d'exactitude dans la composition, qu'on la lui reproche comme un défaut.

Je suis loin de penser qu'il n'y ait pas d'autres qualités dans les orateurs que je viens de mentionner, mais je n'ai voulu signaler que les principales. Je ne prétends pas non plus que ceux dont je n'ai pas parlé aient un mérite médiocre; j'avouerai même que ce *Demetrius de Phalère*, qui passe pour avoir le premier fait déchoir l'éloquence, avait beaucoup d'esprit et de grâce dans l'élocution, et qu'il est digne de mémoire, ne fût-ce que pour l'honneur d'être à peu près le dernier des Attiques qu'on puisse appeler orateur : c'est d'ailleurs lui que Cicéron préfère à tous les autres pour le genre tempéré.

Quant aux philosophes à qui Cicéron, de son propre aveu, doit une grande partie de son éloquence, qui doute que *Platon* ne soit le premier par la vigueur de sa dialectique et par la magnificence de son langage, qui a quelque chose de céleste et d'homérique? Il s'élève, en effet, beaucoup au dessus de la prose, et ses accens

cant, surgit; ut mihi non hominis ingenio, sed quodam delphico videatur oraculo instinctus.

Quid ego commemorem *Xenophontis* illam jucunditatem inaffectatam, sed quam nulla consequi affectatio possit? ut ipsae sermonem finxisse Gratiae videantur, et, quod de Pericle veteris comoediae testimonium est, in hunc transferri justissime possit, in labris ejus sedisse quamdam persuadendi deam.

Quid reliquorum *Socraticorum* elegantiam? quid *Aristotelem?* quem dubito scientia rerum, an scriptorum copia, an eloquendi suavitate, an inventionum acumine, an varietate operum, clariorem putem : nam in *Theophrasto,* tam est loquendi nitor ille divinus, ut ex eo nomen quoque traxisse dicatur.

Minus indulsere eloquentiae *stoici* veteres : sed quum honesta suaserunt, tum in colligendo probandoque, quae instituerant, plurimum valuerunt; rebus tamen acuti magis, quam, id quod sane non affectant, oratione magnifici.

Idem nobis per romanos quoque auctores ordo ducendus est : itaque ut apud illos Homerus, sic apud nos *Virgilius* auspicatissimum dederit exordium, omnium ejus generis poetarum, graecorum nostrorumque, haud dubie proximus. Utor enim verbis iisdem, quae ex Afro

sont si harmonieux qu'il paraît moins écrire sous l'influence d'un génie purement humain, qu'inspiré, comme l'oracle de Delphes, par quelque divinité qui l'agite.

Parlerai-je de *Xénophon* et de la douceur de son style où règne une simplicité que l'art tenterait en vain d'imiter? ne dirait-on pas que les Grâces elles-mêmes ont pétri son langage? et à qui pourrait-on plus justement appliquer ce témoignage rendu à Périclès par l'ancienne comédie, que la déesse de la persuasion avait choisi son siège sur ses lèvres?

Que dirai-je de l'élégance des autres écrivains de l'école de Socrate? d'un *Aristote*, par exemple, en qui l'on ne sait ce qu'on doit admirer davantage, ou de son profond savoir, ou de la multitude de ses écrits, ou de la suavité de son style, ou de la pénétration de son esprit, ou de la variété des matières qu'il a traitées? et d'un *Théophraste*, qui doit son nom, dit-on, à l'éclat vraiment divin de son éloquence?

Les anciens philosophes du Portique ont moins sacrifié à l'art de la parole; mais ils ont constamment prêché une belle morale et se sont montrés fort habiles à réunir et fortifier les preuves en faveur de leurs doctrines. Aussi ont-ils été plutôt profonds dialecticiens qu'orateurs magnifiques, genre de mérite qu'ils dédaignèrent sans doute.

Passons maintenant aux auteurs romains, en suivant le même ordre; et de même que, dans la littérature grecque, nous ne pouvions débuter mieux que par Homère, de même aussi nous ne pouvons ouvrir la nôtre sous des auspices plus heureux qu'en commençant par *Virgile*, qui, de tous les poètes héroïques, tant grecs

Domitio juvenis excepi; qui mihi interroganti, quem Homero crederet maxime accedere, *Secundus*, inquit, *est Virgilius, propior tamen primo, quam tertio* : et hercule ut illi naturæ cœlesti atque immortali cesserimus, ita curæ et diligentiæ vel ideo in hoc plus est, quod ei fuit magis laborandum; et quantum eminentibus vincimur, fortasse æqualitate pensamus.

Ceteri omnes longe sequentur : nam *Macer* et *Lucretius* legendi quidem, sed non ut phrasin, id est, corpus eloquentiæ faciant; elegantes in sua quisque materia, sed alter humilis, alter difficilis. *Atacinus Varro* in iis, per quæ nomen est assecutus, interpres operis alieni, non spernendus quidem, verum ad augendam facultatem dicendi parum locuples. *Ennium*, sicut sacros vetustate lucos, adoremus, in quibus grandia et antiqua robora jam non tantam habent speciem, quantam religionem.

Propiores alii, atque ad hoc, de quo loquimur, magis utiles : lascivus quidem in heroicis quoque *Ovidius*, et nimium amator ingenii sui; laudandus tamen partibus.

que latins, est sans contredit celui qui en a le plus approché. C'est le jugement que j'en ai entendu porter dans ma jeunesse, par Domitius Afer, et que je répèterai ici en propres termes. Je lui demandais quel était le poète qu'il croyait le plus approcher d'Homère ? *Virgile est le second,* me dit-il, *mais il est plus près du premier que du troisième ;* et véritablement, je crois que si nous sommes forcés de céder la palme à ce génie céleste et immortel d'Homère, il y a, dans notre Virgile, plus de correction et de régularité, par cela même qu'il eut à travailler davantage, en sorte que si nous sommes vaincus en qualités plus éminentes, nous compensons jusqu'à un certain point cette défaite par une sagesse qui ne se dément jamais.

Tous les autres sont bien loin de Virgile. Il est bon cependant de lire *Macer* et *Lucrèce*, quoiqu'on ne puisse se former avec eux à cette belle élocution, qui est comme la substance même de l'éloquence. Chacun d'eux a traité assez élégamment sa matière ; mais l'un est sans élévation, l'autre est obscur et difficile. *Varron d'Atace* n'est pas non plus à dédaigner, soit dans les écrits qui lui ont valu quelque renommée, soit comme traducteur ; mais il est peu en fonds pour accroître en nous les richesses du langage. Révérons *Ennius* comme ces bois consacrés par leur antiquité, et voyons-le du même œil que ces grands et vieux chênes qu'on remarque moins par leur beauté, que par le sentiment religieux qu'ils inspirent.

Il en est de plus rapprochés de nous et qui offrent plus de ressources pour cette élocution dont je parle. *Ovide*, à la vérité, a trop sacrifié au clinquant dans ses

Cornelius autem *Severus*, etiamsi versificator quam poeta melior, si tamen, ut est dictum, ad exemplar primi libri bellum siculum perscripsisset, vindicaret sibi jure secundum locum : sed eum consummari mors immatura non passa est : puerilia tamen ejus opera et maximam indolem ostendunt et admirabilem, præcipue in ætate illa, recti generis voluntatem.

Multum in *Valerio Flacco*, nuper amisimus. Vehemens et poeticum ingenium *Saleii Bassi* fuit, nec ipsum senectute maturum. *Rabirius* ac *Pedo* non indigni cognitione, si vacet. *Lucanus* ardens, et concitatus, et sententiis clarissimus, et, ut dicam quod sentio, magis oratoribus quam poetis annumerandus.

Hos nominavimus, quia Germanicum Augustum ab institutis studiis deflexit cura terrarum, parumque diis visum est, esse eum maximum poetarum : quid tamen his ipsis ejus operibus, in quæ, donato imperio, juvenis secesserat, sublimius, doctius, omnibus denique numeris præstantius? quis enim caneret bella melius, quam qui sic gerit? quem præsidentes studiis deæ propius audirent? cui magis suas artes aperiret familiare numen Minerva? dicent hæc plenius futura secula : nunc enim ceterarum fulgore virtutum laus ista præ-

poésies héroïques, et il aime trop à montrer son esprit; mais il est louable dans certaines parties.

Pour *Cornelius Sévère*, quoiqu'il soit plus versificateur que poète, si, comme on l'a dit, il eût écrit toute la guerre de Sicile de la force du premier livre, il aurait pu, à bon droit, revendiquer la première place après Virgile; mais une mort prématurée ne lui a pas permis d'arriver à la perfection. Toutefois, les ouvrages de sa jeunesse décèlent le plus heureux génie, et son goût surtout est admirable pour son âge.

Nous avons beaucoup perdu naguère dans la personne de *Valerius Flaccus*. *Saleius Bassus* avait de la véhémence et de l'imagination, mais la vieillesse même n'a pu mûrir son talent. *Rabirius* et *Pedon* ne sont pas indignes qu'on leur consacre quelques loisirs. *Lucain* est ardent, impétueux, étincelant de pensées, et, pour dire ce que j'en pense, doit être plutôt rangé parmi les orateurs que parmi les poètes.

Je n'aurais pas eu à nommer tous ces écrivains, si les soins de l'empire n'eussent distrait Germanicus Auguste des études qu'il avait commencées, et si les dieux n'eussent jugé que c'était trop peu pour lui d'être le le premier des poètes. Cependant, quoi de plus élevé, quoi de plus docte, quoi de plus achevé dans tous les points que les ouvrages qu'il avait entrepris, lorsque jeune encore, il fut appelé à partager la souveraine puissance? qui pouvait mieux chanter la guerre que celui qui la fait avec tant de succès? quel autre pouvait se flatter d'être plus favorablement écouté par les Muses? à qui Minerve aurait-elle plus familièrement ouvert tous ses trésors? c'est la justice que lui rendront pleine-

4.

stringitur; nos tamen sacra litterarum colentes feras, Caesar, si non tacitum hoc praeterimus, et Virgiliano certe versu testamur,

> Inter victrices hederam tibi serpere lauros.

Elegia quoque Graecos provocamus, cujus mihi tersus atque elegans maxime videtur auctor *Tibullus* : sunt qui *Propertium* malint : *Ovidius* utroque lascivior; sicut durior *Gallus*.

Satira quidem tota nostra est, in qua primus insignem laudem adeptus *Lucilius* quosdam ita deditos sibi adhuc habet amatores, ut eum non ejusdem modo operis auctoribus, sed omnibus poetis praeferre non dubitent. Ego quantum ab illis, tantum ab Horatio dissentio, qui *Lucilium fluere lutulentum*, et, *esse aliquid, quod tollere possis,* putat : nam eruditio in eo mira, et libertas, atque inde acerbitas, et abunde salis.

Multo est tersior ac purus magis *Horatius*, et ad notandos hominum mores praecipuus.

Multum et verae gloriae, quamvis uno libro, *Persius* meruit : sunt clari hodieque, et qui olim nominabuntur.

Alterum illud etiam prius satirae genus, sed non sola carminum varietate mixtum condidit *Terentius Varro*, vir Romanorum eruditissimus : plurimos hic libros et doctissimos composuit, peritissimus linguae latinae, et

ment les siècles futurs; car à présent ces louanges mêmes sont obscurcies par l'éclat de ses autres qualités. Pour nous, qui sommes entièrement voués au culte des lettres, permettez nous, César, de ne pas taire un si rare mérite et de nous écrier avec Virgile :

> Le lierre sur son front s'entremêle aux lauriers.

Dans l'élégie, nous le disputons aux Grecs. Le pur et élégant *Tibulle* me paraît y avoir le mieux réussi. Quelques-uns lui préfèrent *Properce*. *Ovide* est trop fleuri, *Gallus* trop dur.

La satire est tout-à-fait notre patrimoine. *Lucile* est le premier qui s'y soit fait un grand nom. Il a encore aujourd'hui des partisans si passionnés qu'ils ne balancent pas à le mettre au dessus non-seulement des poètes du même genre, mais de tous les autres. Pour moi, je suis aussi éloigné de ce sentiment que de celui d'Horace, qui le compare *à une eau bourbeuse qui a besoin d'être filtrée;* car son érudition est admirable, et il a une grande indépendance, ce qui lui donne beaucoup de mordant et de sel.

Horace est plus châtié, plus pur, et excelle principalement dans la peinture des mœurs.

Perse s'est acquis beaucoup de vraie gloire par le seul livre qu'il a publié. Il est encore de notre temps des satiriques qui seront cités un jour avec honneur.

Il y a une autre espèce de satire et plus ancienne, dont *Terentius Varron*, le plus érudit des Romains, nous a laissé un modèle qui ne se distingue pas uniquement par le mélange varié des vers. Ce savant, qui était profondément versé dans la connaissance de la

omnis antiquitatis, et rerum græcarum, nostrarumque, plus tamen scientiæ collaturus, quam eloquentiæ.

Iambus non sane a Romanis celebratus est, ut proprium opus; quibusdam interpositus; cujus acerbitas in *Catullo, Bibaculo, Horatio;* quamquam illi epodos intervenire reperiatur.

At lyricorum idem *Horatius* fere solus legi dignus : nam et insurgit aliquando, et plenus est jucunditatis et gratiæ, et variis figuris et verbis felicissime audax. Si quemdam adjicere velis, is erit *Cæsius Bassus,* quem nuper vidimus; sed eum longe præcedunt ingenia viventium.

Tragœdiæ scriptores veterum *Accius* atque *Pacuvius* clarissimi gravitate sententiarum, verborum pondere, auctoritate personarum ; ceterum nitor, et summa in excolendis operibus manus, magis videri potest temporibus, quam ipsis defuisse : virium tamen Accio plus tribuitur; Pacuvium videri doctiorem, qui esse docti affectant, volunt.

Jam *Varii Thyestes* cuilibet græcarum comparari potest : *Ovidii Medea* videtur mihi ostendere, quantum ille vir præstare potuerit, si ingenio suo temperare, quam indulgere, maluisset : eorum quos viderim, longe princeps *Pomponius Secundus,* quem senes pa-

langue latine et de toutes les antiquités grecques et romaines, a composé plusieurs ouvrages où il y a plus à gagner sous le rapport de l'érudition que de l'éloquence.

L'iambe n'a pas été, à proprement parler, cultivé par les Romains; mais quelques auteurs l'ont introduit dans leurs poésies : il a du mordant dans *Catulle*, *Bibaculus*, *Horace;* ce dernier y mêle quelquefois l'épode.

Horace est le seul de nos lyriques qui soit digne d'être lu. Il prend assez souvent un vol élevé; il est plein de douceur et de grâce, varié dans ses figures et d'une audace très-heureuse dans ses expressions. Si l'on veut lui adjoindre quelqu'un, ce sera *Césius Bassus* que nous avons connu naguère, mais il est fort inférieur aux lyriques actuels.

Nos tragiques anciens les plus célèbres sont *Accius* et *Pacuvius*. Ils se recommandent par la solidité des pensées, la vigueur du style et la noblesse des caractères. Du reste, il leur manque la pureté et ce fini qui est le cachet de la perfection dans tous les ouvrages, défauts qu'il paraît juste de mettre moins sur leur compte que sur celui des temps où ils ont vécu. On accorde généralement plus de force à Accius. Ceux qui affectent de l'érudition trouvent plus de connaissance de l'art dans Pacuvius.

Le *Thyeste* de *Varius* peut être comparé à ce que les Grecs ont de mieux. La *Médée* d'*Ovide* démontre tout ce que ce poète aurait pu faire si, au lieu de s'abandonner à sa facilité, il eût voulu la réprimer. *Pomponius Secundus* l'emporte de beaucoup sur tous ceux que j'ai connus. Les vieillards de mon temps le trouvaient

rum tragicum putabant, eruditione ac nitore praestare confitebantur.

In comoedia maxime claudicamus; licet Varro *Musas,* Ælii Stilonis sententia, *Plautino* dicat *sermone locuturas fuisse, si latine loqui vellent;* licet *Caecilium* veteres laudibus ferant; licet *Terentii scripta* ad Scipionem Africanum referantur : quae tamen sunt in hoc genere elegantissima, et plus adhuc habitura gratiae, si intra versus trimetros stetissent. Vix levem consequimur umbram, adeo ut mihi sermo ipse romanus non recipere videatur illam solis concessam Atticis venerem, quando eam ne Graeci quidem in alio genere linguae obtinuerint. Togatis excellit *Afranius,* utinamque non inquinasset argumenta puerorum foedis amoribus, mores suos fassus.

At non historia cesserim Graecis, nec opponere Thucydidi *Sallustium* verear; neque indignetur sibi Herodotus aequari *T. Livium,* quum in narrando mirae jucunditatis, clarissimique candoris, tum in concionibus, supra quam enarrari potest, eloquentem; ita quae dicuntur omnia, quum rebus, tum personis, accommodata sunt; affectus quidem, praecipue eos, qui sunt dulciores, ut parcissime dicam, nemo historicorum commendavit magis : ideoque immortalem illam Sallustii velocitatem diversis virtutibus consecutus est : nam

peu tragique, mais ils avouaient que personne ne lui était comparable pour l'éclat de la diction et l'entente de l'art.

Nous sommes décidément très-faibles dans la comédie, quoique Varron dise qu'au jugement d'*Élius Stilon, si les Muses voulaient parler latin, elles emprunteraient le langage de Plaute*, quoique les anciens portent *Cécilius* aux nues, quoiqu'on attribue à Scipion l'Africain les pièces de *Térence*. Ces dernières, j'en conviens, sont, dans leur genre, d'une extrême élégance, et auraient eu plus de grâce encore, si elles avaient été composées en vers trimètres; mais malgré tout cela, à peine avons-nous l'ombre de la comédie grecque, tant notre langue me paraît peu susceptible de ce charme indéfinissable attaché aux seuls Attiques, et auquel les Grecs eux-mêmes n'ont pu atteindre quand ils ont écrit dans un autre dialecte. *Afranius* excelle dans les comédies latines, heureux s'il n'eût pas souillé ses sujets d'infâmes amours qui ne trahissaient que trop ses mauvaises mœurs !

Pour l'histoire, nous ne le cédons nullement aux Grecs. Ainsi, je ne craindrai point d'opposer *Salluste* à Thucydide, et je ne croirai point faire injure à Hérodote, en lui comparant *Tite-Live*, dont les narrations pleines de charme sont d'une clarté admirable, et qui, dans ses harangues, se montre éloquent au delà de toute expression, tant tout ce qu'il y dit est bien en harmonie avec les sujets et le caractère des personnages! Je croirai aussi m'exprimer avec beaucoup de réserve, en disant qu'aucun historien n'a mieux réussi à peindre les passions, surtout celles dont les mouvemens sont plus doux; qualités par lesquelles il compense la brièveté de Sal-

mihi egregie dixisse videtur *Servilius Nonianus,* pares eos magis, quam similes; qui et ipse a nobis auditus est, elati vir ingenii, et sententiis creber, sed minus pressus, quam historiae auctoritas postulat. Quam, paulum aetate praecedens eum *Bassius Aufidius,* egregie, utique in libris belli germanici, praestitit, genere ipso probabilis in omnibus, sed in quibusdam suis ipse viribus minor.

Superest adhuc, et exornat aetatis nostrae gloriam, vir seculorum memoria dignus, qui olim nominabitur, nunc intelligitur : habet amatores, nec imitatores; ut libertas, quamquam circumcisis quae dixisset, ei nocuerit : sed elatum abunde spiritum, et audaces sententias deprehendas etiam in iis, quae manent : sunt et alii scriptores boni; sed nos genera degustamus, non bibliothecas excutimus.

Oratores vero vel praecipue latinam eloquentiam parem facere graecae possint : nam *Ciceronem* cuicunque eorum fortiter opposuerim : nec ignoro, quantam mihi concitem pugnam, quum praesertim non sit id propositi, ut eum *Demostheni* comparem hoc tempore; neque enim attinet, quum Demosthenem inprimis legendum, vel ediscendum potius putem. Quorum ego virtutes plerasque arbitror similes, consilium, ordinem dividendi,

luste, et partage son immortalité; car j'ai entendu *Servilius Nonianus* dire avec autant de justesse que d'élégance, que ces deux historiens étaient plutôt égaux que semblables; et Nonianus était lui-même un esprit très-distingué, grave, sentencieux, mais plus diffus que ne le comporte la majesté de l'histoire. *Bassius Aufidius*, qui le précéda de peu, s'y est mieux conformé dans ses livres sur la guerre germanique : historien estimable en tout point, mais qui, dans quelques autres ouvrages, est resté au dessous de lui-même.

Nous possédons encore, pour la gloire et l'ornement de notre siècle, un écrivain digne de vivre dans la postérité, et dont le nom que je laisse à deviner ici, sera cité un jour avec honneur. Il a des partisans, mais n'a pas d'imitateurs; car sa franchise lui a été funeste, quoiqu'il ait retranché ce qui avait déplu. Mais dans ses ouvrages ainsi tronqués, on trouve les inspirations d'un génie élevé et des pensées pleines de hardiesse. Il est encore d'autres bons historiens dont je ne parlerai pas, attendu qu'il s'agit ici de prendre la fleur de chaque genre, et non de faire une revue de bibliothèques.

Mais c'est surtout l'éloquence latine qui, grâces à nos orateurs, n'a rien à envier à celle des Grecs. Il n'est pas un de nos rivaux, quel qu'il soit, auquel je n'oppose hardiment *Cicéron*. Je n'ignore pas quelle querelle je vais m'attirer sur les bras, en osant aujourd'hui le mettre en parallèle avec Démosthène : je pourrais même m'en dispenser, puisque cela ne tient pas à mon sujet, et que d'ailleurs je recommande sans cesse de lire avant tout Demosthène, ou plutôt de l'apprendre par cœur. Je soutiens néanmoins que ces deux ora-

præparandi, probandi rationem, denique, quæ sunt inventionis.

In eloquendo est aliqua diversitas : densior ille, hic copiosior; ille concludit astrictius, hic latius; pugnat ille acumine semper, hic frequenter et pondere; illi nihil detrahi potest, huic nihil adjici; curæ plus in illo, in hoc naturæ. Salibus certe, et commiseratione, qui duo plurimum affectus valent, vincimus : et fortasse epilogos illi mos civitatis abstulerit; sed et nobis illa, quæ Attici mirantur, diversa latini sermonis ratio minus permiserit : in epistolis quidem, quamquam sunt utriusque, dialogisve, quibus nihil ille, nulla contentio est.

Cedendum vero in hoc quidem, quod ille et prior fuit, et ex magna parte Ciceronem, quantus est, fecit : nam mihi videtur M. Tullius, quum se totum ad imitationem Græcorum contulisset, effinxisse vim Demosthenis, copiam Platonis, jucunditatem Isocratis : nec vero quod in quoque optimum fuit, studio consecutus est tantum, sed plurimas, vel potius omnes ex se ipso virtutes extulit immortalis ingenii beatissima ubertate : non enim *pluvias*, ut ait Pindarus, *aquas colligit; sed*

teurs se ressemblent par la plupart de leurs qualités : même dessein, même méthode, même art dans la division, la préparation et les preuves; enfin, mêmes ressources dans tout ce qui tient à l'invention.

Quant au style, il y a quelque différence : l'un est plus concis, l'autre plus abondant; l'un serre de plus près son adversaire, l'autre se met plus au large pour le combattre; l'un vous perce de la pointe de ses armes, l'autre vous accable encore de leur poids; il n'y a rien à retrancher dans l'un, rien à ajouter dans l'autre. On sent que Démosthène doit plus au travail, et Cicéron plus à la nature. Celui-ci l'emporte incontestablement pour la plaisanterie et le pathétique, deux ressorts puissans de l'éloquence. On me dira que les péroraisons étaient interdites à l'orateur grec par les lois d'Athènes; mais, d'un autre côté, l'on conviendra que notre langue se prêtait plus difficilement aux beautés qui charment dans Démosthène. On a des lettres de l'un et de l'autre, et à cet égard, nulle comparaison.

Cependant, il faut céder en ce point, que Démosthène est venu le premier et qu'il a fait, en grande partie, Cicéron tout ce qu'il est; puisque c'est en s'attachant à imiter les Grecs que notre orateur s'est approprié et la force de Démosthène, et l'abondance de Platon, et la douceur d'Isocrate. Toutefois, ce n'est pas seulement par l'étude qu'il est parvenu à dérober à chacun d'eux ce qu'il avait de meilleur, la plupart des rares qualités qui le distinguent, ou, pour mieux dire, toutes, il les a trouvées en lui-même, dans la fécondité de son immortel génie; car son éloquence, pour me servir d'une comparaison de Pindare, n'est pas comme

vivo gurgite exundat, dono quodam providentiæ genitus, in quo totas vires suas eloquentia experiretur.

Nam quis docere diligentius, movere vehementius potest? cui tanta unquam jucunditas affuit? ipsa illa, quæ extorquet, impetrare eum credas, et, quum transversum vi sua judicem ferat, tamen ille non rapi videatur, sed sequi. Jam in omnibus, quæ dicit, tanta auctoritas inest, ut dissentire pudeat; nec advocati studium, sed testis, aut judicis afferat fidem; quum interim hæc omnia, quæ vix singula quisquam intentissima cura consequi posset, fluunt illaborata, et illa, qua nihil pulchrius auditu est, oratio præ se fert tamen felicissimam facilitatem. Quare non immerito ab hominibus ætatis suæ *regnare in judiciis* dictus est; apud posteros vero id consecutus, ut Cicero jam non hominis nomen, sed eloquentiæ habeatur : hunc igitur spectemus; hoc propositum nobis sit exemplum; ille se profecisse sciat, cui Cicero valde placebit.

Multa in *Asinio Pollione* inventio, summa diligentia, adeo ut quibusdam etiam nimia videatur; et consilii et animi satis; a nitore et jucunditate Ciceronis ita longe abest, ut videri possit seculo prior. At *Messala* nitidus et candidus, et quodammodo præferens in dicendo no-

un réservoir qu'alimentent des eaux pluviales, c'est comme une source vive et profonde qui déborde sans intermittence. On dirait qu'un Dieu l'a créé pour essayer en lui jusqu'où pourrait aller la puissance de la parole.

Qui sait mieux développer l'instruction dans un plaidoyer? qui sait plus fortement émouvoir? qui eut jamais plus de charme et de douceur? ce qu'il arrache à la conviction, vous diriez qu'on le lui accorde de bonne grâce. Il transporte son juge, et celui-ci a plutôt l'air de le suivre volontairement, que de céder à une force qui l'entraîne. Il y a une telle autorité de raison dans tout ce qu'il dit, qu'on rougirait d'avoir un autre avis que le sien : ce n'est pas un avocat qui plaide, c'est un témoin qui dépose, c'est un juge qui prononce. Et toutes ces choses, dont une seule coûterait à tout autre des soins infinis, coulent, chez lui, sans travail et sans effort! Et cette élocution, si harmonieuse, si ravissante à entendre, n'est que le fruit de la plus heureuse facilité! Aussi est-ce à juste titre que ses contemporains le proclamèrent *Roi du barreau*, et qu'il a obtenu de la postérité que son nom devînt synonyme de l'éloquence. Ayons-le donc sans cesse devant les yeux, proposons-le-nous pour modèle, et qu'il sache qu'il n'aura pas peu profité, celui à qui Cicéron ne plaira pas médiocrement.

Il y a dans *Asinius Pollion* beaucoup d'invention, et une si grande régularité, qu'elle a paru excessive à quelques-uns. Du reste, il est sage, sans manquer de chaleur; mais il est si loin de Cicéron pour l'élégance et la grâce, qu'on croirait qu'il lui est antérieur d'un siècle. *Messala* est brillant et poli; son élocution répond, en

bilitatem suam; viribus minor. C. vero *Caesar* si foro tantum vacasset, non alius ex nostris contra Ciceronem nominaretur; tanta in eo vis est, id acumen, ea concitatio, ut illum eodem animo dixisse, quo bellavit, appareat; exornat tamen hæc omnia mira sermonis, cujus proprie studiosus fuit, elegantia. Multum ingenii in *Coelio*, et præcipue in accusando multa urbanitas, dignusque vir, cui et mens melior, et vita longior contigisset.

Inveni qui *Calvum* præferrent omnibus, inveni qui Ciceroni crederent, eum nimia contra se calumnia verum sanguinem perdidisse : sed est et sancta et gravis oratio, et custodita, et frequenter vehemens quoque : imitator autem est Atticorum, fecitque illi properata mors injuriam, si quid adjecturus sibi, non si quid detracturus fuit. Et *Servius Sulpicius* insignem non immerito famam tribus orationibus meruit. Multa, si cum judicio legatur, dabit imitatione digna *Cassius Severus*; qui, si ceteris virtutibus colorem et gravitatem orationis adjecisset, ponendus inter præcipuos foret : nam et ingenii plurimum est in eo, et acerbitas mira, et urbanitas ejus summa; sed plus stomacho, quam consilio dedit : præterea ut amari sales, ita frequenter amaritudo ipsa ridicula est.

Sunt alii multi diserti, quos persequi longum est :

quelque sorte, à l'éclat de sa naissance; il a moins de force. Pour *C. César*, s'il se fût entièrement adonné au barreau, il est le seul des Romains qui eût pu disputer la palme à Cicéron. Il a une telle énergie, tant de pénétration, tant de feu, qu'il semble avoir transporté dans ses écrits l'ardeur qui l'animait dans les combats. Toutes ces qualités sont encore relevées en lui par une merveilleuse élégance de langage, dont il s'est montré fort soigneux. *Celius* a infiniment de naturel et son urbanité est remarquable, surtout quand il se porte accusateur. Il était digne d'avoir de meilleurs sentimens et une plus longue vie.

J'ai trouvé des gens qui préféraient *Calvus* à tous les autres orateurs. J'en ai vu qui croyaient avec Cicéron que, par trop de sévérité envers lui-même, il avait ruiné ses forces. Son style est d'ailleurs grave, châtié, sévère, et a souvent aussi de la véhémence. Il a imité les Attiques. La mort, qui l'a trop tôt ravi, lui a fait ce tort, qu'il eût pu ajouter à son talent, auquel il est vrai de dire qu'il n'y avait rien à retrancher. *Servius Sulpicius* a composé trois plaidoyers qui lui ont justement acquis une grande réputation. *Cassius Severus* peut servir de modèle dans bien des endroits, mais il faut le lire avec circonspection. Cet orateur aurait pris place parmi les maîtres, si, à tous ses autres mérites, il eût joint celui de donner plus de couleur et plus de solidité à ses discours, car il a du naturel et du mordant, et manie parfaitement la plaisanterie; mais il a trop donné à son humeur caustique, et pas assez à la prudence; en outre, comme ses sarcasmes sont amers, cette amertume dégénère souvent en ridicule.

Il y a une foule d'autres orateurs diserts qu'il serait

eorum, quos viderim, *Domitius Afer*, et *Julius Africanus*, longe præstantissimi : arte ille, et toto genere dicendi præferendus, et quem in numero veterum locare non timeas; hic concitatior, sed in cura verborum nimius, et compositione nonnunquam longior, et translationibus parum modicus.

Erant clara et nuper ingenia : nam et *Trachalus* plerumque sublimis, et satis apertus fuit, et quem velle optima crederes; auditus tamen major; nam et vocis, quantam in nullo cognovi, felicitas, et pronunciatio vel scenis suffectura, et decor, omnia denique ei, quæ sunt extra, superfuerunt : et *Vibius Crispus*, compositus, et jucundus, et delectationi natus; privatis tamen causis quam publicis melior. *Julio Secundo* si longior contigisset ætas, clarissimum profecto nomen oratoris apud posteros foret : adjecisset enim, atque adjiciebat cæteris virtutibus suis, quod desiderari potest : id est autem, ut esset multo magis pugnax, et sæpius ad curam rerum ab elocutione respiceret : cæterum interceptus quoque magnum sibi vindicat locum : ea est facundia, tanta in explicando, quod velit, gratia; tam candidum et lene et speciosum dicendi genus; tanta verborum, etiam quæ assumpta sunt, proprietas; tanta in quibusdam ex periculo petitis significantia.

trop long d'énumérer ici. De tous ceux que j'ai connus, les plus remarquables, sans contredit, sont *Domitius Afer* et *Julius Africanus*. Le premier est à préférer pour l'art et les qualités du style en général : je n'hésite pas à le mettre sur la ligne des anciens. Le second a plus de mouvement, mais il est trop recherché dans le choix des mots; sa composition fatigue par des longueurs, et il est trop prodigue de métaphores.

Naguère encore nous comptions quelques génies privilégiés. *Trachalus* avait habituellement de l'élévation, sans être obscur; on eût dit qu'il aspirait sans cesse à faire mieux : mais il gagnait surtout à être entendu. Je n'ai jamais connu dans personne un timbre de voix aussi heureux; sa prononciation et sa grâce auraient été enviées sur un théâtre; enfin, il y avait en lui surabondance de tous les avantages extérieurs. *Vibius Crispus* était harmonieux et doux; il semblait né pour plaire, mais il était plutôt appelé à briller dans les causes privées que dans les causes publiques. *Julius Secundus* serait passé à la postérité avec un nom illustre, s'il eût fourni une plus longue carrière, car il aurait certainement ajouté et il ajoutait déjà à ses qualités naturelles ce que son talent pouvait laisser à désirer, c'est-à-dire qu'il aurait acquis plus de nerf et de vigueur, et qu'il aurait plus souvent appliqué à la solidité des pensées ce qu'il donnait un peu trop à l'élocution. Au surplus, quoique enlevé prématurément, il peut revendiquer encore une assez belle place, tant son éloquence est agréable, tant il a de facilité à faire entendre tout ce qu'il veut, tant son langage est brillant, suave et gracieux, tant il y a de propriété dans les mots même qu'il tire de loin, tant il

5.

Habebunt, qui post nos de oratoribus scribent, magnam eos, qui nunc vigent, materiam vere laudandi : sunt enim summa hodie, quibus illustratur forum, ingenia : namque et consummati jam patroni veteribus æmulantur, et eos juvenum ad optima tendentium imitatur ac sequitur industria.

Supersunt, qui de philosophia scripserint, quo in genere paucissimos adhuc eloquentes litteræ romanæ tulerunt : idem igitur *M. Tullius,* qui ubique, etiam in hoc opere Platonis æmulus exstitit : egregius vero, multoque, quam in orationibus, præstantior *Brutus,* suffecit ponderi rerum; scias eum sentire, quæ dicit. Scripsit non parum multa *Cornelius Celsus, Sextios* secutus, non sine cultu ac nitore : *Plancus* in stoicis rerum cognitione utilis : in epicureis levis quidem, sed non injucundus tamen auctor est *Catius.*

Ex industria *Senecam* in omni genere eloquentiæ distuli, propter vulgatam falso de me opinionem, quia damnare eum, et invisum quoque habere sum creditus; quod accidit mihi, dum corruptum et omnibus vitiis fractum dicendi genus revocare ad severiora judicia contendo. Tum autem solus hic fere in manibus adolescentium fuit : quem non equidem omnino conabar excu-

sait donner de signification à ceux qu'il crée dans son heureuse audace!

Ceux qui écriront après moi auront une ample matière à louer justement les orateurs qui brillent aujourd'hui; car il y a de grands talens qui honorent le barreau, et tandis que les avocats qui ont acquis toute leur maturité rivalisent avec les anciens, une jeunesse avide de se perfectionner met toute son application à les imiter et à les suivre.

Reste à parler de ceux qui ont écrit sur la philosophie. En ce genre, les lettres romaines ont produit très-peu d'écrivains éloquens. Là, comme partout, *Cicéron* s'est montré le digne émule de Platon. *Brutus* est parfait dans ses ouvrages philosophiques, supérieurs de beaucoup à ses compositions oratoires; jamais il n'est au dessous de son sujet; on sent qu'il pense tout ce qu'il dit. *Cornelius Celsus*, attaché au scepticisme*, a laissé un grand nombre d'écrits qui ne manquent ni d'élégance ni de pureté. *Plancus* est utile à qui veut apprendre la doctrine des Stoïciens. *Catius*, qui professait celle d'Épicure, est un auteur assez léger de fonds, mais qui pourtant ne déplaît pas.

En passant en revue les auteurs qui se sont distingués dans tous les genres d'éloquence, j'ai réservé à dessein *Sénèque* pour le dernier, à cause de l'opinion faussement accréditée sur mon compte, que je condamnais ce philosophe, et que je lui en voulais personnellement. Cette prévention remonte à l'époque où je m'efforçais

---

* On lit dans le texte de Spalding *Sextios*. J'aime mieux lire avec beaucoup d'autres *Scepticos*, qui présente un sens d'autant plus probable, que Quintilien cite, immédiatement après, des philosophes qui ont suivi la doctrine de Zénon et celle d'Épicure.

tere, sed potioribus præferri non sinebam, quos ille non destiterat incessere, quum diversi sibi conscius generis, placere se in dicendo posse, quibus illi placerent, diffideret : amabant autem eum magis quam imitabantur; tantumque ab eo defluebant, quantum ille ab antiquis descenderat. Foret enim optandum pares, aut saltem proximos, illi viro fieri : sed placebat propter sola vitia, et ad ea se quisque dirigebat effingenda, quæ poterat; deinde quum se jactaret eodem modo dicere, Senecam infamabat.

Cujus et multæ alioqui, et magnæ virtutes fuerunt : ingenium facile et copiosum, plurimum studii, multa rerum cognitio; in qua tamen aliquando ab his, quibus inquirenda quædam mandabat, deceptus est : tractavit etiam omnem fere studiorum materiam; nam et orationes ejus, et poemata, et epistolæ, et dialogi feruntur : in philosophia parum diligens, egregius tamen vitiorum insectator fuit : multæ in eo claræque sententiæ, multa etiam morum gratia legenda; sed in eloquendo corrupta pleraque, atque eo perniciosissima, quod abundant dulcibus vitiis. Velles eum suo ingenio dixisse, alieno judicio; nam si aliqua contempsisset, si parum non concupisset, si non omnia sua amasset, si rerum

de ramener l'éloquence à un goût plus sévère, en combattant tous les vices qui l'avaient énervée et corrompue. Sénèque alors était presque le seul auteur qui fût entre les mains de la jeunesse. Je ne voulais pas sans doute tout-à-fait l'exclure, mais je ne pouvais souffrir qu'on le préférât à tant d'écrivains qui valent mieux, et contre lesquels il ne cessait de se déchaîner, parce que sentant intérieurement combien sa manière était différente, il désespérait que son style pût jamais plaire à ceux qui goûteraient le leur. Or, ses partisans l'aimaient plus qu'ils ne l'imitaient, et ils étaient aussi loin de lui que lui-même était loin des beaux modèles de l'antiquité. Encore s'ils l'eussent égalé, ou au moins suivi de près! mais on ne l'aimait que pour ses défauts, et chacun en prenait ce qu'il pouvait, puis déshonorait le nom de Sénèque, en se vantant d'écrire comme lui.

Ce philosophe a d'ailleurs beaucoup de belles qualités, un génie abondant et facile, de fortes études, et une érudition très-variée. Cependant il a été quelquefois induit en erreur par ceux qu'il chargeait de faire des recherches. Il est peu de matières qu'il n'ait traitées : nous avons de lui des discours, des poëmes, des épîtres, des dialogues. Sa philosophie est peu exacte, mais il a déployé une énergie admirable contre les vices. Il est plein de belles pensées, et sa lecture ne peut qu'être utile pour les mœurs. Quant à sa diction, elle est en général dépravée, et d'autant plus pernicieuse que ses défauts même sont séduisans. On serait fâché qu'il n'eût pas écrit avec son génie, mais on souhaiterait volontiers qu'il eût été guidé par le goût d'un autre. En effet, s'il avait su dédaigner certains faux ornemens, s'il eût moins couru après le bel esprit, s'il n'eût pas exclusivement aimé tout ce qui ve-

pondera minutissimis sententiis non fregisset, consensu potius eruditorum, quam puerorum amore comprobaretur.

Verum sic quoque jam robustis, et severiore genere satis firmatis legendus, vel ideo, quod exercere potest utrinque judicium : multa enim, ut dixi, probanda in eo, multa etiam admiranda sunt : eligere modo curæ sit, quod utinam ipse fecisset; digna enim fuit illa natura, quæ meliora vellet, quæ, quod voluit, effecit.

CAPUT II.

De imitatione.

Ex his cæterisque lectione dignis auctoribus et verborum sumenda copia est, et varietas figurarum, et componendi ratio; tum ad exemplum virtutum omnium mens dirigenda : neque enim dubitari potest, quin artis pars magna contineatur *imitatione* : nam ut invenire primum fuit, estque præcipuum; sic ea, quæ bene inventa sunt, utile sequi. Atque omnis vitæ ratio sic constat, ut, quæ probamus in aliis, facere ipsi velimus; sic litterarum ductus, ut scribendi fiat usus, pueri sequuntur; sic musici vocem docentium, pictores opera priorum, rustici probatam experimento culturam in

nait de lui, si enfin il n'eût pas gâté les points les plus importans de la morale par des pensées frivoles et recherchées, il aurait eu pour lui non l'enthousiasme irréfléchi des jeunes gens, mais le suffrage éclairé des vrais savans.

Quoi qu'il en soit, et à cause de ses défauts même, j'en conseillerai la lecture à ceux qui sont déjà forts et fermes sur les principes, parce qu'il est très-propre à exercer le jugement. Il y a d'ailleurs en lui, comme je l'ai dit, beaucoup à louer, beaucoup même à admirer : l'essentiel est de choisir, ce qu'il eût été à désirer qu'il fît lui-même; car un naturel comme le sien, à qui rien ne coûtait, était digne de vouloir faire mieux.

CHAPITRE II.

De l'imitation.

Après avoir acquis, par la lecture des auteurs que je viens de citer, et de tous ceux qui méritent d'être lus, l'abondance des mots, la variété des figures et l'arrangement de la composition, attachons-nous à nous rendre propres les qualités dont ils nous offrent le modèle. On ne peut en effet douter que l'art ne consiste en grande partie dans l'imitation; car si la première chose, si la plus essentielle a été d'inventer, rien aussi ne saurait être plus utile que de prendre exemple sur ce qui a été bien inventé. Toute notre vie ne se passe-t-elle pas à vouloir faire ce que nous approuvons dans les autres? Les enfans suivent les caractères qu'on leur trace pour s'habituer à écrire, les musiciens écoutent attentivement la voix de leurs maîtres, les peintres étudient les ouvrages de leurs

exemplum intuentur : omnis denique disciplinæ initia ad propositum sibi præscriptum formari videmus. Et hercule necesse est, aut similes, aut dissimiles bonis simus : similem raro natura præstat, frequenter imitatio.

Sed hoc ipsum, quod tanto faciliorem nobis rationem omnium facit, quam fuit iis, qui nihil, quod sequerentur, habuerunt, nisi caute et cum judicio apprehenditur, nocet. Ante omnia igitur imitatio per se ipsa non sufficit, vel quia pigri est ingenii contentum esse iis, quæ sint ab aliis inventa : quid enim futurum erat temporibus illis, quæ sine exemplo fuerunt, si homines nihil nisi quod jam cognovissent, faciendum sibi, aut cogitandum putassent? nempe nihil fuisset inventum. Cur igitur nefas est reperiri aliquid a nobis, quod ante non fuerit? an illi rudes sola mentis natura ducti sunt in hoc, ut tam multa generarent, nos ad quærendum non eo ipso concitemur, quod certe scimus invenisse eos, qui quæsierunt? Et quum illi, qui nullum cujusquam rei habuerunt magistrum, plurima in posteros tradiderint, nobis usus aliarum rerum ad eruendas alias non proderit, sed nihil habebimus, nisi beneficii alieni? quemadmodum quidam pictores in id solum student, ut describere tabulas mensuris ac lineis sciant.

devanciers, et les agriculteurs se règlent sur les traditions de l'expérience. Enfin, nous voyons tous les arts se proposer, dans leurs commencemens, un modèle quelconque à imiter; et véritablement, il faut de deux choses l'une : ou que nous ressemblions à ceux qui ont bien fait, ou que nous soyons différens. Or, il est rare que la nature nous fasse semblables à eux : nous le devenons souvent par l'imitation.

Mais par cela même que l'imitation nous rend les procédés de tous les arts plus faciles qu'à ceux qui n'avaient rien pour les guider, elle nuira à nos progrès, si elle n'est accompagnée de beaucoup de précaution et de discernement. Et d'abord, elle ne suffit pas : c'est même la marque d'un esprit paresseux, que de s'en tenir aux inventions des autres. En effet, que serait-il arrivé dans ces temps où l'on manquait de modèles, si les hommes eussent cru ne devoir rien faire, rien imaginer au delà de ce qu'ils connaissaient déjà? on serait resté stationnaire. Pourquoi donc serait-il défendu de découvrir ce qui ne l'aurait pas été avant nous? quoi! nos ancêtres, encore grossiers, guidés par le seul instinct de leur raison, auront produit tant de choses, et nous, qui savons que ce n'est qu'en cherchant qu'ils ont trouvé, cela ne nous déterminera pas à tenter aussi de nouvelles découvertes? et tandis que, dépourvus de maîtres et de règles, ils ont laissé à la postérité bon nombre d'inventions, nous ne saurons pas même en tirer parti pour marcher à de nouvelles connaissances, et nous ne serons riches que des bienfaits d'autrui? ce serait faire comme ces peintres, qui, lorsqu'ils copient un tableau, s'asservissent uniquement à l'exactitude des proportions et des lignes.

Turpe etiam illud est, contentum esse id consequi, quod imiteris : nam rursus quid erat futurum, si nemo plus effecisset eo, quem sequebatur? nihil in poetis supra *Livium Andronicum*; nihil in historiis supra *Pontificum annales* haberemus; ratibus adhuc navigaretur; non esset pictura, nisi quæ lineas modo extremas umbræ, quam corpora in sole fecissent, circumscriberet. Ac si omnia percenseas, nulla sit ars, qualis inventa est, nec intra initium stetit, nisi forte nostra potissimum tempora damnamus hujus infelicitatis, ut nunc demum crescat nihil : nihil autem crescit sola imitatione. Quod si prioribus adjicere fas non est, quomodo sperare possumus illum oratorem perfectum? quum in his, quos maximos adhuc novimus, nemo sit inventus, in quo nihil aut desideretur, aut reprehendatur. Sed etiam qui summa non appetunt, contendere potius, quam sequi debent : nam qui agit, ut prior sit, forsitan etiam, si non transierit, æquabit; eum vero nemo potest æquare, cujus vestigiis sibi utique insistendum putat : necesse est enim, semper sit posterior, qui sequitur.

Adde quod plerumque facilius est plus facere, quam idem : tantam enim difficultatem habet similitudo, ut ne ipsa quidem natura in hoc ita evaluerit, ut non res simplicissimæ, quæque pares maxime videantur, utique discrimine aliquo discernantur : adde quod quidquid al-

C'est une honte aussi d'aspirer seulement à égaler ce qu'on imite; car, je le répète, où en serions-nous si personne n'eût fait un pas de plus que son modèle? nous n'aurions rien en poésie au dessus de *Livius Andronicus*, rien en histoire au dessus des *Annales des Pontifes;* nous naviguerions encore sur des radeaux; la peinture se réduirait à suivre les contours des ombres que projettent les corps à la lumière. Parcourez tous les arts, vous n'en trouverez pas un qui soit ce qu'il était à sa naissance, pas un qui soit circonscrit dans la sphère de ses commencemens. Il était peut-être réservé à notre siècle de montrer à cet égard son impuissance, car rien n'y tend à se perfectionner : c'est que rien ne s'accroît par la seule imitation. Et comment espérer qu'il se forme jamais un parfait orateur, si nous n'osons rien ajouter à ceux qui nous ont précédés, puisque, parmi les meilleurs que nous connaissons jusqu'à présent, il n'en est pas un seul qui ne laisse quelque chose à désirer ou à reprendre? Je dirai plus : pour ceux même qui ne visent pas à la perfection, mieux vaut encore lutter contre leurs modèles, que de les suivre pied à pied; car celui qui s'évertue à l'emporter sur un autre, l'égalera probablement s'il ne parvient à le surpasser; tandis que celui qui s'arrêtera scrupuleusement sur ses traces, ne sera jamais sur la même ligne : l'action de suivre implique nécessairement celle de rester derrière.

Ajoutez qu'il est d'ordinaire plus aisé de faire mieux que de faire de même. L'*identité* est chose si difficile, que la nature, avec toute sa puissance, n'a jamais pu obtenir que les objets les plus simples, et qui nous paraissent les plus semblables entre eux, ne se distinguent pas par quelque différence. Ajoutez encore que la copie

teri simile est, necesse est minus sit eo, quod imitatur, ut umbra corpore, et imago facie, et actus histrionum veris affectibus.

Quod in orationibus quoque evenit : namque eis, quæ in exemplum assumimus, subest natura, et vera vis; contra omnis imitatio ficta est, et ad alienum propositum accommodatur. Quo fit, ut minus sanguinis ac virium declamationes habeant, quam orationes; quia in illis vera, in his assimulata materia est; adde quod ea, quæ in oratore maxima sunt, imitabilia non sunt, *ingenium, inventio, vis, facilitas,* et quidquid arte non traditur. Ideo plerique, quum verba ex orationibus excerpserunt, aut aliquos compositionis certos pedes, mire a se, quæ legerunt, effingi arbitrantur : quum et verba intercidant invalescantque temporibus, ut quorum certissima sit regula in consuetudine, eaque non sua natura sint bona, aut mala (nam per se soni tantum sunt), sed prout opportune proprieque, aut secus collocata sunt; et compositio quum rebus accommodata sit, tum ipsa varietate gratissima.

Quapropter exactissimo judicio circa hanc partem studiorum examinanda sunt omnia : primum, quos imitemur; nam sunt plurimi, qui similitudinem pessimi

est toujours moindre que l'original ; qu'elle est, par rapport à lui, ce que l'ombre est au corps, ce que les fictions des acteurs sont aux vrais sentimens de l'âme.

Il en est de même des discours oratoires. Ceux que nous prenons pour modèles respirent le naturel; on y sent une véritable force. Ceux au contraire qu'on fait à leur imitation ne sont que de froides copies, un calque décoloré du dessin d'autrui. Voilà pourquoi les déclamations ont moins de vie et de vigueur que les plaidoyers : c'est que dans ceux-ci les objets sont réels; dans ceux-là, au contraire, ils sont fictifs. Ajoutez enfin que les qualités les plus grandes d'un orateur sont précisément celles qu'on ne peut imiter : l'esprit, l'invention, l'énergie, la facilité et généralement tout ce que l'art n'enseigne point. Cependant bien des gens s'imaginent avoir merveilleusement reproduit la manière d'un orateur, quand ils lui ont pris çà et là certains mots, certaines formes de composition. Ils ne réfléchissent pas combien les mots changent avec le temps, qu'il en est qui se perdent, d'autres qui renaissent; qu'ils n'ont de régulateurs que l'usage, et que, n'étant par eux-mêmes que des sons, ils ne sont pas bons ou mauvais de leur nature, mais suivant qu'ils sont bien ou mal employés, bien ou mal placés. Ils ne se doutent pas non plus que la composition doit avant tout être en harmonie avec le sujet, et que c'est alors seulement qu'elle plaît par sa variété.

Cette partie des études exige donc en tout l'attention la plus judicieuse. Il faut d'abord examiner qui nous nous proposons d'imiter; car il n'y a que trop d'esprits qui s'attachent de préférence aux plus méchans modèles.

cujusque et corruptissimi concupierunt; tum in ipsis, quos elegerimus, quid sit, ad quod nos efficiendum comparemus; nam in magnis quoque auctoribus incidunt aliqua vitiosa, et a doctis inter ipsos etiàm mutuo reprehensa; atque utinam tam bona imitantes dicerent melius, quam mala pejus dicunt!

Nec vero saltem iis, quibus ad evitanda vitia judicii satis fuit, sufficiat imaginem virtutis effingere, et solam, ut sic dixerim, cutem, vel potius illas Epicuri figuras, quas e summis corporibus dicit effluere. Hoc autem his accidit, qui non introspectis penitus virtutibus, ad primum se velut aspectum orationis aptarunt; et quum iis felicissime cessit imitatio, verbis atque numeris sunt non multum differentes, vim dicendi atque inventionis non assequuntur, sed plerumque declinant in pejus, et proxima virtutibus vitia comprehendunt, fiuntque pro *grandibus tumidi, pressis exiles, fortibus temerarii, lœtis corrupti, compositis exsultantes, simplicibus negligentes.* Ideoque qui horride atque incomposite quamlibet illud frigidum et inane extulerunt, antiquis se pares credunt; qui carent cultu atque sententiis, Atticis scilicet; qui præcisis conclusionibus obscuri, Sallustium atque Thucydidem superant; tristes ac jejuni Pollionem æmulantur; otiosi et supini, si quid modo longius circumduxerunt, jurant ita Ciceronem locuturum fuisse.

Ensuite, il faut voir ce qui est à prendre dans ceux mêmes dont nous aurons fait choix, car les grands écrivains ne sont pas exempts de défauts qui ont exercé la critique des savans. Et plût au ciel que ceux qui imitent ces auteurs dans ce qu'ils ont de bon, parvinssent à faire mieux, comme il y en a tant qui font pis, en n'imitant que ce qu'ils ont de mauvais !

Quant à ceux qui auront au moins assez de tact pour éviter les défauts, je leur recommanderai de ne pas s'en tenir, en imitant les qualités, à une vaine apparence, qui n'en est, pour ainsi dire, que l'épiderme, ou plutôt qui ressemble à ces émanations figurées, qu'Épicure attribue à tous les corps. C'est ce qui arrive communément quand, au lieu de se bien pénétrer des qualités d'un auteur, on s'arrête en quelque sorte à sa surface. Le plus grand succès d'une pareille imitation, c'est de n'être pas fort différent de son modèle, quant à l'expression et au nombre, mais on n'atteint ni à son éloquence ni à son génie; on outre ses défauts ou l'on ne prend que les vices qui touchent à ses qualités : ainsi l'on remplace l'élévation par l'enflure, la concision par la maigreur, la force par la témérité, l'agrément par le mauvais goût, l'harmonie par le désordre, et la simplicité par la négligence. Tel qui fait un discours froid et vide, dans un style dur et désordonné, se croit le rival des anciens; tel autre, parce qu'il est dépourvu d'ornemens et de pensées, écrit dans le goût attique; ceux qui sont obscurs, à force de précision, se mettent sans façon au dessus de Salluste et de Thucydide; ceux qui sont secs et décharnés se disent émules de Pollion; ceux qui sont lâches et diffus, quand ils ont allongé quelques périphrases

Noveram quosdam, qui se pulchre expressisse genus illud coelestis hujus in dicendo viri sibi viderentur, si in clausula posuissent *esse videatur.*

Ergo primum est, ut, quod imitaturus est quisque, intelligat, et quare bonum sit, sciat, tum in suscipiendo onere consulat suas vires : nam quædam sunt imitabilia, quibus aut infirmitas naturæ non sufficiat, aut diversitas repugnet; ne, cui tenue ingenium erit, sola velit fortia et abrupta ; cui forte quidem, sed indomitum, amore subtilitatis et vim suam perdat, et elegantiam, quam cupit, non assequatur; nihil est enim tam indecens, quam quum mollia dure fiunt.

Atque ego illi præceptori, quem instituebam in libro secundo, credidi non ea sola docenda esse, ad quæ quemque discipulorum natura compositum videret; et adjuvare debet, quæ in quoque eorum invenit bona, et, quantum fieri potest, adjicere, quæ desunt, et emendare quædam et mutare : rector enim est alienorum ingeniorum atque formator; difficilius est naturam suam fingere. Sed ne ille quidem doctor, quamquam omnia, quæ recta sunt, velit esse in suis auditoribus quam plenissima, in eo tamen, cui naturam obstare viderit, laborabit.

Id quoque vitandum, in quo magna pars errat, ne

outre mesure, protestent que Cicéron ne se serait pas exprimé différemment. J'en ai connu qui s'imaginaient de bonne foi avoir parfaitement saisi la manière de ce divin orateur, quand ils avaient cloué au bout d'une période *esse videatur*.

L'essentiel est donc d'abord de savoir ce qu'on doit imiter, et en quoi ce qu'on se propose d'imiter est bon; ensuite, de consulter ses forces avant que d'entreprendre cette tâche, car il est des choses qu'il faut renoncer à faire comme un autre, soit par insuffisance naturelle, soit parce qu'elles répugnent trop à la trempe de notre esprit. Celui qui l'a fin et délié ne devra pas s'attacher à ce qui n'est que fort et heurté ; celui au contraire qui l'a fort, mais indomptable, perdra toute sa vigueur en courant après la subtilité, sans jamais acquérir l'élégance qu'il recherche ; or, rien n'est plus choquant que de faire avec dureté ce qui demande à être manié délicatement.

Je me rappelle cependant que j'ai recommandé au maître que j'instituais dans mon second livre de ne pas se borner à enseigner à chaque élève les choses pour lesquelles il paraissait avoir le plus de dispositions ; car, tout en développant en eux ce qu'il y trouve de bon, son devoir est aussi d'ajouter, autant qu'il est possible, à ce qui leur manque, de corriger, de modifier ce qu'ils ont de défectueux, puisque sa mission est de régir et de former l'esprit des autres : mais il est si difficile de changer sa propre nature, que ce maître, quelque désir qu'il ait de voir ses leçons pleinement fructifier chez tous ses élèves, aura bien de la peine à forcer en eux le naturel.

C'est une faute où tombent beaucoup de gens, et qu'il

in oratione poetas nobis et historicos, in illis operibus oratores, aut declamatores imitandos putemus. Sua cuique proposita lex, suus cuique decor est : nam comoedia non cothurnis assurgit, nec contra tragoedia socculo ingreditur : habet tamen omnis eloquentia aliquid commune; imitemur, quod commune est.

Etiam hoc solet incommodi accidere eis, qui se uni alicui generi dediderunt, ut si asperitas iis placuit alicujus, hanc etiam in leni ac remisso causarum genere non exuant; si tenuitas ac jucunditas, in asperis gravibusque causis ponderi rerum parum respondeant; quum sit diversa non causarum modo inter ipsas conditio, sed in singulis etiam causis partium; sintque alia leniter, alia aspere, alia concitate, alia remisse, alia docendi, alia movendi gratia dicenda; quorum omnium dissimilis atque divisa inter se ratio est. Itaque ne hoc quidem suaserim, uni se alicui proprie, quem per omnia sequatur, addicere : omnium perfectissimus Graecorum *Demosthenes* : aliquid tamen aliquo in loco melius alii; plurima ille : sed non qui maxime imitandus, et solus imitandus est. Quid ergo? non est satis omnia sic dicere, quomodo *M. Tullius* dixit? Mihi quidem satis esset, si omnia consequi possem : quid tamen noceret, vim *Caesaris*, asperitatem *Coelii*, diligentiam *Pollionis*, judicium *Calvi*, quibusdam in locis assumere? Nam prae-

faut encore éviter, de prendre modèle sur les poètes et les historiens dans une composition oratoire, ou d'imiter les orateurs et les déclamateurs dans un ouvrage d'histoire et de poésie. Chaque genre a ses lois, ses beautés. La comédie ne se guinde pas sur le cothurne, et la tragédie ne chausse pas le brodequin. Cependant, il y a dans tout un caractère général auquel on reconnaît l'éloquence, et c'est là ce qu'il faut saisir.

Un autre inconvénient ordinaire à ceux qui ne se passionnent que pour un genre d'imitation, c'est que, si un auteur leur a plu par sa véhémence, ils en mettent jusque dans les sujets qui demandent de la douceur et de la soumission; si c'est par sa délicatesse et sa grâce, ils en affectent dans des causes importantes et épineuses, où ces qualités répondent mal à la gravité de la matière. Car, non-seulement les causes, mais les parties d'une même cause varient entre elles à l'infini. Ici, il faut de la douceur, là, du mordant; ici, de l'impétuosité, là, de la modération; tantôt il s'agit d'éclairer son juge, tantôt de le toucher: et tout cela, différant essentiellement, exige aussi une manière toute différente. C'est pourquoi je ne conseillerai même pas de s'attacher à un seul modèle, pour l'imiter en tout. Certes, Démosthène est le plus parfait des orateurs grecs; cependant quelques auteurs ont pu mieux dire en certaines rencontres : certes, il a plus de qualités que qui que ce soit; mais, parce qu'il est le plus digne d'être imité, est-il donc le seul qu'on doive imiter? Quoi! dira-t-on, ne suffirait-il pas de parler comme Cicéron? Sans doute, et pour mon compte je m'en contenterais, si je pouvais lui dérober toutes ses perfections; cependant, quel mal y aurait-il à emprunter quelquefois la force de César, l'âpreté de

ter id, quod prudentis est, quod in quoque optimum est, si possit, suum facere; tum, in tanta rei difficultate, unum intuentes vix aliqua pars sequitur : ideoque quum totum exprimere, quem elegeris, pæne sit homini inconcessum, plurium bona ponamus ante oculos, ut aliud ex alio hæreat, et, quod cuique loco conveniat, aptemus.

Imitatio autem (nam sæpius idem dicam) non sit tantum in verbis : illuc intendenda mens, quantum fuerit illis viris decoris in rebus atque personis, quod consilium, quæ dispositio, quam omnia etiam, quæ delectationi videantur data, ad victoriam spectent; quid agatur prooemio, quæ ratio et quam varia narrandi, quæ vis probandi ac refellendi, quanta in affectibus omnis generis movendis scientia, quamque laus ipsa popularis utilitatis gratia assumpta, quæ tum est pulcherrima, quum sequitur, non quum arcessitur : hæc si perviderimus, tum vere imitabimur.

Qui vero etiam propria his bona adjecerit, ut suppleat, quæ deerant, circumcidat, si quid redundabit, is erit, quem quærimus, perfectus orator; quem nunc

Célius, l'exactitude de Pollion, le goût de Calvus? car, outre qu'il est prudent de s'approprier, autant qu'on le peut, ce qu'il y a de meilleur dans chacun, imiter est en soi chose si difficile, que celui qui ne copie qu'un seul modèle en rend à peine quelque partie. Puis donc qu'il est au dessus de nos forces de reproduire dans son entier celui dont nous avons fait choix, n'est-il pas préférable d'en avoir plusieurs sous les yeux, pour prendre aux uns et aux autres ce qu'ils ont de bon, et en faire usage en lieu convenable?

Mais, je ne cesserai de le répéter, ce n'est pas seulement sur les mots que doit s'exercer l'imitation. Ce à quoi l'esprit doit s'appliquer, c'est à se pénétrer de la convenance et de la dignité que les grands orateurs ont su garder à l'égard des personnes et des choses; c'est à se rendre compte du plan et de la disposition de leurs plaidoyers; c'est à considérer comme tout ce qu'ils disent dans le but apparent de plaire, tend néanmoins à leur assurer la victoire; ce qu'ils se proposent par l'exorde; comment et de combien de manières ils s'y prennent pour narrer; quelle vigueur ils mettent dans leurs preuves et dans leurs réfutations; avec quel art ils excitent les sentimens de toute espèce; comme ils savent, dans l'intérêt d'une cause, s'attirer les applaudissemens de la multitude, genre de succès honorable, quand il est le prix de l'éloquence, et non quand il est mendié. Lorsqu'on aura étendu sa prévision sur tous ces points, c'est alors qu'on sera vraiment imitateur.

Celui qui, à tous ces emprunts, joindra des qualités qui lui soient personnelles, pour suppléer à ce qui manque encore aux grands écrivains, et retrancher ce qu'ils ont de superflu, celui-là sera l'orateur parfait que nous cher-

consummari potissimum oporteat, quum tanto plura exempla bene dicendi supersint, quam illis, qui adhuc summi sunt, contigerunt : nam erit hæc quoque laus eorum, ut priores superasse, posteros docuisse dicantur.

CAPUT III.

Quomodo scribendum sit.

Et hæc quidem auxilia extrinsecus adhibentur; in iis autem, quæ nobis ipsis paranda sunt, ut laboris, sic utilitatis etiam longe plurimum affert stilus : nec immerito M. Tullius hunc *optimum effectorem ac magistrum dicendi* vocavit : cui sententiæ personam L. Crassi in disputationibus, quæ sunt de oratore, assignando, judicium suum cum illius auctoritate conjunxit.

Scribendum ergo quam diligentissime, et quam plurimum : nam ut terra altius effossa generandis alendisque seminibus fecundior fit; sic profectus non a summo petitus, studiorum fructus et fundit uberius, et fidelius continet : nam, sine hac quidem conscientia, ipsa illa ex tempore dicendi facultas inanem modo loquacitatem dabit, et verba in labris nascentia. Illic radices, illic fundamenta sunt; illic opes velut sanctiore quodam

chons. Notre siècle aurait dû voir ce prodige, entourés que nous sommes de bien plus de modèles dans l'art d'écrire que n'en ont eu ceux qui sont encore aujourd'hui nos maîtres : car telle est leur gloire, qu'on dira d'eux qu'ils ont surpassé leurs devanciers, et qu'ils servent de guides à leurs descendans.

CHAPITRE III.

Comment on doit s'exercer à écrire.

Les moyens auxiliaires dont je viens de parler nous viennent en quelque sorte du dehors; quant à ceux qu'il nous faut tirer de notre propre fonds, je n'en sache pas qui exige plus de travail, mais qui procure aussi des résultats plus utiles, que le fréquent exercice de la composition. Cicéron a raison de dire que le *style** est le *meilleur artisan, le meilleur maître de l'éloquence*, pensée qu'il prête à Crassus, dans ses disputes sur le choix de l'orateur, pour étayer son propre jugement de l'autorité de ce grand personnage.

Ne nous lassons donc pas d'écrire, et apportons-y tout le soin dont nous sommes capables. Plus la terre est creusée profondément, mieux elle féconde et développe les semences qui lui sont confiées; il en est de même de l'instruction. Quand elle n'est pas superficielle, elle donne des fruits abondans et durables. Car, sans cette conscience d'un travail opiniâtre, la facilité même d'improviser n'engendrera qu'une stérile loquacité et des

---

* Ce mot est ici au positif. C'est l'instrument dont les anciens se servaient pour écrire, et qu'on applique métaphoriquement à l'art d'écrire.

ærario reconditæ, unde ad subitos quoque casus, quum res exiget, proferantur.

Vires faciamus ante omnia, quæ sufficiant labori certaminum, et usu non exhauriantur. Nihil enim rerum ipsa natura voluit magnum effingi cito, præposuitque pulcherrimo cuique operi difficultatem; quæ nascendi quoque hanc fecerit legem, ut majora animalia diutius visceribus parentis continerentur.

Sed quum fit duplex quæstio, *quomodo,* et *quæ* maxime scribi oporteat, jam hinc ordinem sequar.

Sit primo vel tardus, dum diligens, stilus; quæramus optima, nec protinus offerentibus se gaudeamus; adhibeatur judicium inventis, dispositio probatis; delectus enim rerum verborumque agendus est, et pondera singulorum examinanda; post subeat ratio collocandi, versenturque omni modo numeri; non, ut quodque se proferet verbum, occupet locum. Quæ quidem ut diligentius exsequamur, repetenda sæpius erunt scriptorum proxima : nam præter id, quod sic melius junguntur prioribus sequentia, calor quoque ille cogitationis, qui scribendi mora refrixit, recipit ex integro vires, et velut repetito spatio sumit impetum; quod in certamine saliendi fieri videmus, ut conatum longius petant, et ad

mots qui se presseront au bout des lèvres. Oui, c'est dans le travail que sont les racines, les fondemens d'une instruction solide : c'est là que sont recélées, comme dans un trésor inviolable, les richesses dont nous saurons tirer parti dans l'occasion.

Avant tout, constituons-nous des forces qui soient à l'épreuve des combats, et que l'usage ne puisse épuiser. Rien de grand ne se fait vite : telle est la règle de la nature qui a attaché de la difficulté à tous les beaux ouvrages. C'est aussi une de ses lois, dans la génération, que les animaux qui doivent acquérir le plus grand développement, soient aussi ceux qui restent le plus long-temps dans les entrailles maternelles.

Mais il se présente ici une double question : *comment doit-on s'exercer à écrire ? sur quoi doit-on s'y exercer ?* Je vais suivre cet ordre.

Je veux d'abord qu'on écrive lentement, pourvu qu'on soit exact; qu'on cherche le mieux et qu'on ne se laisse pas éblouir par le premier jet; qu'on soumette à un jugement sévère ce qu'on a fait, et qu'on dispose ensuite avec art ce qu'on a laissé comme bon, car il y a un choix à faire dans les pensées et dans les mots, et chaque pensée, chaque mot doit être mûrement pesé. Après, on passera à l'arrangement de sa composition, on maniera les nombres dans tous les sens pour leur donner de l'harmonie, et ne pas placer les mots comme ils se présentent. Pour arriver plus sûrement à ce résultat, on fera bien de relire ce qu'on aura écrit en dernier ; c'est le moyen d'abord de mieux lier ce qui suit avec ce qui précède; ensuite, la chaleur de la pensée, qu'avait nécessairement refroidie l'action d'écrire, reçoit par-là un nouvel aliment, et l'esprit semble acquérir plus d'impé-

illud aliud, quo contenditur, spatium cursu ferantur; utque in jaculando brachia reducimus, et, expulsuri tela, nervos retro tendimus.

Interim tamen, si feret flatus, danda sunt vela, dum nos indulgentia illa non fallat : omnia enim nostra, dum nascuntur, placent; alioqui nec scriberentur : sed redeamus ad judicium, et retractemus suspectam facilitatem. Sic scripsisse Sallustium accepimus; et sane manifestus est etiam ex opere ipso labor; Virgilium quoque paucissimos die composuisse versus, auctor est Varus.

Oratoris quidem alia conditio est : itaque hanc moram et sollicitudinem initiis impero : nam primum hoc constituendum, hoc obtinendum est, ut quam optime scribamus; celeritatem dabit consuetudo; paulatim res facilius se ostendent, verba respondebunt, compositio prosequetur; cuncta denique, ut in familia bene instituta, in officio erunt : summa hæc est rei. Cito scribendo non fit, ut bene scribatur; bene scribendo fit, ut cito : sed tum maxime, quum facultas illa contigerit, resistamus, ut provideamus, et ferocientes equos frenis quibusdam coerceamus; quod non tam moram faciet, quam novos impetus dabit.

Neque enim rursus eos, qui robur aliquod in stilo

tuosité, en revenant sur ses pas. C'est ce que nous voyons faire aux sauteurs, pour prendre leur élan de plus loin, et franchir l'espace qui leur est assigné; c'est ainsi que nous ramenons notre bras à nous en lançant un javelot, et que nous tendons la corde de l'arc en arrière, pour décocher le trait.

Quelquefois cependant, si le vent souffle, déployons toutes nos voiles, pourvu que nous ne nous laissions pas aller à une funeste sécurité, car nous ne sommes que trop enclins à nous complaire dans nos créations, sans cela nous ne les mettrions pas par écrit. Ayons donc recours à notre jugement et réprimons une facilité toujours suspecte. C'est ainsi, dit-on, que composait Salluste, dont les ouvrages portent en effet l'empreinte du travail. Varus nous apprend aussi que Virgile faisait très-peu de vers dans un jour.

Je sais que la condition de l'orateur est autre: aussi, ne recommandé-je cette lenteur et cette sollicitude que dans les commencemens, attendu que l'important à fonder, à obtenir, c'est d'écrire le mieux possible. La célérité naîtra ensuite de l'habitude; peu à peu les pensées viendront d'elles-mêmes, les mots y répondront, la composition suivra, tout enfin prendra sa place, comme dans une famille bien ordonnée: voilà le point essentiel. Ce n'est pas en écrivant vite qu'on apprend à écrire bien, c'est en écrivant bien qu'on apprend à écrire vite; mais c'est surtout lorsque nous aurons acquis cette facilité, qu'il faudra savoir s'arrêter avec prévoyance et y mettre un frein, comme à un cheval trop fougueux. Cela même, loin de nous retarder, nous retrempera d'une nouvelle activité.

D'un autre côté, je n'entends pas que ceux qui ont

fecerint, ad infelicem calumniandi se pœnam alligandos puto. Nam quomodo sufficere officiis civilibus possit, qui singulis actionum partibus insenescat? Sunt autem, quibus nihil sit satis; omnia mutare, omnia aliter dicere, quam occurrit, velint : increduli quidam, et de ingenio suo pessime meriti, qui diligentiam putant, facere sibi scribendi difficultatem. Nec promptum est dicere, utros peccare validius putem, quibus omnia sua placent, an quibus nihil : accidit enim ingeniosis adolescentibus frequenter, ut labore consumantur, et in silentium usque descendant nimia bene dicendi cupiditate.

Qua de re memini narrasse mihi Julium Secundum illum, æqualem meum, atque a me, ut notum est, familiariter amatum, miræ facundiæ virum, infinitæ tamen curæ, quid esset sibi a patruo suo dictum. Is fuit Julius Florus, in eloquentia Galliarum, quoniam ibi demum exercuit eam, princeps, alioqui inter paucos disertus, et dignus illa propinquitate : is quum Secundum, scholæ adhuc operatum, tristem forte vidisset, interrogavit, quæ causa frontis tam adductæ? nec dissimulavit adolescens, tertium jam diem esse, quod omni labore materiæ ad scribendum destinatæ non inveniret exordium : quo sibi non præsens tantum dolor, sed etiam desperatio in posterum fieret : tum Florus arridens, *Numquid tu*, inquit, *melius dicere vis, quam*

déjà une certaine maturité de style se condamnent au malheureux supplice de se chercher continuellement des fautes ; car comment suffire à tous les devoirs de la vie civile, si l'on se consume ainsi sur toutes les parties d'un plaidoyer ? Or, il y a des gens que rien ne satisfait, qui veulent tout changer, tout dire autrement qu'ils ne l'ont d'abord conçu ; espèce de méfians qui sont les pires ennemis d'eux-mêmes, et qui n'estiment leur exactitude que par le mal qu'elle leur a coûté. Je ne sais, en vérité, lesquels me paraissent plus condamnables, de ceux qui admirent tout dans leurs ouvrages, ou de ceux qui n'en sont jamais contens ; car il arrive souvent que des esprits, nés d'ailleurs avec d'heureuses dispositions, se dessèchent à force de travail, et sont réduits à l'impuissance de rien dire, par une envie démesurée de dire trop bien.

Je me rappelle à ce sujet ce que me contait Julius Secundus, qui a été mon contemporain et, comme on sait, mon ami, homme qui maniait admirablement la parole, mais qui était d'une exactitude trop scrupuleuse. Il avait un oncle paternel, Julius Florus, le premier pour l'éloquence dans les Gaules où il avait fini par se fixer, du reste orateur disert s'il en fut, digne enfin d'être le parent de Secundus. Celui-ci, étant encore à l'école, en sortait un jour fort triste. Son oncle le rencontrant lui demanda d'où lui venait cet air soucieux. Le jeune homme lui avoua que, depuis trois jours, il s'épuisait en vain pour trouver un exorde à la matière qu'on lui avait donnée à traiter, ce qui non-seulement le chagrinait pour le présent, mais le désespérait encore pour l'avenir. *Eh ! quoi, mon enfant,* lui dit Florus en souriant, *est-ce que par hasard tu voudrais faire plus que tu ne peux ?* C'est là en effet tout le secret ; il faut s'appliquer à écrire le mieux possible,

potes? Ita se res habet : curandum est, ut quam optime dicamus; dicendum tamen pro facultate : ad profectum enim opus est studio, non indignatione.

Ut possimus autem scribere etiam plura celerius, non *exercitatio* modo praestabit, in qua sine dubio multum est, sed etiam *ratio;* si non resupini, spectantesque tectum, et cogitationem murmure agitantes, exspectaverimus, quid obveniat, sed quid res poscat, quid personam deceat, quod sit tempus, qui judicis animus, intuiti, humano quodam modo ad scribendum accesserimus : sic nobis et initia, et quod sequitur, natura ipsa praescribit. Certa sunt enim pleraque, et, nisi conniveamus, in oculos incurrunt : ideoque nec indocti, nec rustici diu quaerunt, unde incipiant; quo pudendum est magis, si difficultatem facit doctrina : non ergo semper putemus optimum esse, quod latet; immutescamus alioqui, si nihil dicendum videatur, nisi quod non invenimus.

Diversum est huic eorum vitium, qui primo decurrere per materiam stilo quam velocissimo volunt, et sequentes calorem atque impetum, ex tempore scribunt; hanc *silvam* vocant : repetunt deinde, et componunt, quae effuderant : sed verba emendantur et numeri, manet in rebus temere congestis, quae fuit, levitas. Proti-

mais il ne faut rien tenter au delà de ses forces. On fait des progrès en étudiant; on n'en fait point en se dépitant.

Or, pour apprendre à écrire sur toute sorte de sujets, et avec célérité, indépendamment de l'exercice qui, sans contredit, est beaucoup, il faut encore une certaine méthode. Si donc, au lieu d'attendre nonchalamment qu'il nous vienne quelque idée, au lieu de regarder en l'air et de murmurer entre nos dents, pour nous exciter à penser, nous envisageons attentivement ce que demande notre cause, quelles bienséances exigent les personnes, dans quelles circonstances nous nous trouvons, quelle est la tournure d'esprit du juge; alors nous apporterons les dispositions les plus favorables pour composer, et la nature nous fournira d'elle-même notre exorde et ce qui doit suivre. Car la plupart des idées sont certaines, et nous frappent immanquablement les yeux, si nous ne les fermons pas. Voyez les gens les plus ignorans, les paysans même: ils ne sont jamais embarrassés pour entrer en matière. Ne serait-il pas honteux que l'art rendît cela plus difficile? Ne croyons donc pas toujours que ce qui est caché est le meilleur, et sachons plutôt nous taire, si nous ne jugeons digne d'être dit que ce que nous n'avons pu trouver.

D'autres ont le défaut tout contraire. Ils veulent d'abord expédier leur sujet le plus vite possible, et, s'abandonnant à tout leur feu, à toute leur impétuosité, ils couchent par écrit tout ce qui leur passe par la tête (c'est ce qu'ils appellent *silva*) : revenant ensuite sur ce qu'ils ont fait, ils mettent un peu d'ordre dans ce chaos : mais ils ont beau corriger les expressions, arrondir les

nus ergo adhibere curam rectius erit, atque ab initio sic opus ducere, ut cælandum, non ex integro fabricandum sit : aliquando tamen affectus sequimur, in quibus fere plus calor, quam diligentia, valet.

Satis apparet ex eo, quod hanc scribentium negligentiam damno, quid de illis dictandi deliciis sentiam : nam in stilo quidem quamlibet properato dat aliquam cogitationi moram non consequens celeritatem ejus manus; ille, cui dictamus, urget, atque interim pudet etiam dubitare, aut resistere, aut mutare, quasi conscium infirmitatis nostræ timentes. Quo fit, ut non rudia tantum, et fortuita, sed impropria interim, dum sola est connectendi sermonis cupiditas, effluant : quæ nec scribentium curam, nec dicentium impetum consequantur : at idem ille, qui excipit, si tardior in scribendo, aut inertior in legendo, velut offensator fuerit, inhibetur cursus, atque omnis, quæ erat, concepta mentis intentio mora et interdum iracundia excutitur. Tum illa, quæ altiorem animi motum sequuntur, quæque ipsa animum quodammodo concitant, quorum est jactare manum, torquere vultum, simul vertere latus et interim objur-

périodes, le fond des choses reste le même, et comme elles ont été accumulées sans choix, elles n'en acquièrent pas plus de consistance. Mieux vaut donc travailler d'abord avec soin et conduire son ouvrage, dès le principe, de manière à n'avoir plus qu'à le ciseler, et non à le refondre tout entier. Quelquefois, cependant, il faut suivre certaines inspirations de sentiment, où la chaleur est préférable à l'exactitude.

Condamner la négligence que certaines gens mettent à écrire, c'est dire assez ce que je pense de ceux dont la paresse se plaît à dicter. Car au moins, quand on écrit, même avec précipitation, la main, qui ne peut marcher aussi rapidement que la pensée, laisse un peu de temps pour la réflexion; mais celui à qui vous dictez ne vous en laisse pas, il vous talonne; et comme on rougirait d'hésiter, de rester court ou de se reprendre, dans la crainte d'avoir un témoin de sa faiblesse, il arrive qu'on laisse échapper des termes incorrects, hasardés, même impropres, occupé qu'on est uniquement à lier ses phrases : d'où résulte un travail qui n'a ni le fini d'une composition écrite, ni la chaleur d'une improvisation. Que si c'est votre secrétaire qui est trop lent à écrire, ou qui bronche à chaque pas, en relisant ce que vous avez dicté, alors vous restez en chemin, et ce retard, auquel se joint la mauvaise humeur, rompt tout-à-fait le fil de vos idées. Ensuite, comment, sans être ridicule, se livrer, à moins d'être seul, à toute cette pantomime qui trahit l'agitation de l'esprit, et qui lui sert en quelque sorte de véhicule, comme de frotter ses mains, tourmenter son visage, se tourner tantôt d'un côté, tantôt de l'autre, s'emporter contre soi-même, et autres démon-

gare, quæque Persius notat, quum leviter dicendi genus significat,

Nec pluteum, *inquit*, cædit, nec demorsos sapit ungues;

etiam ridicula sunt, nisi quum soli sumus. Denique, ut semel, quod est potentissimum, dicam, secretum in dictando perit; atqui liberum arbitris locum, et quam altissimum silentium scribentibus maxime convenire nemo dubitaverit.

Non tamen protinus audiendi, qui credunt aptissima in hoc nemora silvasque, quod illa cœli libertas, locorum amœnitas, sublimem animum, et beatiorem spiritum parent. Mihi certe jucundus hic magis, quam studiorum hortator, videtur esse secessus; namque illa, quæ ipsa delectant, necesse est avocent ab intentione operis destinati; neque enim se bona fide in multa simul intendere animus totum potest, et, quocunque respexit, desinit intueri, quod propositum erat. Quare silvarum amœnitas, et præterlabentia flumina, et inspirantes ramis arborum auræ, volucrumque cantus, et ipsa late circumspiciendi libertas, ad se trahunt; ut mihi remittere potius voluptas ista videatur cogitationem, quam intendere. Demosthenes melius, qui se in locum, ex quo nulla exaudiri vox, et ex quo nihil prospici posset, recondebat, ne aliud agere mentem cogerent oculi.

strations du même genre que Perse indique assez, lorsqu'il dit, en parlant de méchans vers :

L'auteur, pour les trouver, n'a pas rongé ses doigts.

Enfin, et pour finir par la considération la plus puissante, il est hors de doute que le secret, la solitude et le silence sont ce qui convient le mieux pour composer, et qu'on est privé de tout cela, quand on dicte.

Ne vous en rapportez pas non plus, sans examen, à ceux qui croient que c'est dans le calme des bois, dans la profondeur des forêts qu'on est le plus à l'aise pour travailler, sous prétexte que cette liberté qu'on goûte en plein air, et l'aspect agréable des lieux, élèvent l'âme et l'inspirent heureusement. Je pense, moi, qu'une pareille retraite est plus propre à charmer les sens qu'à favoriser l'étude; car, par cela même que tant d'objets nous séduisent, ils doivent nous distraire de notre occupation principale. L'esprit ne peut pas s'appliquer sincèrement et tout entier à plusieurs choses à la fois, et, du moment qu'il se détourne, il cesse d'avoir en vue ce qu'il s'était uniquement proposé. Or, la beauté des bois, le murmure des eaux, le bruissement des feuilles agitées par le vent, le chant des oiseaux, et ces tableaux variés sur lesquels nous promenons au loin nos regards, sont autant de sensations qui nous captivent; et cette jouissance même me paraît plutôt faite pour relâcher la méditation que pour la tendre. Démosthène était plus sage; il se retirait dans un lieu d'où il ne pût rien entendre ni rien voir, de peur d'être exposé à la plus légère distraction.

Ideoque lucubrantes, silentium noctis, et clausum cubiculum, et lumen unum velut tectos maxime teneat. Sed quum in omni studiorum genere, tum in hoc praecipue bona valetudo, quaeque eam maxime praestat, frugalitas necessaria est; quum tempora ab ipsa rerum natura ad quietem refectionemque nobis data, in acerrimum laborem convertimus; cui tamen non plus irrogandum est, quam quod somno supererit, haud deerit: obstat enim diligentiae scribendi etiam fatigatio; et abunde, si vacet, lucis spatia sufficiunt; occupatos in noctem necessitas agit : est tamen lucubratio, quoties ad eam integri ac refecti venimus, optimum secreti genus.

Sed silentium et secessus, et undique liber animus, ut sunt maxime optanda, ita non semper possunt contingere; ideoque non statim, si quid obstrepet, abjiciendi codices erunt, et deplorandus dies; verum incommodis repugnandum, et hic faciendus usus, ut omnia, quae impedient, vincat intentio : quam si tota mente in opus ipsum direxeris, nihil eorum, quae oculis, vel auribus incursant, ad animum perveniet. An vero frequenter etiam fortuita hoc cogitatio praestat, ut obvios non videamus, et itinere deerremus; non consequemur idem, si et voluerimus?

Je veux donc, lorsque nous veillons, que le silence de la nuit, un cabinet bien clos, une seule lumière, nous tiennent pour ainsi dire cachés à tous les regards. Mais cette manière d'étudier, plus que toute autre, exige une santé robuste et la frugalité qui l'entretient, puisque nous faisons violence à la nature, en consacrant au travail les heures qu'elle nous a données pour nous reposer et nous refaire. Aussi, ne faut-il accorder à ce travail que ce que nous pouvons prendre impunément sur notre sommeil, car l'excès de la fatigue nuit à la diligence. Le jour d'ailleurs suffit amplement à qui peut en disposer; la multiplicité des affaires peut seule obliger à travailler la nuit. Du reste, il n'y a pas de genre de solitude préférable aux veilles, quand on y apporte la santé et les forces nécessaires.

Mais si la retraite, le silence et l'entière liberté d'esprit sont ce qu'il y a de plus à souhaiter pour écrire, il faut convenir que nous pouvons rarement jouir de tous ces avantages. N'allons donc pas, au moindre bruit qui viendra nous troubler, jeter nos tablettes, et déplorer la perte de notre temps; sachons, au contraire, résister à ces importunités, et nous y habituer tellement, que notre application surmonte tous les obstacles : et c'est en concentrant toutes nos facultés sur l'objet que nous méditons, que rien de ce qui frappera nos yeux et nos oreilles ne parviendra jusqu'à notre âme. N'arrive-t-il pas souvent qu'une idée nous préoccupe à tel point que nous ne voyons pas ceux qui viennent à nous, ou que nous prenons un chemin pour un autre? pourquoi n'obtiendrions-nous pas, en le voulant fortement, une pareille préoccupation?

Non est indulgendum causis desidiæ : nam si non nisi refecti, non nisi hilares, non nisi omnibus aliis curis vacantes, studendum existimaverimus, semper erit, propter quod nobis ignoscamus. Quare in turba, itinere, conviviis etiam faciat sibi cogitatio ipsa secretum : quid alioqui fiet, quum in medio foro, tot circumstantibus judiciis, jurgiis, fortuitis etiam clamoribus, erit subito continua oratione dicendum, si particulas, quas ceris mandamus, nisi in solitudine reperire non possumus ? Propter quæ idem ille tantus amator secreti Demosthenes, in littore, in quod se maximo cum sono fluctus illideret, meditans, consuescebat concionum fremitus non expavescere.

Illa quoque minora (sed nihil in studiis parvum est) non sunt transeunda, scribi optime ceris, in quibus facillima est ratio delendi; nisi forte visus infirmior membranarum potius usum exiget : quæ ut juvant aciem, ita crebra relatione, quoad intinguntur calami, morantur manum, et cogitationis impetum frangunt.

Relinquendæ autem in utrolibet genere contra erunt vacuæ tabellæ, in quibus libera adjicienti sit excursio : nam interim pigritiam emendandi angustiæ faciunt; aut certe novorum interpositionem priora confundant : ne latas quidem ultra modum esse ceras velim, expertus

Il ne faut pas nous faire illusion. Si nous croyons ne pouvoir étudier à moins d'être frais et dispos, et d'avoir l'esprit dégagé de tout souci, nous ne manquerons jamais de prétextes pour excuser notre paresse. Je veux donc que notre pensée se crée une véritable solitude au milieu de la foule, en voyage, à table, dans les assemblées. Autrement, que sera-ce quand, en plein barreau, devant les juges, parmi les disputes et les clameurs inopinées, il nous faudra sur-le-champ prendre la parole et plaider, si nous avons besoin de nous recueillir dans la solitude, pour retrouver la suite des idées que nous aurons confiées à nos tablettes? C'est pour cela que Démosthène, ce grand partisan de la retraite, allait méditer sur le rivage où les flots se brisaient avec fracas, afin de s'accoutumer à braver les frémissemens de la multitude.

Il est encore d'autres petits soins que je ne dois pas omettre, car rien n'est à dédaigner en fait d'études, comme d'écrire de préférence sur des tablettes en cire, parce qu'elles offrent plus de facilité pour effacer, à moins qu'une vue délicate ne force à recourir à l'usage du parchemin qui, en effet, est plus doux à l'œil, mais qui a l'inconvénient de retarder la main, et d'entraver l'essor de la pensée, par la nécessité de tremper souvent sa plume pour la teindre.

Mais, de quelque manière qu'on écrive, il est bon de laisser assez d'espace, pour recevoir les additions qu'on serait dans le cas de faire. Si l'on est trop à l'étroit, cela rend paresseux pour corriger, ou, quand on s'y décide, ce qui a été écrit d'abord se confond avec les intercallations. Je ne veux pas non plus que les tablettes soient

juvenem studiosum alioqui praelongos habuisse sermones, quia illos numero versuum metiebatur, idque vitium, quod frequenti admonitione corrigi non potuerat, mutatis codicibus esse sublatum.

Debet vacare etiam locus, in quo notentur, quae scribentibus solent extra ordinem, id est, ex aliis, quam qui sunt in manibus loci, occurrere : irrumpent enim optimi nonnunquam sensus, quos neque inserere oportet, neque differre tutum est ; quia interim elabuntur, interim memoriae sui intentos, ab alia inventione declinant; ideoque optime sunt in deposito.

CAPUT IV.

De emendatione.

Sequitur *emendatio,* pars studiorum longe utilissima : neque enim sine causa creditum est stylum non minus agere, quum delet : hujus autem operis est, *adjicere*, *detrahere*, *mutare* : sed facilius in iis simpliciusque judicium, quae replenda, vel dejicienda sunt ; premere vero tumentia, humilia extollere, luxuriantia astringere, inordinata digerere, soluta componere, exsultantia coercere, duplicis operae : nam et damnanda sunt, quae placuerant; et invenienda, quae fugerant.

démesurément grandes. J'ai connu un jeune homme, intéressant d'ailleurs, qui composait des discours beaucoup trop longs, parce qu'il les mesurait sur le nombre de lignes que contenaient ses tablettes, défaut dont il ne put se défaire, malgré des remontrances réitérées, et qui ne disparut enfin que lorsqu'il eut changé la dimension de ses cahiers.

Il faut aussi réserver une marge pour certaines idées qui surgissent tout à coup, hors de leur rang, c'est-à-dire qui naissent à propos de choses autres que celles qui nous occupent actuellement. Car il survient quelquefois d'excellentes pensées; mais il n'est pas prudent de s'y arrêter, parce qu'en s'y attachant trop, elles nuiraient à d'autres, ni sûr de les ajourner, parce qu'elles sont sujettes à échapper : le mieux donc est de les garder en dépôt.

CHAPITRE VI.

Comment il faut retoucher ses ouvrages.

Vient ensuite le soin de retoucher, qui est sans contredit la partie la plus utile des études; car, ainsi qu'on le croit avec raison, le *style** n'agit pas moins quand il efface. Or, retoucher, c'est *ajouter, retrancher, changer*. C'est chose aisée et qui ne demande que du sens, que de suppléer à ce qui manque, ou d'ôter ce qui surabonde; mais remanier sa composition, abaisser ce qui est enflé, élever ce qui est rampant, resserrer ce qui est diffus, régler ce qui est désordonné, lier ce qui est lâche, réprimer ce qui est excessif, voilà ce qui coûte

---

* Ce mot est encore ici pris au propre.

Nec dubium est optimum esse emendandi genus, si scripta in aliquod tempus reponuntur, ut ad ea post intervallum, velut nova atque aliena, redeamus, ne nobis scripta nostra, tamquam recentes fetus, blandiantur. Sed neque hoc contingere semper potest, praesertim oratori, cui saepius scribere ad praesentes usus necesse est; et emendatio finem habeat : sunt enim qui ad omnia scripta, tamquam vitiosa, redeant, et quasi nihil fas sit rectum esse, quod primum est, melius existiment, quidquid est aliud, idque faciant, quoties librum in manus resumpserunt, similes medicis etiam integra secantibus : accidit itaque, ut cicatricosa sint, et exsanguia, et cura pejora. Sit ergo aliquando, quod placeat, aut certe quod sufficiat; ut opus poliat lima, non exterat : temporis quoque esse debet modus; nam quod Cinnae Zmyrnam novem annis accepimus scriptam, et Panegyricum Isocratis, qui parcissime, decem annis dicunt elaboratum, ad oratorem nihil pertinet; cujus nullum erit, si tam tardum fuerit, auxilium.

doublement à un écrivain, puisqu'il lui faut sacrifier ce qu'il avait d'abord trouvé beau, et ensuite trouver ce qui lui avait échappé.

La meilleure manière de corriger ses écrits, est de les laisser reposer, et de n'y revenir qu'après un certain laps de temps, comme à une composition toute nouvelle, et faite par un autre, de peur de se complaire dans son ouvrage, avec les yeux d'une mère pour son enfant nouveau-né. Mais cela n'est pas toujours loisible, surtout à l'orateur qui, le plus souvent, écrit pour une circonstance présente, et d'ailleurs cette retouche doit avoir une fin. Certaines gens reviennent sans cesse sur ce qu'ils ont écrit, pour y trouver des défauts, et, comme s'ils ne pouvaient jamais avoir rencontré juste du premier coup, tout changement, quel qu'il soit, leur paraît préférable à ce qui existait, et c'est à recommencer, chaque fois que leur écrit leur tombe sous la main. Il me semble voir des médecins qui taillent impitoyablement dans les chairs les plus saines. Qu'arrive-t-il de là ? que leurs compositions sont, pour ainsi dire, cousues de cicatrices, pâles et exténuées par l'excès des remèdes. Sachons donc quelquefois trouver bon ce que nous avons fait, ou au moins nous en contenter, et servons-nous de la lime pour polir et non pour user. Je veux aussi des bornes au temps ; car, que le poète Cinna ait mis neuf ans à composer sa tragédie de Zmyrna, ou que, suivant le calcul le plus modeste, Isocrate en ait consumé dix à écrire son Panégyrique, cela ne saurait faire loi pour l'orateur, dont le secours serait comme non avenu, s'il devait se faire trop attendre.

CAPUT V.

Quæ scribenda sint præcipue.

PROXIMUM est, ut dicamus, *quæ præcipue scribenda* sint : hoc exuberantis quidem est operis, ut explicemus, quæ sint materiæ; quæ prima, aut secunda, aut deinceps tractanda sint; nam id factum est etiam primo libro, quo puerorum, et secundo, quo robustiorum studiis ordinem dedimus; sed, de quo nunc agitur, unde copia ac facilitas maxime veniat. Vertere græca in latinum veteres nostri oratores optimum judicabant : id se L. Crassus in illis Ciceronis de Oratore libris dicit factitasse : id Cicero sua ipse persona frequentissime præcipit : quin etiam libros Platonis atque Xenophontis edidit hoc genere translatos : id Messalæ placuit; multæque sunt ab eo scriptæ ad hunc modum orationes; adeo ut etiam cum illa Hyperidis pro Phryne difficillima Romanis subtilitate contenderet.

Et manifesta est exercitationis hujusce ratio : nam et rerum copia græci auctores abundant, et plurimum artis in eloquentiam intulerunt; et hos transferentibus, verbis uti optimis licet : omnibus enim utimur nostris : figuras vero, quibus maxime ornatur oratio, multas

CHAPITRE V.

Sur quoi l'on doit principalement s'exercer à écrire.

Disons maintenant sur quoi il convient de s'exercer à écrire. Il serait superflu d'expliquer quelles sont les matières qu'on doit choisir au premier degré de l'instruction, au second, et ainsi de suite, car je l'ai déjà fait, quand j'ai établi l'ordre des études, dans mon premier livre pour les enfans, et dans mon second pour ceux qui sont plus avancés. Ce dont il s'agit maintenant, c'est du moyen le plus sûr pour acquérir l'abondance et la facilité d'élocution. Nos anciens orateurs ne connaissaient rien de mieux pour cela, que de traduire du grec en latin. C'est ce que L. Crassus, dans les livres de l'*Orateur*, dit avoir beaucoup pratiqué, et ce que Cicéron lui-même recommande très-souvent de sa personne*. On sait même qu'il a publié des ouvrages traduits de Platon et de Xénophon. Cet exercice plaisait tant à Messala, qu'il nous a donné ainsi un grand nombre d'oraisons grecques : il a même, dans le célèbre plaidoyer d'Hypéride, en faveur de Phryné, lutté de finesse et de grâce avec l'original, chose fort difficile pour un Romain.

L'utilité de cet exercice est manifeste; car, comme les auteurs grecs sont en général pleins et substantiels, et qu'ils ont mis infiniment d'art dans l'éloquence, ceux qui les traduisent ont toute liberté pour se servir des

---

* C'est-à-dire, autrement que par l'organe d'interlocuteur, comme dans le dialogue *de Oratore*.

ac varias excogitandi etiam necessitas quædam est; quia plerumque a græcis romana dissentiunt.

Sed et illa ex latinis conversio multum et ipsa contulerit : ac de carminibus quidem neminem credo dubitare, quo solo genere exercitationis dicitur usus esse Sulpicius : nam et sublimis spiritus attollere orationem potest; et verba, poetica libertate audaciora, non præsumunt eadem proprie dicendi facultatem : sed et ipsis sententiis adjicere licet oratorium robur, et omissa supplere, effusa substringere. Neque ego paraphrasim esse interpretationem tantum volo, sed circa eosdem sensus certamen atque æmulationem.

Ideoque ab illis dissentio, qui vertere orationes latinas vetant, quia, optimis occupatis, quidquid aliter dixerimus, necesse sit esse deterius : nam neque semper est desperandum, aliquid illis, quæ dicta sunt, melius posse reperiri; neque adeo jejunam ac pauperem natura eloquentiam fecit, ut una de re bene dici, nisi semel, non possit. Nisi forte histrionum multa circa voces easdem variare gestus potest, orandi minor vis, ut dicatur aliquid, post quod in eadem materia nihil dicendum sit.

Sed esto, neque melius, quod invenimus, esse, neque

meilleurs termes, et ces termes sont bien à eux; quant aux figures, qui sont le principal ornement d'un discours, le génie des deux langues n'étant pas le même, on est souvent obligé d'en substituer d'autres, ce qui a aussi sa difficulté.

Je regarde même comme fort utile de *retourner* des auteurs latins; du moins, on ne révoquera pas cela en doute à l'égard des vers, ce qui était, dit-on, l'exercice habituel de Sulpicius. En effet, l'enthousiasme de la poésie est susceptible de se communiquer à la prose, et l'audace qu'elle met dans les mots n'exclut pas la faculté d'employer ces mêmes mots avec propriété. Rien n'empêche aussi de revêtir les pensées de la force oratoire; enfin, on peut suppléer à ce que le poète a omis, ou resserrer ce qu'il a trop étendu. Car je ne veux pas que la paraphrase soit un simple calque, mais un combat d'émulation autour des mêmes idées.

Voilà pourquoi je diffère de sentiment avec ceux qui défendent de paraphraser des auteurs latins, sous prétexte que tout ce qu'on peut dire autrement que les grands écrivains doit nécessairement être inférieur. Faut-il donc toujours désespérer de rencontrer mieux? et la nature a-t-elle fait l'éloquence si pauvre et si stérile, que la même chose ne puisse être bien dite qu'une fois? quoi! le comédien, par ses gestes, pourra donner plusieurs expressions différentes aux mêmes mots, et la puissance de la parole n'ira pas jusqu'à pouvoir dire autre chose que ce qui aura déjà été dit sur le même sujet!

Mais j'accorde que ce que nous aurons trouvé ne sera

par; est certe proximus locus. An vero ipsi non bis ac saepius de eadem re dicimus, et quidem continuas nonnunquam sententias? nisi forte contendere nobiscum possumus, cum aliis non possumus : nam si uno genere bene diceretur, fas erat existimari praeclusam nobis a prioribus viam : nunc vero innumerabiles sunt modi, plurimaeque eodem viae ducunt. Sua brevitati gratia, sua copiae; alia translatis virtus, alia propriis : hoc oratio recta, illud figura declinata commendat : ipsa denique utilissima est exercitationi difficultas. Quid? quod auctores maximi sic diligentius cognoscuntur? non enim scripta lectione secura transcurrimus; sed tractamus singula, et necessario introspicimus, et, quantum virtutis habeant, vel hoc ipso cognoscimus, quod imitari non possumus.

Nec aliena tantum transferre, sed etiam nostra pluribus modis tractare proderit, ut ex industria sumamus sententias quasdam, easque versemus quam numerosissime, velut eadem cera aliae atque aliae formae duci solent. Plurimum autem parari facultatis existimo ex simplicissima quaque materia : nam in illa multiplici *personarum, causarum, temporum, locorum, dictorum, factorum* diversitate facile delitescet infirmitas, tot se un-

ni meilleur, ni même aussi bon : au moins pouvons-nous en approcher. Ne nous arrive-t-il pas d'exprimer deux fois et plus souvent la même idée dans des termes différens, et cette idée n'en fait-elle pas naître quelquefois plusieurs de suite? pourquoi donc, si nous pouvons lutter avec nous-mêmes, ne le pourrions-nous pas avec les autres? que s'il n'y avait qu'une seule manière de bien dire, il faudrait en conclure que la voie nous est fermée par ceux qui nous ont précédés; cependant il y a encore aujourd'hui des variétés infinies de style, et l'on arrive au même but par plusieurs chemins. La brièveté a ses charmes, l'abondance a aussi les siens; c'est une qualité de s'exprimer métaphoriquement, c'en est une de le faire en termes propres; tel écrit nous plaît, parce qu'il est simple, tel autre, parce qu'il est figuré. Enfin, la difficulté même de cet exercice le rend extrêmement utile : je dirai plus, c'est le seul moyen de connaître à fond les bons auteurs. Il ne s'agit plus là d'une lecture superficielle qui effleure en courant leurs écrits; on manie leurs pensées une à une, on les sonde, on les pénètre, et on apprécie d'autant mieux leurs qualités qu'on se reconnaît impuissant à les imiter.

Et ce n'est pas seulement sur les écrits d'autrui qu'il sera avantageux de s'exercer ainsi, nous nous trouverons bien de le faire sur nos propres compositions, et, par exemple, de choisir à dessein certains passages, et de les remanier de plusieurs façons, pour leur donner le tour le plus nombreux possible : c'est ainsi qu'on façonne le même morceau de cire en différentes figures. Or, les matières les plus simples sont aussi celles que j'estime les meilleures pour se former; car, dans celles qui ont une abondante variété de personnes, de motifs,

dique rebus, ex quibus aliquam apprehendas, offerentibus. Illud virtutis indicium est, fundere, quæ natura contracta sunt, augere parva, varietatem similibus, voluptatem expositis dare, et bene dicere multa de paucis : in hoc optime facient infinitæ quæstiones, quas vocari θέσεις diximus, quibus Cicero jam princeps in republica exerceri solebat. His confinis est destructio et confirmatio sententiarum : nam quum sit sententia decretum quoddam atque præceptum, quod de re, idem de judicio rei quæri potest : tum loci communes, quos etiam scriptos ab oratoribus scimus : nam qui hæc recta tantum, et in nullos flexus recedentia copiose tractaverit, utique in illis plures excursus recipientibus magis abundabit, eritque in omnes causas paratus : omnes enim generalibus quæstionibus constant : nam quid interest, *Cornelius tribunus plebis quod codicem legerit*, reus sit; an quæramus, *Violeturne majestas, si magistratus rogationem suam populo ipse recitaverit?* *Milo Clodium rectene occiderit*, veniat in judicium; an, *Oporteatne insidiatorem interfici, vel perniciosum reipublicæ civem, etiamsi non insidietur? Cato Marciam honestene tradiderit Hortensio;* an, *Conveniatne res talis bono viro?* de personis judicatur, sed de rebus contenditur.

de circonstances, de lieux, de dits et de faits, notre faiblesse se cache aisément, pour peu qu'au milieu de tant de choses qui s'offrent en foule, nous ayons l'art de nous attacher à une seule, et de la faire valoir. Mais l'indice d'un véritable talent, c'est d'étendre ce qui paraît le moins prêter au développement, de donner de l'importance à ce qui en a peu, de jeter de la variété sur ce qui est monotone, de mettre de la grâce dans ses récits, enfin de parler bien et long-temps sur les sujets les plus minces. Rien ne vaut mieux pour cela que ces questions générales que j'ai dit qu'on désignait sous le nom de thèses. Cicéron, revêtu déjà des premières charges de la république, en faisait son exercice favori. Il y en a un autre, et qui s'en approche; c'est de réfuter ou de confirmer les sentences ou doctrines philosophiques; car ce sont des espèces de décisions ou préceptes, et les questions que l'on fait sur le fond des choses peuvent aussi tomber sur le jugement qu'on en a porté; viendront ensuite les lieux communs, et nous savons que des orateurs n'ont pas dédaigné d'en traiter. Quiconque aura fait preuve d'abondance dans ces propositions où tout est sans déguisement et sans détour, n'en aura que plus de fécondité dans les sujets qui comportent de nombreuses excursions, et sera préparé à tous les genres de causes; car, en définitive, tout s'y résout en questions générales. Qu'importe en effet *que le tribun du peuple Cornelius soit accusé pour avoir lu un projet de loi, en manuscrit;* ou qu'on recherche *s'il n'y a pas violation de la majesté du peuple romain, quand un magistrat lit lui-même la loi qu'il propose?* qu'importe qu'on ait à juger *si Milon a bien fait de tuer Clodius, ou s'il nous est permis de faire périr quiconque nous dresse des em-*

Declamationes vero, quales in scholis rhetorum dicuntur, si modo sunt ad veritatem accommodatæ, et orationibus similes, non tantum dum adolescit profectus, sunt utilissimæ, quæ inventionem et dispositionem pariter exercent; sed etiam quum est consummatus, ac jam in foro clarus : alitur enim atque enitescit, velut pabulo lætiore, facundia, et assidua contentionum asperitate fatigata renovatur. Quapropter historiæ nonnunquam ubertas in aliqua exercendi styli parte ponenda, et dialogorum libertate gestiendum : ne carmine quidem ludere contrarium fuerit; sicut athletæ, remissa quibusdam temporibus ciborum atque exercitationum certa necessitate, otio et jucundioribus epulis reficiuntur. Ideoque mihi videtur M. Tullius tantum intulisse eloquentiæ lumen, quod in hos quoque studiorum secessus excurrit : nam si nobis sola materia fuerit ex litibus, necesse est, deteratur fulgor, et durescat articulus, et ipse ille mucro ingenii quotidiana pugna retundatur.

Sed quemadmodum forensibus certaminibus exerci-

bûches, ou même un citoyen dangereux, quand d'ailleurs il n'aurait rien machiné contre nous? si Caton a agi honorablement, en livrant sa femme Marcia à Hortensius; ou si ce procédé est digne d'un honnête homme? Le jugement affecte il est vrai les personnes, mais la discussion roule tout entière sur les choses.

Quant à ces déclamations, telles qu'on en compose dans les écoles des rhéteurs, si l'on a soin qu'elles reposent sur des hypothèses vraisemblables, et qu'elles se rapprochent des plaidoyers, je les tiens pour fort utiles, non-seulement quand on commence à faire quelques progrès, en ce qu'elles exercent à la fois à l'invention et à la disposition, mais même quand on est orateur consommé, et qu'on a déjà de la célébrité au barreau. C'est pour l'éloquence une nourriture succulente, qui lui donne de l'embonpoint, et la refait de la fatigue des débats judiciaires. C'est pourquoi, il sera bon aussi de s'essayer de temps en temps à l'abondance du style historique, et à l'allure vive et libre des dialogues : je ne verrais pas même d'inconvénient à se permettre quelques délassemens poétiques. Ainsi les athlètes se relâchent, à certaines époques, de la discipline rigoureuse qui règle leurs repas et leurs exercices, pour se donner quelque loisir, et goûter les plaisirs de la table. Cicéron n'a, je crois, porté si haut l'éloquence, que parce qu'il a su faire des excursions dans tous les genres d'études : en effet, si l'on s'en tient exclusivement aux matières que fournissent les procès, le langage finira par se ternir, l'esprit perdra sa souplesse, et le glaive de la parole s'émoussera à force de s'escrimer tous les jours.

Mais autant ce régime fortifiant et réparateur des dé-

tatos, et quasi militantes reficit ac reparat hæc velut sagina dicendi ; sic adolescentes non debent nimium in falsa rerum imagine detineri, et inanibus simulacris, usque adeo, ut difficile ab his digressos sit assuefacere; ne ab illa, in qua prope consenuerint, umbra, vera discrimina, velut quemdam solem, reformident. Quod accidisse etiam Porcio Latroni, qui primus clari nominis professor fuit, traditur : ut quum ei, summam in scholis opinionem obtinenti, causa in foro esset oranda, impense petierit, uti subsellia in basilicam transferrentur : ita illi cœlum novum fuit, ut omnis ejus eloquentia contineri tecto ac parietibus videretur.

Quare juvenis, qui rationem inveniendi eloquendique a præceptoribus diligenter acceperit (quod non est infiniti operis, si docere sciant et velint), exercitationem quoque modicam fuerit consecutus, oratorem sibi aliquem (quod apud majores fieri solebat) deligat, quem sequatur, quem imitetur; judiciis intersit quam plurimis, et sit certaminis, cui destinatur, frequens spectator. Tum causas vel easdem, quas agi audierit, stilo et ipse componat, vel etiam alias, veras modo, et utrinque tractet, et, quod in gladiatoribus fieri videmus, decretoriis exerceatur, ut fecisse Brutum diximus pro Milone : melius hoc, quam rescribere veteribus orationibus, ut fecit Cestius contra Ciceronis actionem habitam

clamations convient à ceux qui sont exercés aux combats judiciaires, et qui sont pour ainsi dire continuellement sous les armes, autant il est dangereux de trop retenir les jeunes gens dans un ordre de choses fictif, et courant après de vains fantômes; c'est au point que, lorsqu'ils sortent de ce monde imaginaire, où ils ont pour ainsi dire vieilli à l'ombre, les dangers réels du barreau produisent sur eux l'effet d'un grand jour qui les blesse. C'est ce qui arriva, dit-on, à Porcius Latro, qui le premier se fit un nom distingué, comme professeur. On avait la plus haute opinion de lui dans les écoles : ayant un jour à plaider une cause au forum, il demanda instamment que l'audience fût transportée dans le palais voisin. L'aspect du ciel était si nouveau pour lui, qu'il semblait que son éloquence fût renfermée sous un toit, entre quatre murailles.

Une fois donc qu'un jeune homme aura appris avec soin tout ce qui regarde l'invention et l'élocution, ce qui n'est pas un travail infini, pour peu qu'il ait affaire à des maîtres qui sachent et veuillent enseigner; une fois qu'il aura acquis quelque habitude de la parole, je veux que, d'après la méthode de nos anciens, il s'attache à un orateur de son choix, pour le suivre et pour l'imiter; qu'il voie juger le plus de procès possible, et qu'il assiste fréquemment à ces luttes, auxquelles il est lui-même destiné. Je veux ensuite qu'il s'essaie à la composition, sur les causes mêmes qu'il aura entendu plaider, ou sur d'autres également vraies ; qu'il les traite alternativement pour et contre, et qu'à la manière des gladiateurs, il s'exerce avec des armes propres à combattre : c'est ce que nous avons dit qu'avait fait Brutus sur la Milonienne. Cela vaudra mieux que de répondre à d'anciens plaidoyers,

pro eodem, quum alteram partem satis nosse non posset ex sola defensione.

Citius autem idoneus erit juvenis, quem praeceptor coegerit in declamando quam simillimum esse veritati, et per totas ire materias; quarum nunc facillima, ut maxime favorabilia decerpunt : obstant huic, quod secundo loco posui, fere turba discipulorum, et consuetudo classium certis diebus audiendarum; nonnihil etiam persuasio patrum, numerantium potius declamationes, quam aestimantium. Sed, quod dixi primo, ut arbitror, libro, nec ille se bonus praeceptor majore numero, quam sustinere possit, onerabit; et inanem loquacitatem recidet, ut omnia, quae sunt in controversia, non, ut quidem volunt, quae in rerum natura, dicantur; et vel longiore potius dierum spatio laxabit dicendi necessitatem, vel materias dividere permittet. Una enim diligenter effecta plus proderit, quam plures inchoatae et quasi degustatae : propter quod accidit, ut nec suo loco quidque ponatur; nec illa, quae prima sunt, servent suam legem, juvenibus flosculos omnium partium in ea, quae sunt dicturi, congerentibus : quo fit, ut timentes, ne sequentia perdant, priora confundant.

comme Cestius qui a écrit pour réfuter cette même Milonienne, car la défense de Cicéron pour Milon ne suffisait pas pour faire connaître à Cestius tout ce qui pouvait militer en faveur de la partie adverse (Clodius).

Or, pour qu'un jeune homme acquière une prompte aptitude à ces exercices, il faut que le maître exige de lui que, dans ses compositions, il se tienne le plus près possible de la vérité, et qu'il creuse courageusement tous ses sujets, au lieu de n'en prendre, comme on le fait aujourd'hui, que ce qu'ils offrent de plus facile et de plus spécieux. Il y a à cela des obstacles que j'ai signalés dans mon second livre; d'abord le trop grand concours d'élèves, ensuite l'usage de n'entendre les classes qu'à jours fixes; c'est aussi un peu la manie des parens qui jugent des progrès de leurs enfans plutôt sur le nombre que sur le mérite intrinsèque des déclamations. Mais, ainsi que je l'ai dit, je crois, dans mon premier livre, un bon maître ne se chargera que du nombre d'élèves auquel il puisse suffire; il saura réprimer en eux un vain bavardage, et les forcer à dire tout ce qui intéresse la question, sans souffrir qu'ils se livrent à des divagations, comme ils n'y sont que trop portés. D'ailleurs, ou il leur accordera, s'il le faut, plus de temps pour se préparer à parler, ou il leur permettra de diviser leurs matières; car un seul point bien traité portera plus de fruit que plusieurs qui n'auront été qu'ébauchés et, pour ainsi dire, effleurés. C'est cette précipitation qui fait que rien n'est à sa place, et qu'on n'observe nulle convenance à l'égard de ce qui devrait être en première ligne, parce que les jeunes gens ne sont occupés qu'à ramasser çà et là toutes les fleurs de leur sujet, pour en orner ce qu'ils doivent dire; d'où il arrive que,

CAPUT VI.

De cogitatione.

PROXIMA stylo *cogitatio* est, quæ et ipsa vires ab hoc accipit, et est inter scribendi laborem, extemporalemque fortunam media quædam, et nescio an usus frequentissimi : nam scribere nec ubique, nec semper possumus; cogitationi temporis ac loci plurimum est : hæc paucis admodum horis magnas etiam causas complectitur : hæc, quoties intermissus est somnus, ipsis noctis tenebris adjuvatur : hæc inter medios rerum actus aliquid invenit vacui, nec otium patitur. Neque vero rerum ordinem modo, quod ipsum satis erat, intra se ipsa disponit, sed verba etiam copulat, totamque ita contexit orationem, ut ei nihil præter manum desit : nam memoriæ quoque plerumque inhæret fidelius, quod nulla scribendi securitate laxatur. Sed ne ad hanc quidem vim cogitandi perveniri potest aut subito, aut cito : nam primum facienda multo stylo forma est, quæ nos etiam cogitantes sequatur; tum assumendus usus paulatim, ut pauca primum complectamur animo, quæ reddi fideliter possint; mox per incrementa tam mo-

dans la crainte d'en laisser échapper, ils ne mettent aucun ordre dans leurs idées.

CHAPITRE VI.

De la méditation.

De la faculté d'écrire naît et s'accroît en nous celle de méditer, qui tient, en quelque sorte, le milieu entre le travail de la composition et les chances de l'improvisation. Je ne sais même si la méditation n'est pas ce dont on fait le plus d'usage ; car on ne peut pas écrire partout et toujours, tandis que le temps et le lieu ne manquent jamais pour réfléchir. En peu d'heures, la pensée embrasse les causes les plus compliquées. Notre sommeil est-il interrompu, les ténèbres mêmes de la nuit secondent son essor; et, au milieu des occupations de la journée, elle trouve toujours quelques instans de libres, dont s'alimente son activité. Non contente de disposer intérieurement les choses avec ordre, ce qui serait déjà beaucoup, elle accouple, elle assortit les mots, et prépare si bien tout le tissu d'un discours, qu'il ne reste plus qu'à l'écrire : tant il est vrai que nos idées se gravent bien plus fidèlement dans la mémoire, quand elle n'est pas relâchée par cette sécurité que lui donne l'écriture. Mais ce n'est ni tout à coup ni promptement qu'on acquiert cette vigueur de tête propre à méditer; il faut d'abord, à force d'écrire, se créer une certaine forme de style, où viennent se mouler toutes nos pensées; ensuite s'habituer peu à peu à réfléchir sur un petit nombre d'objets qu'on puisse rendre avec fidélité, et successivement augmenter ce nombre, mais d'une manière tellement insensible,

dica, ut onerari se labor ille non sentiat, augenda vis, et exercitatione multa continenda est, quæ quidem maxima ex parte memoria constat : ideoque aliqua mihi in illum locum differenda sunt. Eo tamen pervenit, ut is, cui non refragetur ingenium, acri studio adjutus tantum consequatur, ut ei tam quæ cogitarit, quam quæ scripserit atque edidicerit, in dicendo fidem servent. Cicero certe Græcorum Metrodorum Scepsium et Empylum Rhodium, nostrorumque Hortensium tradidit, quæ cogitaverant, ad verbum in agendo retulisse.

Sed si forte aliquis inter dicendum effulserit extemporalis color, non superstitiose cogitatis demum est inhærendum : neque enim tantum habent curæ, ut non sit dandus et fortunæ locus, quum sæpe etiam scriptis ea, quæ subito nata sunt, inserantur : ideoque totum hoc exercitationis genus ita instituendum est, ut et digredi ex eo, et regredi in id facile possimus. Nam ut primum est domo afferre paratam dicendi copiam, et certam; ita refutare temporis munera longe stultissimum est : quare *cogitatio* in hoc præparetur, ut nos fortuna decipere non possit, adjuvare possit.

Id autem fiet memoriæ viribus, ut illa, quæ complexi animo sumus, fluant secura, non sollicitos et respicientes, et una spe suspensos recordationis, non si-

que ce travail ne se fasse point sentir ; enfin, fortifier cette aptitude, et l'entretenir par beaucoup d'exercice, ce qui est principalement du fait de la mémoire, à laquelle je consacrerai quelques réflexions que je remets à faire en leur lieu. Disons cependant que cette faculté va si loin, qu'à moins d'une trempe d'esprit qui s'y oppose, on parvient, par une application soutenue, à énoncer mot pour mot ce qu'on a conçu dans son esprit, aussi nettement que ce qu'on aurait écrit ou appris par cœur. Cicéron affirme que Métrodore et Empyle, chez les Grecs, et Hortensius, chez nous, répétaient littéralement dans leurs plaidoyers ce qu'ils avaient médité à l'avance.

Si cependant, au milieu d'un discours, quelque éclair subit vient luire à notre imagination, ce n'est pas le cas de nous attacher superstitieusement à nos premières pensées, qui, après tout, ne sont pas d'un prix tel, qu'on ne puisse réserver une place pour la fortune ; c'est ainsi qu'en récitant une pièce écrite nous y introduisons souvent des idées qui nous arrivent spontanément. Arrangeons-nous donc, tout en nous livrant à cet exercice, de manière à pouvoir le quitter et le reprendre sans peine : car, autant il est essentiel d'avoir une matière toute préparée, et sur laquelle on puisse compter, autant il y aurait de folie à refuser ce que l'occasion peut nous offrir. Ainsi, méditons de telle sorte que la fortune ne puisse jamais nous trahir, et qu'elle puisse quelquefois nous aider.

Mais, ce n'est qu'avec une mémoire imperturbable que nous pourrons dérouler sans effort tout ce que nous aurons embrassé par la réflexion, au lieu d'être inquiets,

nant providere; alioqui vel extemporalem temeritatem malo, quam male cohærentem cogitationem. Pejus enim quæritur retrorsus, quia dum illa desideramus, ab aliis avertimur; et ex memoria potius repetimus, quam ex materia : plura sunt autem, si utrumque quærendum est, quæ inveniri possunt, quam quæ inventa sunt.

CAPUT VII.

Quemadmodum extemporalis facultas paretur et contineatur.

MAXIMUS vero studiorum fructus est, et velut præmium quoddam amplissimum longi laboris, *ex tempore dicendi facultas;* quam qui non erit consecutus, mea quidem sententia civilibus officiis renunciabit, et solam scribendi facultatem potius ad alia opera convertet : vix enim bonæ fidei viro convenit auxilium in publicum polliceri, quod in præsentissimis quibusque periculis desit; ut monstrare portum, ad quem navis accedere, nisi lenibus ventis vecta, non possit : siquidem innumerabiles accidunt subitæ necessitates, vel apud magistratus, vel repræsentatis judiciis, continuo agendi : quarum si qua, non dico cuicunque innocentium ci-

égarés, haletans après nos souvenirs, et dès lors incapables de rien prévoir. Autrement, j'aime mieux la témérité d'un discours fait sur-le-champ, qu'une méditation qui se produit avec incohérence ; car rien n'est pis que de chercher ainsi à reculons : en courant après des idées qui échappent, on perd de vue celles qui se présentent, et l'on interroge sa mémoire plus que son sujet. Or, s'il faut consulter l'une ou l'autre, il vaut mieux que ce soit le sujet, attendu que les choses qu'on peut découvrir sont toujours plus nombreuses que celles qu'on a découvertes.

CHAPITRE VII.

Comment s'acquiert la faculté d'improviser, et comment elle se conserve.

Le plus grand fruit qu'on puisse retirer de ses études, et que je considère comme la plus ample récompense d'un long travail, c'est *la faculté d'improviser*. Quiconque désespérera de l'acquérir, fera bien, à mon avis, de renoncer à la profession d'avocat, et de tourner vers un autre but le talent d'écrire, auquel il se trouvera réduit. Car, il semble répugner à la bonne-foi de promettre au public une assistance qui lui manquera dans les dangers les plus pressans : autant vaudrait indiquer à des navigateurs un port où les vaisseaux ne pourraient aborder que poussés par des vents favorables. En effet, mille circonstances imprévues et subites peuvent forcer à plaider sur-le-champ, soit devant les magistrats, soit dans les jugemens anticipés. Qu'une de ces circonstances survienne dans une de ces causes qui intéressent, je ne

vium, sed amicorum ac propinquorum alicui evenerit, stabitne mutus, et salutarem petentibus vocem, statim, si non succurratur, perituris, moras et secessum et silentium quæret, dum illa verba fabricentur, et memoriæ insidant, et vox ac latus præparetur? Quæ vero patitur hoc ratio, ut quisquam sit orator imparatus ad casus? quid, quum adversario respondendum erit, fiet? nam sæpe ea, quæ opinati sumus, et contra quæ scripsimus, fallunt, ac tota subito causa mutatur; atque ut gubernatori ad incursus tempestatum, sic agenti ad varietatem causarum ratio mutanda est. Quid porro multus stylus, et assidua lectio, et longa studiorum ætas facit, si manet eadem, quæ fuit incipientibus, difficultas? Periisse profecto confitendum est præteritum laborem, cui semper idem laborandum est.

Neque ego hoc ago, ut ex tempore dicere malit, sed ut possit: id autem maxime hoc modo consequemur. Nota sit primum dicendi via; neque enim prius contingere cursus potest, quam scierimus, quo sit et qua perveniendum: nec satis est, non ignorare, quæ sunt causarum judicialium partes, aut quæstionum ordinem recte disponere, quamquam ista sint præcipua; sed quid quoque loco primum sit ac secundum, et deinceps: quæ ita sunt natura copulata, ut mutari, aut intervelli sine confusione non possint. Quisquis autem via dicet, du-

dis pas un citoyen innocent, mais un ami, un proche, l'avocat restera-t-il muet, quand son client implorera le secours de sa voix, sous peine de périr si cette voix ne se fait entendre à l'instant même? demandera-t-il des délais? invoquera-t-il la retraite et le silence, pour faire à loisir un discours, l'apprendre par cœur, et préparer son organe et ses poumons? Un orateur est-il jamais reçu à se justifier de n'avoir pas été prêt à tout évènement? Que sera-ce lorsqu'il faudra répliquer à son adversaire? car souvent nous nous trompons dans nos conjectures, et tel point contre lequel nous avons écrit n'est plus celui que nous avons à réfuter; toute la cause a changé de face. Comme donc le pilote change de manœuvres à l'approche des tempêtes, ainsi l'avocat doit varier ses moyens suivant l'anomalie des causes. A quoi servirait d'avoir beaucoup écrit, beaucoup lu, et consumé de longues années dans l'étude, si l'on devait éprouver la même difficulté qu'en commençant? Ce serait, il faut l'avouer, s'être donné du mal en pure perte, que d'être condamné à s'en donner toujours.

Je ne prétends pas toutefois que l'orateur s'attache de préférence à improviser, mais je veux qu'il le puisse au besoin, et voici comme il y parviendra. Il faut d'abord qu'il se rende bien compte de la route qu'il veut tenir en parlant, car on ne peut diriger sa course avant de savoir où l'on va, et par où l'on doit passer. Ce n'est donc pas assez de connaître quelles sont les parties d'un plaidoyer, dans quel ordre les questions doivent être disposées, quoique ce soit là l'essentiel; il faut encore savoir où chaque chose doit être placée, et dans quel rang; si c'est au premier, au second et ainsi de suite; car tout se tient par une liaison naturelle, qu'on ne peut

cetur ante omnia rerum ipsa serie, velut duce; propter quod homines etiam modice exercitati, facillime tenorem in narrationibus servant : deinde, quid quoque loco quærant, scient, nec circumspectabunt; nec offerentibus se aliunde sensibus turbabuntur, nec confundent ex diversis orationem, velut salientes huc illuc, nec usquam insistentes : postremo habebunt modum et finem, qui esse citra divisionem nullus potest : expletis pro facultate omnibus, quæ proposuerint, pervenisse se ad ultimum sentient. Et hæc quidem *ex arte*.

Illa vero *ex studio*, ut copiam sermonis optimi, quemadmodum præceptum est, comparemus; multo ac fideli stylo sic formetur oratio, ut scriptorum colorem, etiam quæ subito effusa sunt, reddant ; ut quum multa scripserimus, etiam multa dicamus : nam *consuetudo* et *exercitatio* facilitatem maxime parit; quæ si paululum intermissa fuerit, non velocitas illa modo tardatur, sed ipsum os quoque concurrit.

Quamquam enim opus est naturali quadam mobilitate animi, ut, dum proxima dicimus, struere ulteriora possimus, semperque nostram vocem provisa et formata cogitatio excipiat; vix tamen aut natura, aut ratio in tam multiplex officium diducere animum queat, ut in-

rompre ou intervertir sans tomber dans la confusion. Or, une fois que l'orateur sera entré dans une bonne voie, il n'aura plus qu'à suivre le fil même des idées, qui guide, à leur insu, les hommes les moins exercés, et leur fait mettre sans peine de l'ordre dans leurs récits. Ensuite, il saura chercher chaque chose en son lieu, sans porter çà et là des regards incertains, et sans se laisser distraire ni troubler par des pensées étrangères à son sujet; il ne mêlera, ne confondra rien, et ne sera pas comme ces gens qui vont toujours sautant, sans pouvoir trouver un point fixe. Enfin, tout sera chez lui dans une juste mesure et motivé, ce qu'on n'obtient que par la division. Enfin, quand il aura traité de son mieux tous les points qu'il avait en vue, il sentira que sa tâche est finie, et qu'il faut s'arrêter. Voilà tout ce que l'art peut lui apprendre.

Mais c'est à l'étude, ainsi que je l'ai déjà recommandé, à lui ouvrir les sources du meilleur langage; ce n'est qu'en s'exerçant sans cesse, et sur de bons modèles, qu'il formera son style au point de donner à des paroles improvisées la couleur d'une composition; ce n'est, en un mot, qu'à force d'écrire, qu'on parvient à parler avec abondance: car l'habitude et l'exercice, voilà ce qui engendre la facilité. Si l'on se relâche, non-seulement cette promptitude d'imagination se ralentit, mais l'engourdissement lui succède.

En effet, quoiqu'il faille une certaine vivacité d'esprit naturelle pour combiner, dans le temps même qu'on parle, ce que l'on devra dire après, et pour que la pensée, prévue et formée à l'avance, vienne se revêtir de nos paroles; toujours est-il que la nature ou l'art pourraient à peine faire que l'esprit suffît à tant d'of-

ventioni, dispositioni, elocutioni, ordini rerum verborumque, tum iis, quæ dicit, quæ subjuncturus est, quæ ultra spectanda sunt, adhibita vocis, pronunciationis, gestus observatione, una sufficiat. Longe enim præcedat oportet intentio, ac præ se res agat; quantumque dicendo consumitur, tantum ex ultimo prorogetur : ut donec perveniamus ad finem, non minus prospectu procedamus, quam gradu, si non intersistentes offensantesque brevia illa atque concisa singultantium modo ejecturi sumus.

Est igitur usus quidam irrationalis, quem Græci ἄλογον τριβήν vocant, qua manus in scribendo decurrit, qua oculi totos simul in lectione versus, flexusque eorum et transitus intuentur, et ante sequentia vident, quam priora dixerunt. Quo constant miracula illa in scenis pilariorum ac ventilatorum, ut ea, quæ emiserint, ultro venire in manus credas, et qua jubentur decurrere.

Sed hic usus ita proderit, si ea, de qua locuti sumus, ars antecesserit, ut ipsum illud, quod in se rationem non habet, in ratione versetur : nam mihi ne dicere quidem videtur, nisi qui disposite, ornate, copiose dicit, sed tumultuari; nec fortuiti sermonis contextum mirabor unquam, quem jurgantibus etiam mulierculis superfluere video : cum eo quod, si calor ac spiritus

fices à la fois, à l'invention, à la disposition, à l'élocution, à l'arrangement des choses et des mots, à ce qu'on dit actuellement, et à ce qui suivra, et à ce qu'on doit prévoir encore, sans compter les soins qu'exigent la voix, la prononciation et le geste. Car, il faut une vue qui porte loin, qui se représente nettement les objets, et qui embrasse tout un sujet de l'une à l'autre extrémité, pour qu'à mesure qu'on avance, on découvre devant soi un nouvel horizon, sous peine de broncher à chaque pas, et de n'émettre, comme ceux qui sanglottent, que des sons brefs et entrecoupés.

Il y a donc une habitude indépendante de l'art, celle que les Grecs appellent ἄλογον τριβήν, sorte de routine qui fait que la main court en écrivant, que les yeux voient en lisant plusieurs lignes à la fois, avec leurs détours et leurs interruptions, et ont plus tôt aperçu ce qui suit, qu'on n'a articulé ce qui précède. C'est à cette habitude qu'il faut rapporter aussi les prestiges de nos joueurs de gobelets et de nos escamoteurs, qui produisent tant d'effet, qu'on croirait qu'ils font venir ou disparaître les objets à commandement.

Mais il faut que l'art dont j'ai parlé précède cette habitude, pour la rendre utile, et qu'il régularise ce qu'il y a en elle d'aveugle et de machinal : car je n'appelle pas parler, si on ne le fait avec ordre, avec grâce, avec abondance; ce n'est que du bruit. Je n'admirerai jamais non plus un discours où tout sera abandonné au hasard, comme ce flux de paroles qu'on voit chez les femmes du peuple, quand elles se querellent. A l'égard de ces improvisations qui naissent de la chaleur de l'âme

tulit, frequenter accidit, ut successum extemporalem consequi cura non possit. Deum tunc affuisse, quum id evenisset, veteres oratores, ut Cicero ait, dictitabant : sed ratio manifesta est : nam bene concepti affectus et recentes rerum imagines continuo impetu feruntur, quæ nonnunquam mora styli refrigescunt, et dilatæ non revertuntur : utique vero quum infelix illa verborum cavillatio accessit, et cursus ad singula vestigia restitit, non potest ferri contorta vis, sed, ut optime vocum singularum cedat electio, non continua, sed composita est.

Quare capiendæ sunt illæ, de quibus dixi, rerum imagines, quas vocari φαντασίας indicavimus, omniaque, de quibus dicturi erimus, *personæ, quæstiones, spes, metus,* habenda in oculis, in affectus recipienda : pectus est enim, quod disertos facit, et vis mentis; ideoque imperitis quoque, si modo sunt aliquo affectu concitati, verba non desunt. Tum intendendus animus, non in aliquam rem unam, sed in plures simul continuas; ut, si per aliquam rectam viam mittamus oculos, simul omnia, quæ sunt in ea circaque, intuemur, non ultimum tantum videmus, sed usque ad ultimum.

Ad dicendum etiam pudor stimulos habet et dicendorum exspectata laus; mirumque videri potest, quod, quum stylus secreto gaudeat, atque omnes arbitros re-

et de l'enthousiasme, elles ont souvent un mérite auquel ne saurait atteindre le travail le mieux soigné : aussi, les anciens orateurs y voyaient-ils, au rapport de Cicéron, une véritable inspiration divine. Mais la raison suffit pour expliquer cela. Les sentimens, quand ils sont profonds, les images, quand l'impression des objets est récente, se manifestent d'une manière vive et rapide ; ces mêmes sentimens, ces mêmes images se refroidissent pendant qu'on écrit, et une fois ajournés ne reviennent guère. Si à cela se joint une malheureuse subtilité de mots, qui arrête notre course à tout moment, la pensée n'a plus ni force, ni rapidité : eût-on fait le meilleur choix d'expressions, rien ne coule plus avec aisance, on sent l'effort du travail.

Représentons-nous donc les choses par le moyen de ces images que j'ai indiquées (φαντασίαι) ; ayons toujours notre sujet devant les yeux ; et identifions-nous avec les personnes, les questions, les espérances et les craintes de nos cliens ; car l'éloquence vient du cœur et de la force du sentiment. Aussi, les gens les plus grossiers ne restent-ils jamais à court, pour peu qu'ils soient dominés par une passion quelconque. Ce n'est pas tout ; il faut encore appliquer son esprit non à un seul objet, mais à plusieurs de suite et à la fois : comme lorsque nous portons les yeux sur un chemin qui est droit devant nous, nous n'apercevons pas seulement ce qui s'y trouve, et ce qui est aux environs, nous ne le suivons pas seulement dans toute sa longueur, nous plongeons encore jusqu'au bout.

La honte d'échouer et la soif des applaudissemens sont encore autant d'aiguillons pour l'orateur. Chose étonnante ! tandis que pour écrire on se plaît uniquement

formidet, extemporalis actio auditorum frequentia, ut miles congestu signorum, excitatur : namque et difficiliorem cogitationem exprimit et expellit dicendi necessitas, et secundos impetus auget placendi cupido : adeo praemium omnia spectant, ut eloquentia quoque, quamquam plurimum habeat in se voluptatis, maxime tamen praesenti fructu laudis opinionisque ducatur.

Nec quisquam tantum fidat ingenio, ut id sibi speret incipienti statim posse contingere; sed, sicut in cogitatione praecipimus, ita facilitatem extemporalem a parvis initiis paulatim perducemus ad summam; quae neque perfici, neque contineri, nisi usu, potest. Caeterum pervenire eo debet, ut cogitatio non utique melior sit ea, sed tutior; quum hanc felicitatem non prosa modo multi sint consecuti, sed etiam carmine, ut Antipater Sidonius, et Licinius Archias : credendum enim Ciceroni est; non quia nostris quoque temporibus non et fecerint quidam hoc, et faciant; quod tamen non ipsum tam probabile puto (neque enim habet aut usum res, aut necessitatem), quam exhortandis in hanc spem, qui foro praeparantur, utile exemplum.

Neque vero tantam esse unquam fiduciam facilitatis velim, ut non breve saltem tempus, quod nusquam fere

dans la solitude, que le moindre témoin fait ombrage; pour improviser, au contraire, plus on a d'auditeurs, plus on est stimulé, comme le soldat qu'enflamme la vue des enseignes déployées sur un front de bataille. La nécessité où l'on est de parler triomphe des pensées les plus rebelles, en les forçant d'éclore, et le désir de plaire vient encore augmenter cet élan favorable. Tant il est vrai qu'il faut un prix à tous nos efforts, puisque l'éloquence, qui a tant de charmes par elle-même, aspire cependant à la louange et à la renommée, comme à sa plus douce récompense!

Toutefois, on ne doit pas présumer assez de son esprit, pour croire qu'on acquerra tout à coup cette faculté; elle demande, ainsi que je l'ai recommandé pour la méditation, à être ménagée dans les commencemens, et ce n'est que par degrés qu'elle obtient tout son développement, comme ce n'est que par la pratique qu'elle se perfectionne et s'entretient. Du reste, le talent de l'improvisation doit arriver à ce point, qu'on ne puisse faire mieux par la réflexion, et seulement qu'on soit plus sûr de ce qu'on a médité; ce qui n'est pas impossible, puisque plusieurs ont acquis cette facilité, non-seulement en prose, mais en vers, comme Antipater Sidonius et Licinius Archias : du moins Cicéron le dit, et son témoignage se trouve confirmé par ce qu'ont fait, et ce que font encore de nos jours certaines personnes. Au surplus, je fais peu de cas de ce genre de prodige, qui ne me paraît ni utile ni nécessaire, et je ne le cite que comme un exemple fait pour encourager les espérances de ceux qui se destinent au barreau.

Je ne veux pas non plus qu'on se fie sur sa facilité, au point de ne pas prendre au moins un peu de temps

deerit, ad ea, quæ dicturi simus, dispicienda sumamus; quod quidem in judiciis ac foro datur semper : neque enim quisquam est, qui causam, quam non didicerit, agat. Declamatores quosdam perversa ducit ambitio, ut exposita controversia protinus dicere velint; quin etiam, quod est inprimis frivolum ac scenicum, verbum petant, quo incipiant : sed tam contumeliosos in se ridet invicem eloquentia; et qui stultis videri eruditi volunt, stulti eruditis judicantur.

Si qua tamen fortuna tam subitam fecerit agendi necessitatem, mobiliore quodam opus erit ingenio, et vis omnis intendenda rebus, et in præsentia remittendum aliquid ex cura verborum, si consequi utrumque non dabitur : tum et tardior pronunciatio moras habet, et suspensa ac velut dubitans oratio; ut tamen deliberare, non hæsitare, videamur. Hoc, dum egredimur e portu, si nos nondum aptatis satis armamentis aget ventus; deinde paulatim simul euntes aptabimus vela, et disponemus rudentes, et impleri sinus optabimus : id potius, quam se inani verborum torrenti dare, quasi tempestatibus, quo volent, auferendum.

Sed non minore studio continetur hæc facultas, quam paratur : ars enim semel percepta non labitur : stylus quoque intermissione paululum admodum de celeritate

pour réfléchir sur ce qu'on va dire; car, il ne manque nulle part, et il est d'usage d'en accorder au barreau. D'ailleurs, qui serait assez fou pour plaider une cause qu'il n'aurait point étudiée? Je sais que certains déclamateurs ont la misérable gloriole de vouloir parler sans préparation, sur le premier sujet qu'on leur donne; il en est même qui poussent la frivolité et la jactance jusqu'à demander par quel mot on veut qu'ils commencent. Mais, en se jouant ainsi de l'éloquence, l'éloquence se rit d'eux à son tour, et, en voulant passer pour habiles aux yeux des sots, ils ne passent que pour des sots aux yeux des habiles.

S'il arrive cependant qu'une circonstance imprévue force un orateur à plaider sur-le-champ, c'est alors qu'il a besoin d'une grande souplesse d'esprit; il lui faut concentrer toute son attention sur les choses, en se relâchant un peu sur les mots, dans l'impuissance de s'occuper des unes et des autres. Dans ce cas, il a recours à une prononciation plus lente, qui lui donne quelque répit; il tient, pour ainsi dire, ses paroles en suspens, de manière, toutefois, à paraître plutôt délibérer qu'hésiter. Voilà ce qu'il convient de faire en quittant le port, si la brise s'élève, avant que le vaisseau ne soit complètement appareillé; ensuite, chemin faisant, on déploie successivement ses voiles, on dispose ses cordages, et l'on n'a plus qu'à s'abandonner aux vents. Cela ne vaut-il pas mieux que de se laisser entraîner à un torrent de vaines paroles, au risque d'être égaré par la tempête?

Il ne faut pas moins d'application et de soin pour entretenir cette faculté, que pour l'acquérir : elle diffère en cela de tout autre art qui, une fois qu'on l'a bien appris, ne s'oublie plus : l'habitude même d'écrire, si on

deperdit : promptum hoc, et in expedito positum, exercitatione sola continetur. Hac uti sic optimum est, ut quotidie dicamus audientibus pluribus, maxime de quorum simus judicio atque opinione solliciti ; rarum est enim, ut satis se quisque vereatur : vel soli tamen dicamus potius, quam omnino non dicamus.

Est illa exercitatio cogitandi, totasque materias vel silentio (dum tamen quasi dicat intra se ipsum) persequendi, quæ nullo non et tempore et loco, quando non aliud agimus, explicari potest ; et est in parte utilior, quam hæc proxima : diligentius enim componitur, quam illa, in qua contextum dicendi intermittere veremur : rursus in alia plus prior confert, vocis firmitatem, oris facilitatem, motum corporis, qui et ipse, ut dixi, excitat oratorem, et jactatione manus, pedis supplosione, sicut cauda leones facere dicuntur, hortatur.

Studendum vero semper, et ubique : neque enim fere tam est ullus dies occupatus, ut nihil lucrativæ, ut Cicero Brutum facere tradit, operæ ad scribendum, aut legendum, aut dicendum rapi aliquo momento temporis possit : siquidem C. Carbo etiam in tabernaculo solebat hac uti exercitatione dicendi. Ne id quidem tacendum, quod eidem Ciceroni placet, nullum nostrum

la néglige, perd très-peu de sa célérité acquise, au lieu que le talent d'improviser, qui consiste à avoir tout sous sa main, à être prêt à tout, ne se conserve que par l'exercice. La meilleure manière de s'y livrer, c'est de parler tous les jours devant plusieurs auditeurs, de ceux surtout dont nous sommes plus jaloux d'obtenir l'approbation et l'estime; car il est rare qu'on ait assez de déférence pour soi-même. Toutefois, vaut-il mieux s'exercer à parler sans témoins, que de ne pas le faire du tout.

Il est aussi un autre genre d'exercice qui peut se développer à l'aise, en tout temps, en tout lieu, pourvu qu'on ait l'esprit libre : c'est d'imaginer dans le silence, et de traiter mentalement des sujets dans toute leur étendue; mais si d'un côté cette méthode est plus utile, en ce que la composition est plus soignée que lorsqu'on s'étudie seulement à ne pas interrompre le fil de son discours, de l'autre, la première méthode a l'avantage de donner de l'assurance à la voix, d'assouplir l'organe, et d'imprimer au corps un mouvement qui, comme je l'ai remarqué, tient l'orateur en haleine, et l'échauffe par l'agitation continuelle des mains et le frappement du pied; c'est ainsi, dit-on, que les lions s'animent en se battant les flancs avec la queue.

Cela ne dispense pas d'étudier en tout temps et partout, car à peine est-il un seul jour où l'on soit tellement occupé, qu'on ne puisse lui dérober quelques instans, et les employer, comme faisait Brutus, au rapport de Cicéron, à lire, à écrire ou à parler. C. Carbon trouvait jusque sous la tente des loisirs pour s'exercer ainsi. Je ne dois pas taire non plus un conseil qu'approuve fort Cicéron : c'est de n'avoir, en aucune occa-

usquam negligentem esse sermonem : quidquid loquemur ubicunque, sit pro sua scilicet portione perfectum.

Scribendum certe nunquam est magis, quam quum multa dicemus ex tempore : ita enim servabitur pondus, et innatans illa verborum facilitas in altum reducetur, sicut rustici proximas vitis radices amputant, quæ illam in summum solum ducant, ut inferiores penitus descendendo firmentur.

Ac nescio an utrumque, quum cura et studio fecerimus, invicem prosit, ut scribendo dicamus diligentius, dicendo scribamus facilius. Scribendum ergo, quoties licebit; si id non dabitur, cogitandum ; ab utroque exclusi, debent tamen anniti, ut neque deprehensus orator, neque litigator destitutus esse videatur.

Plerumque autem multa agentibus accidit, ut maxime necessaria, et utique initia scribant, cætera, quæ domo afferunt, cogitatione complectantur, subitis ex tempore occurrant : quod fecisse M. Tullium commentariis ipsius apparet ; sed feruntur aliorum quoque, et inventi forte, ut eos dicturus quisque composuerat, et in libros digesti; ut causarum quæ sunt actæ a Ser. Sulpicio, cujus tres orationes exstant; sed ii, de quibus loquor, commentarii ita sunt exacti, ut ab ipso mihi in memoriam posteritatis videantur esse compositi. Nam Ciceronis ad præsens modo tempus aptatos libertus Tiro

sion, un langage négligé, et de donner à tout ce qu'on dit le degré de perfection qu'il comporte.

Mais on n'a jamais plus besoin d'écrire que lorsqu'on est souvent exposé à parler sans préparation. C'est en effet le moyen de donner du poids à ses paroles, et d'arriver à ce que cette facilité d'expression n'exclue pas la profondeur. Ainsi les vignerons coupent les racines qui sont près du cep, de crainte que la vigne ne s'attache à la superficie du sol, et pour que les racines inférieures se fortifient en pénétrant plus avant.

Je ne sais même si ce double exercice, quand on y met du soin et de la persévérance, ne produit pas à la longue cet heureux effet, qu'à force d'écrire on parle plus exactement, et qu'à force de parler on écrit plus facilement. Écrivons donc toutes les fois que nous le pourrons; et ne pouvons-nous écrire? méditons. Si enfin ni l'un ni l'autre n'est en notre puissance, faisons du moins en sorte que jamais l'orateur ne paraisse pris au dépourvu, ni le client abandonné.

Or, ce que font souvent ceux qui sont chargés de beaucoup d'affaires, c'est de n'écrire que les choses les plus essentielles, et particulièrement les exordes; le reste, ils s'y préparent chez eux par la méditation, sauf à traiter d'abondance ce qui pourrait surgir d'imprévu. C'est ainsi qu'en usait Cicéron, à en juger par ses commentaires*. Il en existe d'autres qui ont peut-être été trouvés, tels que les auteurs les avaient composés pour être prononcés, et qui sont même divisés par livres, comme les trois discours qui nous restent de Servius Sulpicius sur des causes qu'il avait plaidées; mais ces

* Il faut entendre ici par *commentaires* des notes qui ne comprenaient que la substance du plaidoyer. Les orateurs s'en servaient pour disposer leurs causes et aider leur mémoire.

contraxit; quos non ideo excuso, quia non probem, sed ut sint magis admirabiles.

In hoc genere prorsus recipio hanc brevem annotationem, libellosque, qui vel manu teneantur, et ad quos interim respicere fas sit. Illud, quod Laenas praecipit, displicet mihi, quae scripserimus, in summas, sive commentarios et capita, conferre; facit enim discendi negligentiam haec ipsa fiducia, et lacerat ac deformat orationem : ego autem ne scribendum quidem puto, quod simus memoria persecuturi : nam id quoque accidit, ut revocet nos cogitatio ad illa elaborata, nec sinat praesentem fortunam experiri. Sic anceps inter utrumque animus aestuat, quum et scripta perdidit, et non quaerit nova. Sed de memoria destinatus est libro proximo locus, nec huic parti subjungendus, quia sunt alia prius nobis dicenda.

derniers sont si achevés, que je ne doute guère qu'ils aient été faits en vue de la postérité. A l'égard des commentaires de Cicéron, ils étaient évidemment pour son usage; c'est Tyron, son affranchi, qui les a abrégés : ce que je ne dis pas, sous forme d'excuse, comme si je les désapprouvais; car, au contraire, ils ne m'en paraissent que plus admirables.

J'admets encore dans ce genre la précaution de consigner de petites notes, sur des tablettes qu'on tiendra à la main, et auxquelles on pourra recourir de temps en temps. Mais je n'aime pas ce que recommande Lénas, de réduire ce qu'on a composé en sommaires ou chapitres; car la confiance qu'inspire un pareil travail doit rendre la mémoire paresseuse, et exposer le discours à être déchiqueté et défiguré. Je ne crois pas même prudent d'écrire tout ce qu'on veut se rappeler, car il arrive alors que la pensée se reporte involontairement vers ce qu'on a écrit, et qu'on n'ose plus tenter la fortune. Ainsi l'orateur flotte incertain entre deux écueils, et, s'il a perdu de vue son écrit, il ne sait pas y suppléer. Mais j'ai destiné dans le livre suivant un chapitre particulier à la mémoire; je n'y passe pas immédiatement, parce que j'ai autre chose à dire auparavant.

LIBER UNDECIMUS.

CAPUT I.

Præfatio, et de apte dicendo.

Parata, sicut superiore libro continetur, facultate scribendi, cogitandique, et ex tempore etiam, quum res poscit, orandi, proxima est cura, ut *dicamus apte;* quam virtutem quartam elocutionis Cicero demonstrat, quæque est, meo quidem judicio, maxime necessaria: nam quum sit ornatus orationis varius et multiplex, conveniatque alius alii, nisi fuerit accommodatus rebus atque personis, non modo non illustrabit eam, sed etiam destruet, et vim rerum in contrarium vertet: quid enim prodest, esse verba et latina, et significantia, et nitida, figuris etiam numerisque elaborata, nisi cum iis, in quæ judicem duci formarique volumus, consentiant? si genus sublime dicendi parvis in causis, parvum limatumque grandibus, lætum tristibus, lene asperis, minax supplicibus, summissum concitatis, trux atque

LIVRE ONZIÈME.

CHAPITRE I.

Préface. Des convenances oratoires.

Après avoir acquis, par les moyens que j'ai développés au livre qui précède, la faculté d'écrire et de méditer, et celle même de plaider au besoin sur-le-champ, le premier soin est de s'attacher à garder toutes les convenances de son sujet. Cicéron démontre que cette qualité est la quatrième de l'élocution, et, à mon sens, c'est la plus nécessaire; car les ornemens de la diction étant variés à l'infini, et convenant les uns à un genre, les autres à un autre, il est évident que s'ils ne sont en rapport ni avec les choses ni avec les personnes, non-seulement ils n'embelliront point le discours, mais ils en détruiront tout l'effet, et l'énerveront au lieu de lui donner de la force. A quoi sert que les mots soient corrects, expressifs, élégans, figurés même et harmonieux, s'ils vont contre le but auquel nous voulons amener le juge, s'ils ne répondent pas aux idées que nous souhaitons qu'il se forme, si nous nous guindons jusqu'au sublime dans les petites causes, si nous sommes mesquins et compassés dans les grandes, si nous mettons de la gaîté dans ce qui est

violentum jucundis adhibeamus? ut monilibus et margaritis, ac veste longa, quæ sunt ornamenta feminarum, deformentur viri; nec habitus triumphalis, quo nihil excogitari potest augustius, feminas deceat.

Hunc locum Cicero breviter in tertio de Oratore libro perstringit; neque tamen videri potest quidquam omisisse, dicendo, *non omni causæ, neque auditori, neque personæ, neque tempori congruere orationis unum genus:* nec fere pluribus in Oratore eadem : sed illic L. Crassus, quum apud summos oratores, hominesque eruditissimos dicat, satis habet; partem hanc velut notare inter agnoscentes; et hic Cicero alloquens Brutum testatur esse hæc ei nota : ideoque brevius a se dici, quamquam sit fusus locus, tracteturque a philosophis latius. Nos institutionem professi, non solum scientibus ista, sed etiam discentibus tradimus; ideoque paulo pluribus verbis debet haberi venia.

Quare notum sit ante omnia, quid *conciliando, docendo, movendo* judici conveniat; quid quaque parte

triste, de la douceur dans ce qui exigerait du mordant, si nous prenons le ton de la menace quand il siérait mieux de recourir à la prière, si nous nous montrons débonnaires où l'emportement serait de saison, violens et farouches où il faudrait de l'agrément et de la politesse ? C'est ainsi que des colliers, des perles, des robes à longue queue et tout ce qui entre dans la parure du sexe, nous paraît honteux chez les hommes, et que l'habit triomphal, qui est ce qu'on peut imaginer de plus auguste, nous choquerait chez les femmes.

Cicéron touche fort légèrement ce point, dans le troisième livre de son traité *de Oratore*, quoiqu'il semble n'avoir rien omis, en disant : *que le même genre d'oraison ne convient ni à toute sorte de causes ni à toute sorte d'auditeurs, ni à toutes les personnes, ni à tous les temps*. Il exprime la même pensée, presqu'en aussi peu de mots, dans son livre intitulé *Orator*. C'est que, dans le premier, L. Crassus, qui s'adresse à des personnages aussi instruits qu'éloquens, ne croit pas devoir appuyer sur une doctrine qu'ils connaissaient parfaitement, et que, dans le second, Cicéron parlant à Brutus témoigne que cette même doctrine lui est familière, et qu'en conséquence il ne fera que l'effleurer, quoique le sujet soit vaste et ait été traité fort au long par les philosophes. Pour nous qui faisons profession d'enseigner, et qui ne prétendons pas écrire seulement pour ceux qui savent, mais encore pour ceux qui apprennent, on nous excusera de nous étendre un peu davantage.

Rendons-nous donc compte, avant tout, de ce qu'il convient de faire pour plaire au juge, pour l'instruire, pour le toucher, et examinons ce que nous avons en vue

orationis petamus : ita neque vetera, aut translata, aut ficta verba in *incipiendo, narrando, argumentando* tractabimus, neque decurrentes contexto nitore circuitus, ubi dividenda erit causa, et in partes suas digerenda, neque humile atque quotidianum sermonis genus, et compositione ipsa dissolutum, epilogis dabimus, nec jocis lacrymas, ubi opus erit miseratione, siccabimus. Nam ornatus omnis non tam sua, quam rei, cui adhibetur, conditione constat; nec plus refert, quid dicas, quam quo loco : sed totum hoc, *apte dicere*, non *elocutionis* tantum genere constat, sed est cum *inventione* commune : nam si tantum habent etiam verba momentum, quanto res ipsæ majus? quarum quæ esset observatio, suis locis subinde subjecimus.

Illud est diligentius docendum, eum demum dicere apte, qui, non solum *quid expediat*, sed etiam, *quid deceat*, inspexerit; nec me fugit plerumque hæc esse conjuncta; nam quod decet, fere prodest; neque alio magis animi judicum conciliari, aut, si res in contrarium tulit, alienari solent. Aliquando tamen et hæc dissentiunt : quoties autem pugnabunt, ipsam utilitatem vincet quod decet.

Nam quis nescit, nihil magis profuturum ad absolu-

dans chaque partie du plaidoyer. Avec cette précaution, nous nous garderons bien d'employer dans *l'exorde*, dans *la narration* et dans *les argumens*, des mots surannés ou métaphoriques ou étranges ; nous ne nous amuserons pas à arrondir d'élégantes périodes, lorsqu'il s'agira de diviser la cause et d'en distribuer toutes les parties ; nous sentirons que la péroraison n'admet ni un langage bas et familier, ni une composition négligée, et quand le moment sera venu d'attendrir l'auditoire, nous n'irons pas, par des plaisanteries déplacées, sécher les larmes dans leur source. Car les ornemens sont tels moins par essence que par l'application qu'on en fait, et il n'importe pas plus que ce qu'on dit soit bien dit, qu'il n'importe qu'il soit dit en son lieu. Or, tout l'art de parler avec convenance consiste, il est vrai, dans un genre d'*élocution*, mais a aussi beaucoup de rapports avec l'*invention* : car si les mots ont tant de prix, combien les choses n'en ont-elles pas plus encore? J'ai expliqué tout ce qu'on devait observer à cet égard, chaque fois que l'occasion s'en est présentée.

Ce qu'on ne saurait trop inculquer, c'est que, en définitive, parler convenablement, c'est consulter à la fois non-seulement *ce qui est utile*, mais encore *ce qui est honnête*. Je n'ignore pas que ces deux qualités sont le plus souvent réunies, car il est rare que ce qui est honnête ne soit pas utile, puisque c'est par là que l'on gagne son juge, et par le contraire qu'on se l'aliène : cependant quelquefois les deux principes se combattent, et alors l'utile doit le céder à l'honnête.

Qui ne sait, par exemple, que Socrate se serait fait fa-

tionem Socrati fuisse, quam si esset usus illo judiciali genere defensionis, et oratione summissa conciliasset judicum animos sibi, crimenque ipsum sollicite redarguisset? Verum id eum minime decebat; ideoque sic egit, ut qui pœnam suam honoribus summis esset æstimaturus : maluit enim vir sapientissimus, quod superesset ex vita, sibi perire, quam quod præterisset; et quando ab hominibus sui temporis parum intelligebatur, posterorum se judiciis reservavit, brevi detrimento jam ultimæ senectutis ævum seculorum omnium consecutus. Itaque quamvis Lysias, qui tum in dicendo præstantissimus habebatur, defensionem illi scriptam obtulisset, uti ea noluit, quum bonam quidem, sed parum sibi convenientem, judicasset. Quo vel solo patet, non persuadendi, sed bene dicendi finem in oratore servandum, quum interim persuadere deforme sit : non fuit hoc utile absolutioni; sed, quod est majus, homini fuit.

Et nos secundum communem potius loquendi consuetudinem, quam ipsam veritatis regulam, divisione hac utimur, ut ab eo, quod deceat, utilitatem separemus : nisi forte prior ille Africanus, qui patria cedere, quam cum tribuno plebis humillimo contendere de innocentia sua maluit, inutiliter sibi videtur consuluisse; aut P. Rutilius, vel quum illo pæne Socratico genere

cilement absoudre, s'il eût voulu recourir à une défense dans les formes, et se concilier l'esprit des juges par un discours humble et soumis; si enfin, il eût pris la peine de repousser l'accusation qui lui était intentée ? mais cela était au dessous de ce philosophe, et il plaida sa cause en homme dont les prétendus crimes ne pouvaient s'expier que par de grands honneurs; il aima mieux, ce sage par excellence, sacrifier le peu qui lui restait à vivre, que de compromettre sa vie passée. Victime de l'aveuglement de ses contemporains qui ne le comprenaient pas, il s'en remit au jugement de la postérité; et, pour le petit nombre de jours que lui promettait à peine une vieillesse déjà avancée, il acquit une immortalité qui traversera tous les siècles. Aussi quand Lysias, qui passait alors pour le plus habile orateur, lui eut apporté une défense écrite, il ne voulut point s'en servir, non qu'il ne la trouvât bonne, mais parce qu'elle lui parut indigne de son caractère : ce qui prouve, pour m'en tenir à ce seul exemple, que la véritable fin de l'éloquence n'est pas tant de persuader que de bien dire, puisqu'il peut quelquefois être honteux de chercher à persuader. Ce refus de Socrate nuisit, il est vrai, à sa cause; mais, ce qui est bien plus important, il fut une belle leçon pour l'humanité.

C'est pour nous conformer aux habitudes du langage, plutôt qu'aux règles de la vérité, que, par une sorte de division, nous distinguons ce qui est utile de ce qui est honnête, à moins qu'on ne trouve que Scipion l'Africain entendit mal ses intérêts quand il se résigna à s'expatrier, plutôt que de descendre à repousser les imputations d'un obscur tribun du peuple ; ou que P. Rutilius ne prit pas le parti le plus avantageux, soit lorsqu'il se défendit presque à la manière de Socrate, soit quand il

defensionis est usus, vel quum, revocante eum P. Sulla, manere in exsilio maluit, quid sibi maxime conduceret, nesciebat. Hi vero parva illa, quæ abjectissimus quisque animus utilia credit, si cum virtute conferantur, despicienda judicaverunt; ideoque perpetua seculorum admiratione celebrantur : neque nos simus tam humiles, ut quæ laudamus, inutilia credamus : sed hoc qualecunque discrimen raro admodum evenit : cæterum idem fere, ut dixi, in omni genere causarum et proderit, et decebit.

Est autem, quod omnes et semper et ubique deceat, *facere ac dicere honeste;* contraque neminem unquam ullo in loco, *turpiter.* Minora vero, quæque sunt ex mediis, plerumque sunt talia, ut aliis sint contemnenda, aliis non sint, aut *pro persona, tempore, loco, causa* magis ac minus vel excusata debeant videri, vel reprehendenda. Quum dicamus autem de rebus aut alienis, aut nostris, dividenda ratio est eorum, dum sciamus pleraque neutro loco convenire.

Inprimis igitur omnis sui vitiosa jactatio est, eloquentiæ tamen in oratore præcipue; affertque audientibus non fastidium modo, sed plerumque etiam odium.

aima mieux rester en exil que de déférer aux invitations de Sylla qui le rappelait. Ils pensaient, ces grands hommes, que les choses auxquelles le vulgaire attache tant de prix, ne sont rien en comparaison de la vertu : aussi sont-ils devenus un éternel objet d'admiration. Prenons donc exemple sur eux, et ne nous dégradons pas au point de traiter d'inutile ce que nous estimons louable. Au demeurant, cette distinction, quelle qu'elle soit, a très-rarement lieu, et, comme je l'ai dit, dans presque toute espèce de cause l'honnête et l'utile sont inséparables.

Or, il est des choses que tout le monde peut dire et faire, en tout temps et partout, parce qu'elles sont bienséantes, comme il en est que personne ne doit se permettre en aucun temps ni en aucun lieu, parce qu'elles sont honteuses: mais il en est de plus indifférentes qui tiennent, pour ainsi dire, le milieu entre le bien et le mal, et dont l'essence est telle, qu'elles ne choqueront pas dans certaines personnes et choqueront dans d'autres, ou qu'on sera plus ou moins disposé à les excuser ou à les blâmer, suivant la qualité de la personne, suivant le temps, le lieu ou la nature de la cause. Comme donc, en plaidant, ce sont toujours les intérêts d'autrui que nous défendons, ou les nôtres, il faut avoir égard à cette distinction, car ce qui est séant par rapport aux autres, souvent ne l'est pas par rapport à nous, et réciproquement.

Et d'abord, c'est toujours un défaut de se glorifier, mais un orateur surtout a mauvaise grâce à vanter son éloquence : c'est le moyen d'ennuyer son auditoire, sou-

Habet enim mens nostra natura sublime quiddam et erectum, et impatiens superioris; ideoque abjectos, aut summittentes se, libenter allevamus, quia hoc facere tamquam majores videmur, et, quoties discessit æmulatio, succedit humanitas : at qui se supra modum extollit, premere ac despicere creditur, nec tam se majorem, quam minores cæteros facere. Inde invident humiliores (nam hoc vitium est eorum, qui nec cedere volunt, nec possunt contendere), rident superiores, improbant boni : plerumque vero deprehendas arrogantium falsam de se opinionem; sed in veris quoque sufficit conscientia.

Reprehensus est in hac parte non mediocriter Cicero, quamquam is quidem rerum a se gestarum major quam eloquentiæ fuit in orationibus utique jactator : et plerumque illud quoque non sine aliqua ratione fecit; aut enim tuebatur eos, quibus erat adjutoribus usus in opprimenda conjuratione, aut respondebat invidiæ; cui tamen non fuit par, servatæ patriæ pœnam passus exsilium : ut illorum, quæ egerat in consulatu, frequens commemoratio possit videri non gloriæ magis, quam defensioni, data. Eloquentiam quidem quum ple-

vent même de lui inspirer de l'aversion ; car nous avons naturellement dans l'esprit une certaine dose de fierté et d'orgueil qui nous fait difficilement supporter toute supériorité; aussi élevons-nous volontiers ceux qui prennent plaisir à s'abaisser, parce que cette action même semble nous rendre plus grands qu'eux, et que, une fois nos prétentions à l'abri, nous devenons plus traitables. Ceux, au contraire, qui s'élèvent outre mesure, nous leur supposons la pensée de vouloir nous ravaler et nous mépriser; nous croyons qu'ils ont moins en vue de se grandir eux-mêmes, que de faire les autres plus petits : de là l'envie dans les âmes médiocres, dont le vice est de ne rien céder, quoique incapables de rien disputer; les hommes supérieurs à ce sentiment ne font que rire de cette jactance, les gens de bien la désapprouvent. A combien de mécomptes aussi s'exposent les vaniteux, par la fausse opinion qu'ils ont d'eux-mêmes ! eût-on donc un véritable mérite, il doit suffire qu'on en ait intérieurement la conscience.

C'est un genre de reproche qu'on n'a pas ménagé à Cicéron, quoique dans ses discours il se soit plutôt glorifié de sa conduite, comme homme public, que de son éloquence; et il faut convenir qu'à l'égard de sa conduite, il a eu quelque raison de le faire, soit pour défendre ceux qui l'avaient aidé à étouffer la conjuration de Catilina, soit pour confondre l'envie dont il ne put toutefois triompher, puisqu'on l'envoya en exil, pour le punir apparemment d'avoir sauvé la patrie : de sorte qu'en rappelant si souvent ce qu'il avait fait pendant son consulat, on peut croire qu'il cédait moins à un sentiment de vaine gloire, qu'au besoin d'une légitime défense. Quant à l'éloquence, en même temps qu'il rendait sous ce rapport pleine jus-

nissimam diversæ partis advocatis concederet, sibi nunquam in agendo immodice arrogavit : illius sunt enim, *Si, judices, ingenii mei, quod sentio quam sit exiguum :* et, *Quo ingenio minus possum, subsidium mihi diligentia comparavi.* Quin etiam contra Q. Cæcilium de accusatore in Verrem constituendo, quamvis multum esset in hoc quoque momenti, uter ad agendum magis idoneus veniret, dicendi tamen facultatem magis illi detraxit, quam arrogavit sibi : *seque non consecutum, sed omnia fecisse, ut posset eam consequi,* dixit. In epistolis aliquando familiariter apud amicos, nonnunquam in dialogis, aliena tamen persona, verum de eloquentia sua dicit.

Et aperte tamen gloriari, nescio an sit magis tolerabile vel ipsa vitii hujus simplicitate, quam illa in jactatione perversa, si abundans opibus pauperem se, nobilis obscurum, et potens infirmum, et disertus imperitum plane et infantem vocet : ambitiosum gloriandi genus est, etiam deridere. Ab aliis ergo laudemur : nam ipsos, ut Demosthenes ait, *erubescere, etiam quum ab aliis laudabimur, decet.*

Neque hoc dico, non aliquando de rebus a se gestis

tice à ses adversaires, il ne parla jamais de la sienne, en homme qui s'en fît trop accroire, témoin ce passage : *S'il y a en moi, Messieurs, quelque talent, et je sens combien j'en ai peu.....* et cet autre : *Plus j'ai reconnu l'insuffisance de mon esprit, plus j'ai cherché à y suppléer par mon application, etc.* Il y a plus, quand il plaida contre Q. Cécilius qui voulait se constituer l'accusateur de Verrès, quoiqu'il fût important dans cette circonstance de faire voir lequel de son adversaire ou de lui était le plus propre à cet office, il s'attacha plutôt à démontrer que Cécilius n'avait pas, pour cette accusation, les qualités requises, qu'à se les arroger à lui-même, disant qu'*à la vérité, il ne les avait pas non plus, mais qu'au moins il avait fait tout pour les acquérir.* Ce n'est donc que dans l'épanchement du commerce épistolaire, avec ses amis, qu'il parle de son éloquence, et quelquefois aussi dans ses dialogues, mais toujours sous le nom d'un autre.

Je ne sais, au reste, si cette jactance de ceux qui se louent ouvertement et sans détours, n'est pas plus supportable encore dans sa naïveté, que la jonglerie hypocrite de ces gens qui se diraient volontiers pauvres, quand ils ont tout en abondance; qui parlent modestement de leur obscurité, avec un rang illustre; de leur peu de considération, avec un crédit immense; de leur ignorance et de leur impéritie, avec une réputation toute faite d'habileté et d'éloquence : car c'est aussi un genre de vanité et des plus ambitieux, que de se moquer ainsi de ceux qui vous écoutent. Laissons donc aux autres à faire notre éloge; pour nous, comme dit Démosthène, notre rôle est de rougir quand on nous loue en face.

Ce n'est pas qu'un orateur ne puisse quelquefois par-

oratori esse dicendum, sicut eidem Demostheni pro Ctesiphonte; quod tamen ita emendavit, ut necessitatem id faciendi ostenderet, invidiamque omnem in eum regereret, qui hoc se coegisset. Et M. Tullius saepe dicit de oppressa conjuratione Catilinae; sed modo id virtuti senatus, modo providentiae deorum immortalium assignat; plerumque contra inimicos atque obtrectatores plus vindicat sibi; erant enim tuenda, quum objicerentur. In carminibus utinam pepercisset, quae non desierunt carpere maligni,

Cedant arma togae, concedat laurea linguae......

Et,

O fortunatam natam me consule Romam.

Et, *Jovem illum, a quo in concilium deorum advocatur:* et, *Minervam, quae artes eum docuit*: quae sibi ille, secutus quaedam Graecorum exempla, permiserat.

Verum eloquentiae ut indecora jactatio, ita nonnunquam concedenda fiducia est: nam quis reprehendat haec? *Quid putem? contemptumne me? Non video nec in vita, nec in gratia, nec in rebus gestis, nec in hac mea mediocritate ingenii, quid despicere possit Antonius.* Et paulo post apertius: *An decertare mecum voluit contentione dicendi? hoc quidem beneficium est. Quid enim plenius, quid uberius, quam mihi, et pro me, et contra Antonium dicere?*

ler de ce qu'il a fait, comme il est arrivé à ce même Démosthène, plaidant pour Ctésiphon ; encore s'en tira-t-il avec tant d'art qu'il parut céder à la nécessité, et qu'il en fit retomber le blâme sur celui qui l'y avait forcé. Cicéron parle souvent aussi de ses succès contre la conjuration de Catilina, mais tantôt c'est pour en faire honneur à la fermeté du sénat, tantôt c'est pour les attribuer à la providence des dieux. Il est vrai que lorsqu'il répond à ses ennemis et à ses détracteurs, il se fait une part moins modeste, mais c'est qu'alors il est réduit à faire son apologie pour justifier les actes qu'on lui reproche. Pourquoi faut-il qu'il donne incessamment prise à la malignité, par ces vers trop connus : *Cedant arma togæ, concedat laurea linguæ..... O fortunatam natam me consule Romam!* et par cette fiction de *Jupiter qui l'admet au conseil des dieux*, et cette autre de *Minerve qui lui enseigna elle-même les sciences et les arts ?* toutes vanteries, indignes de lui, qu'il a cru pouvoir se permettre, à l'exemple de quelques Grecs.

Mais autant il sied mal à un orateur de tirer vanité de son éloquence, autant on aime quelquefois à lui voir une noble confiance en lui-même. Qui blâmerait, par exemple, ce passage des Philippiques : *Que croirai-je, Messieurs ? qu'on me méprise ? mais je ne vois ni dans le cours de ma vie, ni dans la considération dont je jouis, ni dans ce que j'ai fait, ni même dans la médiocrité de mon génie, rien qui puisse m'attirer le mépris d'Antoine ;* et ce que Cicéron dit peu après, avec encore plus de liberté : *A-t-il eu la prétention de lutter d'éloquence avec moi ? je l'en remercie comme d'un bienfait ; car, que*

Arrogantes et illi, qui se judicasse de causa, nec aliter affuturos fuisse proponunt : nam et inviti judices audiunt præsumentem partes suas; nec hoc oratori contingere inter adversarios, quod Pythagoræ inter discipulos, potest, *Ipse dixit* : sed istud magis minusve vitiosum est pro personis dicentium : defenditur enim aliquatenus *ætate, dignitate, auctoritate;* quæ tamen vix in ullo tanta fuerint, ut non hoc affirmationis genus temperandum sit aliqua moderatione, sicut omnia, in quibus patronus argumentum ex se ipso petet : fuisset tumidius, si accipiendum criminis loco negasset Cicero, equitis romani esse filium, se defendente? At ille fecit hoc etiam favorabile, conjungendo cum judicibus dignitatem suam : *Equitis autem romani esse filium, criminis loco poni ab accusatoribus, neque vobis judicantibus oportuit, neque defendentibus nobis.*

Impudens, tumultuosa, iracunda actio, omnibus indecora; sed ut quisque ætate, dignitate, usu præcedit, magis in ea reprehendendus : videas autem rixatores quosdam neque judicum reverentia, neque agendi more ac modo, contineri; quo ab ipso mentis habitu mani-

puis-je souhaiter de plus favorable, de plus avantageux, que d'avoir à parler pour moi-même, contre un adversaire tel qu'Antoine?

Il y a aussi de la forfanterie à déclarer que l'on est sûr de la bonté de sa cause, et qu'autrement on ne s'en serait point chargé. Les juges écoutent avec défaveur ceux qui ont la présomption d'usurper ainsi leur ministère. Il n'en est pas d'ailleurs d'un avocat, au milieu de ses adversaires, comme des disciples de Pythagore, qui se fermaient la bouche par ces mots : *Le maître l'a dit.* Au reste, ce défaut est plus ou moins choquant, suivant le caractère des personnes qui parlent. Car, on le pardonne, jusqu'à un certain point, à l'*âge,* au *rang,* à l'*autorité*. Mais à peine tout cela se rencontre-t-il assez dans un orateur, pour qu'il soit dispensé de tempérer cette assurance par quelque correctif. Il en est ainsi de toutes les circonstances où un avocat tire ses preuves de sa personne même. Par exemple, c'eût été un trait d'orgueil puéril à Cicéron que de chercher à se défendre du reproche qu'on lui faisait d'être fils d'un chevalier romain; loin de là, il s'en fait une arme favorable, en intéressant adroitement la dignité des juges à la sienne propre : *Quant au reproche que me font mes accusateurs d'être le fils d'un chevalier romain, est-il bien adroit à eux de le faire, nous ayant, vous, Messieurs, pour juges*, et moi pour adversaire?*

Il est toujours inconvenant, quand on plaide, de se laisser aller à la pétulance, à l'effronterie, à l'emportement, mais cela est bien moins excusable encore chez ceux que l'âge, la dignité, l'expérience doivent rendre plus circonspects. Il est cependant des gens d'une humeur telle-

---

* C'était parmi les chevaliers romains qu'on prenait les juges.

festum sit, tam in suscipiendis, quam in agendis causis nihil pensi habere. Profert enim mores plerumque oratio, et animi secreta detegit; nec sine causa Græci prodiderunt, *Ut vivat, quemque etiam dicere.*

Humiliora illa vitia : summissa adulatio, affectata scurrilitas, in rebus ac verbis parum modestis ac pudicis vilis pudor, in omni negotio neglecta auctoritas; quæ fere accidunt iis, qui nimium aut blandi esse, aut ridiculi volunt.

Ipsum etiam eloquentiæ genus alios aliud decet: nam neque tam plenum, et erectum, et audax, et præcultum senibus convenerit, quam pressum, et mite, et limatum, et quale intelligi vult Cicero, quum dicit, orationem suam cœpisse *canescere;* sicut vestibus quoque non purpura coccoque fulgentibus illa ætas satis apta sit. In juvenibus etiam uberiora paulo, et pæne periclitantia feruntur; at in iisdem siccum, et sollicitum, et contractum dicendi propositum, plerumque affectatione ipsa severitatis invisum est; quando etiam morum senilis auctoritas immatura adolescentibus creditur.

Simpliciora militares decent: philosophiam ex professo, ut quidam faciunt, ostentantibus, parum decori sunt

ment querelleuse que rien ne peut les retenir, ni le respect qu'on doit aux juges, ni la décence et la mesure qu'il est d'usage de garder au barreau. On voit, à la tournure de leur esprit, qu'ils ne calculent rien en se chargeant d'une cause, ni en la plaidant : tant il est vrai que nos discours trahissent notre manière d'être et révèlent le fond de notre âme! tant est sensée cette maxime des Grecs, que *chacun parle comme il vit!*

Voici des défauts plus avilissans encore dans l'orateur, la basse flagornerie, la bouffonnerie affectée, l'absence de toute pudeur et de toute modestie dans les mots comme dans les pensées, l'oubli de sa propre estime en toutes choses : défauts où tombent d'ordinaire ceux qui outrent la manie de flatter les autres ou de les faire rire.

Le même genre d'éloquence ne va pas non plus à tout le monde. Une élocution riche, hardie, ambitieuse et fleurie ne sera pas goûtée dans un vieillard, autant qu'un style serré, exact et poli, conforme enfin à l'idée que Cicéron a voulu qu'on s'en fît, lorsqu'il a dit que son éloquence commençait à *blanchir;* c'est ainsi que des vêtemens où brillent la pourpre et l'écarlate ne sont plus de mise à cet âge. Dans les jeunes gens, au contraire, on tolère une surabondance de sève, on leur pardonne même de trop oser : sont-ils secs, châtiés, circonspects, on y voit une affectation de sévérité qui déplaît, parce que cette autorité morale, que l'âge seul peut donner, semble prématurée dans la jeunesse.

Une éloquence simple et sans apprêts est celle qui convient aux hommes de guerre. Quant à ces gens qui

plerique orationis ornatus, maximeque ex affectibus, quos illi vitia dicunt; verba quoque exquisitiora, et compositio numerosa tali proposito diversa; non enim sola illa lætiora, qualia a Cicerone dicuntur, *Saxa atque solitudines voci respondent;* sed etiam illa, quamquam plena sanguinis, *Vos enim jam, Albani tumuli atque luci, vos, inquam, imploro atque testor, vosque, Albanorum obrutæ aræ, sacrorum populi romani sociæ et æquales,* non conveniant barbæ illi atque tristitiæ.

At vir civilis, vereque sapiens, qui se non otiosis disputationibus, sed administrationi reipublicæ dediderit, a qua longissime isti, qui philosophi vocantur, recesserunt, omnia, quæ ad efficiendum oratione, quod proposuerit, valent, libenter adhibebit; quum prius, quod honestum sit, efficere in animo suo constituerit.

Est quod principes deceat, aliis non concesseris : imperatorum ac triumphalium separata est aliqua ex parte ratio eloquentiæ, sicut Pompeius, abunde disertus rerum suarum narrator; et hic, qui bello civili se interfecit, Cato eloquens senator fuit.

font ouvertement la profession de philosophes, il leur siérait mal de recourir à la plupart des ornemens oratoires, et particulièrement à ceux qui ont leur source dans ces mouvemens de l'âme auxquels ils font la guerre comme à des vices; ils regarderaient aussi comme indignes du but élevé qu'ils se proposent, et le choix des mots, et l'harmonie de la composition : aussi ne se permettront-ils jamais ni ces traits un peu gais, comme on en trouve dans Cicéron, quand il dit : *Les rochers et les déserts même répondent à la voix**, ni même des traits d'un accent plus mâle et plus sévère, comme celui-ci : *Vous, tombeaux et bois sacrés d'Albanie; vous, autels détruits; qui étiez associés à la religion du peuple romain et aussi anciens qu'elle, c'est vous que j'implore et que j'atteste***. Tout cela jurerait trop avec leur longue barbe et leur extérieur négligé.

Mais l'homme d'état, le citoyen qui, méprisant d'oiseuses disputes, se consacrera à l'administration des affaires publiques dont se sont toujours éloignés ceux qui se prétendent philosophes, le vrai sage, enfin, ne se fera pas scrupule d'employer dans un discours tout ce qui pourra le conduire à ses fins, après avoir pris toutefois la ferme résolution de ne rien se proposer que d'honnête.

Enfin, ce qu'on passe à des personnes de haute distinction, blesserait dans les autres. Il y a aussi un genre d'éloquence en quelque sorte à part pour les généraux et les triomphateurs. Ainsi Pompée était un narrateur disert, mais un peu diffus de ses propres exploits; et, ce Caton qui se donna la mort pendant la guerre civile, passa pour un sénateur éloquent.

* Or. *pro Archia.* — ** Or. *pro Milone.*

Item dictum saepe in alio liberum, in alio furiosum, in alio superbum est : verba adversus Agamemnonem a Thersite habita ridentur; da illa Diomedi, aliive cui pari, magnum animum ferre prae se videbuntur. *Ego te consulem putem*, inquit L. Crassus Philippo, *quum tu me non putes senatorem ?* vox honestissimae libertatis; non tamen ferres quemcunque dicentem. Negat se magni facere aliquis poetarum, *utrum Caesar ater, an albus homo sit*, insania : verte, ut idem Caesar de illo dixerit, arrogantia est.

Major in personis observatio est apud tragicos comicosque : multis enim utuntur, et variis : eadem et eorum, qui orationes aliis scribebant, fuit ratio ; et declamantium est : non enim semper ut advocati, sed plerumque ut litigatores dicimus.

Verum etiam in his causis, quibus advocamur, eadem differentia diligenter est custodienda : utimur enim fictione personarum, et velut ore alieno loquimur; dandique sunt iis, quibus vocem accommodamus, sui mores : aliter enim P. Clodius, aliter Appius Caecus, aliter Caecilianus ille, aliter Terentianus pater fingitur. Quid

Il arrive aussi que les mêmes choses prennent un aspect tout différent et passent, suivant le caractère de celui qui parle, ou pour de l'insolence, ou pour de la folie, ou pour du courage. Les reproches que Thersite* fait à Agamemnon ne sont que ridicules; mettez-les dans la bouche de Diomède ou de quelque héros de même étoffe, ce seront les accens d'une noble fierté. *Tu veux que je t'honore comme consul*, dit L. Crassus à Philippe, *quand tu n'honores pas en moi un sénateur!* voilà le langage d'une mâle franchise; cependant, il ne conviendrait pas à tout le monde. Un poète a dit, en parlant de César :

> Peu m'importe, César, que tu sois blanc ou noir;

c'est de la démence. Si César en eût dit autant de lui, c'eût été de l'arrogance.

C'est dans les auteurs comiques et tragiques que ces convenances sont le mieux observées, parce qu'ils mettent en scène un grand nombre de personnages de conditions très-variées. La même fidélité de costume était jadis prescrite à ces orateurs qui composaient des plaidoyers que les accusés prononçaient eux-mêmes; elle n'est pas moins nécessaire à nos déclamateurs d'aujourd'hui, qui ne parlent pas toujours comme avocats, mais le plus souvent comme parties.

Au surplus, jusque dans les causes où nous ne sommes qu'avocats, il faut avoir égard à ces différences, car nous nous mettons fictivement à la place de nos cliens : nous parlons, pour ainsi dire, par la bouche d'autrui, et dès-lors il faut conserver à ceux à qui nous prêtons notre voix, la physionomie morale qui leur est propre.

---

* *Iliad.*, liv. II.

asperius lictore Verris? *Ut adeas, tantum dabis.* Quid fortius illo, cujus inter ipsa verberum supplicia una vox audiebatur, *Civis romanus sum ?* Quam dignæ Milonis in peroratione ipsa voces eo viro, qui pro republica seditiosum civem toties compescuisset, quique insidias virtute superasset? Denique non modo quot in causa, totidem in prosopopœia sunt varietates; sed hoc etiam plures, quod in his puerorum, feminarum, populorum, mutarum etiam rerum assimulamus affectus, quibus omnibus debetur suus decor.

Eadem in iis, pro quibus agemus, observanda sunt : aliter enim pro alio sæpe dicendum est, ut quisque *honestus, humilis, invidiosus, favorabilis erit*, adjecta propositorum quoque et anteactæ vitæ differentia.

Jucundissima vero in oratore *humanitas, facilitas, moderatio, benevolentia* : sed illa quoque diversa bonum virum decent, malos odisse, publica vice commoveri, ultum ire scelera et injurias; et omnia, ut initio dixi, honesta.

Nous n'emploierons pas le même langage pour un Clodius, que pour un vieillard vénérable comme Appius Cécus; nous ne représenterons pas un père de la comédie de Cécilius, comme un père de la comédie de Térence. Qui peint mieux la farouche barbarie du licteur de Verrès, que ce peu de mots que lui fait dire Cicéron : *Pour entrer, vous donnerez tant?* Quelle idée n'a-t-on pas du courage de cet infortuné, qui, au milieu du supplice des verges, ne fait entendre que ces mots : *Je suis citoyen romain?* Voyez comme le même orateur, dans sa péroraison pour Milon, lui prête un langage digne du bon citoyen qui avait tant de fois réprimé l'insolence d'un séditieux, et qui, par son courage, avait triomphé de ses embûches! Enfin, non-seulement il y a autant de variétés dans ces fictions ou prosopopées, que dans la cause même, mais elles y sont d'autant plus nombreuses que nous mettons en action des femmes, des enfans, des nations, que nous donnons même des sentimens à des objets inanimés; or, tout cela réclame des convenances.

Il en faut aussi à l'égard de ceux pour qui nous plaidons, car il faut souvent parler de telle façon pour l'un, de telle façon pour l'autre, selon que notre client est un homme considéré ou obscur, décrié ou vu favorablement, suivant aussi la différence des principes de conduite, et la vie passée.

Pour l'orateur lui-même, il ne saurait se rendre plus agréable, qu'en mettant dans tout ce qu'il dit de la bonté, de la douceur, de la modération, de la bienveillance. Il peut plaire aussi par des moyens différens, et qui ne conviennent pas moins à un homme de bien, en se déclarant l'ennemi des méchans, en prenant à cœur les malheurs publics, en poursuivant les crimes et les injus-

Nec tantum, *quis* et *pro quo*, sed etiam, *apud quem* dicas, interest : facit enim et fortuna discrimen et potestas; nec eadem apud principem, magistratum, senatorem, privatum, tantum liberum, ratio est; nec eodem sono publica judicia, et arbitrorum disceptationes aguntur. Nam ut orantem pro capite sollicitudo deceat et cura, et omnes ad amplificandam orationem quasi machinae; ita in parvis rebus judicibusque vana sint eadem, rideaturque merito, qui apud disceptatorem de re levissima sedens dicturus, utatur illa Ciceronis confessione, *non modo se animo commoveri, sed etiam corpore ipso perhorrescere.*

Quis vero nesciat, quanto aliud dicendi genus poscat gravitas senatoria, aliud aura popularis? quum etiam singulis judicantibus, non idem apud graves viros, quod leviores; non idem apud eruditum, quod militarem, ac rusticum deceat; sitque nonnunquam summittenda et contrahenda oratio, ne judex eam vel intelligere, vel capere non possit.

Tempus quoque ac locus egent observatione propria : nam et tempus tum triste, tum laetum, tum liberum,

tices; en un mot, par tout ce qui est honnête, comme j'ai dit au commencement.

S'il est important de considérer *qui vous êtes* et *qui vous défendez*, il ne l'est pas moins de considérer *devant qui vous plaidez*, car la qualité du juge et le pouvoir dont il est revêtu exigent des distinctions, et l'on ne doit pas parler de la même manière devant un prince ou un magistrat, devant un sénateur ou un simple citoyen. Les jugemens publics demandent un autre ton que les débats devant des arbitres. Autant, quand il y va de la vie de son client, on aime à voir un avocat témoigner de la sollicitude, s'entourer de précautions, mettre, pour ainsi dire, en jeu toutes ses machines pour augmenter l'effet de son plaidoyer; autant ces ressorts sont déplacés dans les petites causes et devant des juges de peu d'importance; et l'on se moquerait avec raison de celui qui ayant à parler, assis, devant son arbitre, sur de légers intérêts, singerait Cicéron et s'écrierait *qu'en même temps que les facultés de son âme sont ébranlées, il éprouve un frissonnement d'horreur par tout le corps.*

Qui ne sait aussi que la gravité du sénat exige un genre d'éloquence, et que la faveur capricieuse de la multitude en exige un autre? et cela se conçoit, puisque chaque juge en particulier réclame un langage qui lui convienne, suivant que ce juge sera d'humeur grave ou légère, que ce sera un savant, un homme de guerre ou un campagnard, puisqu'on est quelquefois forcé de s'exprimer avec une extrême simplicité et sans circonlocutions, pour se faire comprendre et suivre par son juge.

Le temps et le lieu ont également besoin d'être observés. A l'égard du temps, tantôt il est propice, tantôt il est fâcheux, tantôt il met l'orateur à son aise, tantôt

tum angustum est, atque ad hæc omnia componendus orator; et loco publico, privatone, celebri, an secreto, aliena civitate, an tua, in castris denique, an foro dicas, interest plurimum, ac suam quidque formam, et proprium quemdam modum eloquentiæ poscit; quum etiam in cæteris actibus vitæ non idem in foro, curia, campo, theatro, domi, facere conveniat; et pleraque, quæ natura non sunt reprehendenda, atque interim sunt necessaria, alibi quam mos permiserit, turpia habeantur.

Illud jam diximus, quanto plus nitoris et cultus demonstrativæ materiæ, ut ad delectationem audientium compositæ, quam, quæ sunt in actu et contentione, suasoriæ judicialesque permittant : hoc adhuc adjiciendum, aliquas etiam, quæ sunt egregiæ dicendi virtutes, quo minus deceant, effici conditione causarum. An quisquam tulerit reum in discrimine capitis, præcipue qui apud victorem et principem pro se ipse dicat, frequenti translatione, fictis, aut repetitis ex vetustate verbis, compositione, quæ sit maxime a vulgari usu remota, decurrentibus periodis, quam lætissimis locis sententiisque dicentem? Non perdant hæc omnia necessarium periclitanti sollicitudinis colorem, petendumque etiam innocentibus misericordiæ auxilium ? Commoveaturne quisquam ejus fortuna, quem tumidum, ac sui jactan-

il le met à l'étroit, et il faut se conformer à tout cela. Pour le lieu, il importe de distinguer, si vous parlez dans un lieu public ou privé, fréquenté ou secret, si c'est dans une ville étrangère ou dans la vôtre, dans les camps ou au barreau; car chacun de ces endroits a sa forme et sa mesure d'éloquence. Il en est comme des autres actes de la vie qu'on ne fait pas indifféremment de la même manière au Forum, au sénat, à l'armée, au théâtre et chez soi. Ainsi, la plupart de nos actions qui n'ont rien de répréhensible de leur nature, et qui quelquefois même sont nécessaires, passent pour des actions honteuses, si nous nous les permettons ailleurs qu'où l'usage les autorise.

J'ai déjà dit combien les matières du genre démonstratif, où l'orateur n'a en vue que de charmer son auditoire, comportaient plus de parure et plus d'éclat que les matières délibératives et judiciaires, où tout est animé et contentieux. J'ajouterai qu'il est des causes dont la nature est telle, que certaines beautés oratoires y seraient même déplacées. Qui pourrait supporter, par exemple, qu'un accusé, en danger de perdre la vie, et ayant à se justifier devant son vainqueur et son maître, prît plaisir à prodiguer les métaphores, les mots bizarres et surannés, les tournures prétentieuses, les périodes ronflantes, les pointes et les lieux communs? tout cela ne détruirait-il pas et l'intérêt qu'il est si nécessaire d'inspirer quand on est en péril, et la pitié dont le secours est si utile même aux innocens? Sera-t-on bien touché du sort d'un homme que l'on verra, dans une position aussi équivoque, bouffi d'orgueil et rempli de lui-même, faire un ambitieux étalage de son éloquence? ne sera-t-on pas plutôt indigné de le voir, lui accusé,

tem, et ambitiosum institorem eloquentiæ in ancipiti sorte videat? Non immo oderit reum verba aucupantem, et anxium de fama ingenii, et cui esse diserto vacet? Quod mire M. Cœlius in defensione causæ, qua reus de vi fuit, comprehendisse videtur mihi, *Ne cui vestrum, atque etiam omnium, qui ad rem agendam adsunt, meus aut vultus molestior, aut vox immoderatior aliqua, aut denique, quod nimium est, jactantior gestus fuisse videatur.*

Atqui sunt quædam actiones in satisfactione, deprecatione, confessione positæ : sententiolisne flendum erit? epiphonemata, aut enthymemata exorabunt? non quidquid meris adjicietur affectibus, omnes eorum diluet vires, et miserationem securitate laxabit? Age, si de morte filii sui, vel injuria, quæ morte sit gravior, dicendum patri fuerit, aut in narrando gratiam illam expositionis, quæ continget ex sermone puro atque dilucido, quæret, breviter ac significanter ordinem rei protulisse contentus, aut argumenta diducet in digitos, et propositionum ac partitionum captabit leporem, et, ut plerumque in hoc genere moris est, intentione omni remissa loquetur? Quo fugerit interim dolor ille? ubi lacrymæ substiterint? unde se in medium tam secura observatio artium miserit? Non ab exordio usque ad ultimam vocem continuus quidam gemitus, et idem tristitiæ vultus

courir après de misérables mots, se tourmenter pour donner une haute idée de son esprit et perdre ainsi son temps à faire le beau parleur? C'est ce que M. Célius me paraît avoir admirablement compris dans la défense de sa propre cause, lorsqu'il fut cité en justice, pour des voies de fait : *De peur,* dit-il, *qu'aucun de vous, Messieurs, ni aucun de ceux qui prennent part à cette cause, ne trouve qu'il y ait eu quelque chose d'offensant dans l'air de mon visage, ou d'emporté dans mes paroles, ou, ce qui serait trop encore, de peu mesuré dans mes gestes, etc.*

Il est aussi de ces plaidoyers qui consistent uniquement en excuses, en supplications, en aveux. Est-ce avec des pensées alambiquées qu'on attendrira son juge? est-ce avec des épiphonèmes et des enthymèmes qu'on l'implorera? Tout ce qu'on ajoute au pur langage du sentiment, ne l'affaiblit-il pas, et la sécurité qu'affiche un accusé ne réfroidit-elle pas la pitié dans les cœurs? Supposons qu'un père demande justice du meurtre de son fils, ou d'un outrage plus affreux encore que la mort? Au lieu d'exposer le fait clairement et en peu de mots, cherchera-t-il à donner à son récit ces grâces de l'exposition qui naissent de l'élégance et du choix des termes? distinguera-t-il ses preuves, en les comptant sur ses doigts? S'étudiera-t-il à mettre un bel ordre dans ses propositions et ses divisions, et parlera-t-il sans passion, sans chaleur, comme cela se fait le plus souvent dans cette partie du plaidoyer? que deviendra, pendant ce temps, sa douleur? où se réfugieront ses larmes? d'où lui sera venue, pour la produire au dehors, cette exacte et tranquille observation des règles de l'art? Ah! que plutôt il ne fasse entendre qu'un seul gémissement d'un

servabitur, si quidem volet dolorem suum etiam in audientes transfundere? quem si usquam remiserit, in animum judicantium non reducet.

Quod præcipue declamantibus (neque enim me pœnitet ad hoc quoque opus meum, et curam susceptorum semel adolescentium respicere) custodiendum est, quo plures in schola finguntur affectus, quos, non ut advocati, sed ut passi, subimus : quum etiam hoc genus simulari litium soleat, quum jus mortis a senatu quidam vel ob aliquam magnam infelicitatem, vel etiam pœnitentiam petunt, in quibus non solum cantare, quod vitium pervasit, aut lascivire, sed ne argumentari quidem nisi mixtis, et quidem ita, ut ipsa probatione magis emineant, affectibus decet : nam qui intermittere in agendo dolorem potest, videtur posse etiam deponere. Nescio tamen an hujus, de quo loquimur, decoris custodia maxime circa eos, contra quos dicimus, examinanda sit : nam sine dubio in omnibus statim accusationibus hoc agendum est, ne ad eas libenter descendisse videamur : ideoque mihi illud Cassii Severi non mediocriter displicet, *Dii boni, vivo : et, quo me vivere juvet, Asprenatem reum video* : non enim justa ex causa, vel necessaria videri potest postulasse eum, sed quadam accusandi voluptate.

bout à l'autre de son discours, et que son visage soit toujours empreint de la même tristesse, s'il veut que sa douleur passe dans l'âme de ses auditeurs! car, s'il s'en relâche un seul instant, il tentera vainement d'y ramener ses juges.

C'est à quoi doivent surtout prendre garde les déclamateurs, que je ne perds pas de vue dans cet ouvrage, à cause de ma sollicitude pour la jeunesse, d'autant plus que, dans les fictions de l'école, ces sentimens dominent bien davantage, et que ce n'est pas comme avocats, mais comme parties, que nous devons les éprouver. Par exemple, il est assez de mode de supposer un de ces malheureux qui demandent au sénat la permission de se donner la mort, soit à la suite de quelque grande infortune, soit pour expier quelque crime. Or, dans ces sortes de fictions, convient-il, je ne dis pas seulement de *chanter* en parlant, défaut trop commun aujourd'hui, ni de faire le folâtre, mais même de raisonner, à moins qu'on ne mêle le sentiment à l'argumentation, et qu'il ne règne jusque dans la preuve? Du moment qu'on peut, en plaidant, faire trêve à sa douleur, on a bien l'air de pouvoir s'en débarrasser tout-à-fait. Je ne sais si les convenances dont je parle ne demandent pas à être plus strictement observées encore à l'égard de ceux contre lesquels on plaide. Car, dans toute accusation, ce à quoi l'on doit d'abord songer, c'est d'éviter de paraître l'aborder de gaîté de cœur. Aussi, cette sortie de Cassius Severus me déplaît-elle souverainement : *Grands dieux! je vis donc! et j'ai la consolation de voir Asprenas accusé!* Ne dirait-on pas qu'il l'a pris à partie, moins pour des motifs fondés sur la justice ou la nécessité, que pour le plaisir de se porter son accusateur?

Præter hoc tamen, quod est commune, propriam moderationem quædam causæ desiderant : quapropter et qui curationem bonorum patris postulabit, doleat ejus valetudine; et quamlibet gravia filio pater objecturus, miserrimam sibi ostendat esse hanc ipsam necessitatem; nec hoc paucis modo verbis, sed toto colore actionis, ut id eum non dicere modo, sed etiam vere dicere appareat. Nec causanti pupillo sic tutor irascatur unquam, ut non remaneant amoris vestigia, et sacra quædam patris ejus memoria. Jam quomodo contra abdicantem patrem, querentem uxorem, agi causam oporteret, in libro, ut arbitror, septimo dixi. Quando etiam ipsos loqui, quando advocati voce uti deceat, quartus liber, in quo procemii præcepta sunt, continet.

Esse in verbis quod deceat, aut turpe sit, nemini dubium est : unum jam igitur huic loco, quod est sane summæ difficultatis, adjiciendum videtur, quibus modis ea, quæ sunt natura parum speciosa, quæque non dicere, si utrumlibet esset liberum, maluissemus, non tamen sint indecora dicentibus. Quid asperiorem habere frontem potest, aut quid aures hominum magis respuunt, quam quum est filio, filiive advocatis in matrem perorandum? Aliquando tamen necesse est, ut in causa Cluentii Habiti : sed non semper illa via, qua contra

Outre cette recommandation qui est générale, il est des causes qui exigent une modération particulière. Ainsi, celui qui demandera l'interdiction de son père, gémira sur son état de maladie, et réciproquement un père qui citera son fils en justice, quelque graves reproches qu'il ait d'ailleurs à lui faire, paraîtra n'obéir qu'à la plus déplorable nécessité ; non pas en peu de mots et seulement pour parler, mais avec un accent vrai, profond, qui anime et colore tout le plaidoyer. Ainsi, un tuteur mis en cause par son pupille ne s'emportera jamais contre lui, jusqu'à ne laisser apercevoir aucune trace de tendresse, ou à ne tenir aucun compte de la mémoire du père qui doit lui être, en quelque sorte, sacrée. J'ai dit, je crois, dans le septième livre, comment un fils doit plaider contre son père qui le renonce, un mari contre sa femme qui l'accuse de mauvais traitemens ; le quatrième livre, où je traite de l'exorde, indique même dans quelles circonstances il convient que ces personnes plaident elles-mêmes, ou se servent du ministère d'un avocat.

Qu'il y ait des mots décens et des mots indécens, c'est ce dont personne ne doute. Ce qui me reste à enseigner sur cet article, et qui est d'une extrême difficulté, c'est par quels moyens on peut, sans blesser les convenances, dire certaines choses qui sont désagréables de leur nature, et qu'on aimerait mieux taire, si l'on en avait le choix. Par exemple, quoi de plus révoltant, au premier aspect, et qui répugne plus à entendre, qu'un fils plaidant lui-même, ou par avocats, contre sa mère? Cela pourtant peut être une nécessité, comme dans la cause de Cluentius Habitus, mais rarement emploie-t-on les moyens dont s'est servi Cicéron contre Sassia ; non qu'il ne s'en

Sassiam Cicero usus est; non quia non ille optime, sed quia plurimum refert, qua in re et quo modo lædat. Itaque illa, quum filii caput palam impugnaret, fortiter fuit repellenda : duo tamen, quæ sola supererant, divine Cicero servavit; primum, ne obivisceretur reverentiæ, quæ parentibus debetur; deinde ut, repetitis altius causis, diligentissime ostenderet, quam id, quod erat in matrem dicturus, non oporteret modo fieri, sed etiam necesse esset : primaque hæc expositio fuit, quamquam ad præsentem quæstionem nihil pertinebat; adeo in causa difficili atque perplexa nihil prius intuendum credidit, quam quid deceret : fecit itaque nomen parentis non filio invidiosum, sed ipsi, in quam dicebatur.

Potest tamen aliquando mater et in re leviore, aut minus infesta contra filium stare; tum lenior atque summissior decebit oratio : nam et satisfaciendo, aut nostram minuemus invidiam, aut etiam in diversum eam transferemus; et si graviter dolere filium palam fuerit, credetur abesse ab eo culpam, fietque ultro miserabilis. Avertere quoque in alios crimen decet, ut fraude aliquorum concita credatur; et omnia nos passuros, nihil aspere dicturos, testandum; ut etiamsi non possumus conviciari, nolle videamur : etiam, si quid objiciendum erit, officium est patroni, ut id filio invito, sed fide co

soit tiré très-habilement, mais parce qu'il importe de
bien considérer en quoi et comment on offense une mère.
Pour celle-ci, qui en voulait ouvertement aux jours de
son fils, elle ne méritait aucuns égards. Il y avait seulement deux points à ménager, et Cicéron y a mis un tact
admirable : c'était, premièrement, de ne pas oublier le
respect qu'un fils doit à sa mère ; ensuite, de démontrer,
en reprenant l'affaire de plus haut, combien tout ce qu'il
allait articuler contre Sassia était non-seulement nécessaire, mais indispensable à sa cause. Ce fut donc là sa
première exposition, quoiqu'au fond elle fût étrangère
à la question du procès, tant il jugea que dans une
cause aussi difficile, aussi délicate, ce qu'il devait envisager avant tout, c'était de ne pas violer les bienséances! aussi parvint-il à détourner du fils l'indignation
que ce nom de mère pouvait attirer sur lui, et la fit-il
retomber tout entière sur celle qui s'était montrée indigne de ce nom.

Cependant quelquefois une mère peut être en procès
avec son fils pour des intérêts qui n'ont rien de grave ni
d'odieux. Alors, la plaidoierie doit être sur un ton plus
conciliant et plus souple; car, en nous montrant disposés à donner des satisfactions, ou nous diminuerons la
prévention fâcheuse dont nous étions l'objet, ou même
nous la transporterons sur notre partie adverse; et s'il
est évident que le fils est péniblement affecté, on le jugera exempt de reproches et il n'en deviendra que plus
intéressant. C'est aussi une chose très-convenable à lui
de rejeter l'accusation sur d'autres et de faire croire que
sa mère obéit à quelque instigation étrangère : il témoignera encore qu'il est préparé à tout endurer plutôt que
de se permettre le moindre outrage ; en sorte que, n'eût-

gente, facere credatur; ita poterit uterque laudari. Quod de matre dixi, de utroque parente accipiendum est : nam inter patres etiam filiosque, quum intervenisset emancupatio, litigatum scio.

In aliis quoque propinquitatibus custodiendum est, ut inviti, et necessaria, et parce judicemur dixisse; magis autem, aut minus, ut cuique personæ debetur reverentia : eadem pro libertis adversus patronos observantia; et ut semel plura complectar, nunquam decebit sic adversus tales agere personas, quomodo contra nos agi ab hominibus conditionis ejusdem iniquo animo tulissemus.

Præstatur hoc aliquando etiam dignitatibus, ut libertatis nostræ ratio reddatur, ne quis nos aut petulantes in lædendis eis, aut etiam ambitiosos putet : itaque Cicero, quamquam erat in Cottam gravissime dicturus, neque aliter agi P. Oppii causa poterat, longa tamen præfatione excusavit officii sui necessitatem : aliquando etiam inferioribus, præcipueque adolescentulis, parcere, aut mederi decet : utitur hac moderatione Cicero pro Cœlio contra Atracinum, ut eum non inimice corripere, sed pæne patrie monere videatur : nam et nobi-

il même aucun motif d'injurier, cette modération paraisse tenir à sa seule volonté. Que si c'est un avocat, et qu'il ait quelque grief à reprocher à la mère de son client, son devoir est aussi de faire croire qu'il parle contre le gré du fils, et parce que son ministère l'y oblige; de cette manière l'un et l'autre pourront s'attirer des louanges. Ce que je dis de la mère doit s'entendre également du père, car je sais qu'après l'émancipation il y a souvent eu procès entre des pères et leurs enfans.

Tenons la même conduite à l'égard des autres parens; laissons toujours voir que nous ne plaidons contre eux qu'à regret, que nous ne disons que ce qui est nécessaire, et rien au delà, et usons de plus ou de moins de modération suivant le respect que nous leur devons. Je recommanderai les mêmes ménagemens aux affranchis vis-à-vis de leurs patrons, et pour tout dire en une fois, il ne sera jamais séant de plaider contre certaines personnes, de la manière dont nous serions fâchés qu'elles plaidassent contre nous-mêmes.

Quelquefois, par déférence pour le rang de nos adversaires, nous cherchons à justifier notre hardiesse, de peur qu'on ne la taxe d'insolence ou d'outrage, ou qu'on n'y voie l'envie de faire un éclat. Cicéron, plaidant pour P. Oppius, et ayant, dans l'intérêt de son client, des choses très-fortes à dire contre Cotta, s'excuse, dans un long préambule, sur la rigidité de ses devoirs. Quant aux inférieurs mêmes, surtout si ce sont des jeunes gens, il vaut quelquefois mieux les ménager et chercher à les ramener. Avec quelle modération Cicéron ne plaide-t-il pas contre Atracinus! loin de le poursuivre comme un ennemi, il a presque le ton d'un père qui donne des conseils à son fils : c'est qu'Atracinus

lis et juvenis; et non injusto dolore venerat ad accusandum.

Sed in his quidem, in quibus vel judici, vel etiam astantibus ratio nostræ moderationis probari debet, minor est labor; illic plus difficultatis, ubi ipsos, contra quos dicimus, veremur offendere. Duæ simul hujusmodi personæ Ciceroni pro Murena dicenti obstiterunt, M. Catonis Serviique Sulpicii : quam decenter tamen Sulpicio, quum omnes concessisset virtutes, scientiam petendi consulatus ademit! Quid enim aliud esset, quo se victum homo nobilis et juris antistes magis ferret? Ut vero rationem defensionis suæ reddidit, quum se studuisse petitioni Sulpicii contra honorem Murenæ, non idem debere actioni contra caput, diceret! Quam molli autem articulo tractavit Catonem! cujus naturam summe admiratus, non ipsius vitio, sed stoicæ sectæ, quibusdam in rebus factam duriorem videri volebat : ut inter eos non forensem contentionem, sed studiosam disputationem crederes incidisse.

Hæc est profecto ratio, et, certissimum præceptorum genus, illius viri observatio, ut, quum aliquid detrahere salva gratia velis, concedas alia omnia : in hoc solo vel minus peritum, quam in cæteris, adjecta, si poterit

était un jeune homme, et de bonne famille, et que la douleur qui le faisait poursuivre Célius avait un motif respectable.

Au surplus, il ne faut pas de grands efforts pour donner à son juge ou à son auditoire une preuve de sa modération ; le plus difficile, c'est quand on craint d'offenser ceux mêmes contre qui l'on plaide. Cicéron, dans son plaidoyer pour Muréna, eut à lutter contre deux obstacles de ce genre, dans les personnes de M. Caton et de Servius Sulpicius. Cependant avec quelle grâce, en accordant à ce dernier les qualités les plus estimables, il lui dénie l'art de réussir dans la demande du consulat! Sur quel autre point en effet un homme de la naissance de Sulpicius, et d'un si haut mérite comme jurisconsulte, pouvait-il moins rougir de s'avouer vaincu ? Avec quelle dignité il rend compte des motifs qui lui ont fait embrasser la défense de Muréna, lorsqu'il dit que, s'il a dans le temps favorisé les prétentions de Sulpicius contre l'élévation de Muréna, ce n'est pas une raison pour qu'il concourre avec lui à sa perte ! Mais c'est surtout envers Caton qu'il use des plus doux ménagemens. Après avoir professé la plus haute admiration pour son caractère, il rejette, non sur lui, mais sur la secte des stoïciens dont il suivait les leçons, ce que ce caractère pouvait paraître avoir contracté de trop dur en certaines choses. Vous diriez qu'il ne s'agit point entr'eux d'une contestation judiciaire, mais d'une simple discussion philosophique.

Voilà certainement la meilleure règle de conduite : aussi le précepte le plus sûr est-il de s'attacher à suivre Cicéron. Voulez-vous donc contester un avantage à votre adversaire, sans le fâcher ; ne faites pas difficulté

fieri, etiam causa, cur id ita sit, vel paulo pertinaciorem, vel credulum, vel iratum, vel impulsum ab aliis. Hoc illis commune remedium est, si in tota actione aequaliter appareat non honor modo, sed etiam caritas: praeterea causa sit nobis justa sic dicendi; neque id moderate tantum faciamus, sed etiam necessario.

Diversum ab hoc, sed facilius, quum hominum aut alioqui turpium, aut nobis invisorum quaedam facta laudanda sunt : decet enim rem ipsam probare in qualicunque persona. Dixit Cicero pro Gabinio et P. Vatinio, inimicissimis antea sibi hominibus, et in quos orationes etiam scripserat : verum causa justa fit fatendo, non se de ingenii fama, sed de fide esse sollicitum. Difficilior ei ratio in judicio Cluentiano fuit, quum Scamandrum necesse haberet dicere nocentem, cujus egerat causam : verum illud elegantissime, quum eorum, a quibus ad se perductus esset, precibus, tum etiam adolescentia sua excusat; detracturus alioqui plus auctoritatis, si, in causa praesertim suspecta, se eum esse, qui temere nocentes reos susciperet, fateretur.

de lui accorder tous les autres; dites seulement qu'il est moins habile en cela que dans le reste, et expliquez pourquoi, si cela se peut, en disant, par exemple, qu'il est trop opiniâtre, ou trop confiant, ou trop vif, ou qu'il se laisse trop aller à l'influence d'autrui. Un remède d'une application générale à ces sortes de causes, c'est de faire éclater, d'un bout à l'autre du plaidoyer, des sentimens d'honnêteté et même de bienveillance; c'est de faire voir qu'on a les motifs les plus légitimes pour plaider de telle sorte, et que, non-seulement on y met de la modération, mais qu'on ne cède qu'à la nécessité.

L'embarras contraire, mais dont on sort plus aisément, c'est d'avoir à louer certaines actions dans des hommes d'ailleurs décriés ou que nous haïssons; car une chose louable mérite qu'on la loue, de quelque part qu'elle vienne. Cicéron a défendu Gabinius et P. Vatinius qui avaient été ses plus mortels ennemis, et contre lesquels il avait même écrit des plaidoyers; mais il a soin de justifier cette défense, en déclarant que ce n'est pas pour montrer les ressources de son esprit, mais par devoir et par conviction qu'il s'en est chargé. Sa position était plus délicate dans l'affaire de Cluentius où il était obligé de présenter, comme coupable, un certain Scamandre qu'il avait jadis défendu. Il se tire de ce mauvais pas avec une élégance exquise, en alléguant, d'une part, les instances de ceux qui lui avaient amené Scamandre; de l'autre, sa propre inexpérience et sa jeunesse; car il eût bien plus compromis son crédit, en donnant à croire, surtout dans une cause suspecte, qu'il fût homme à se charger légèrement de la défense d'un coupable.

Apud judicem vero quod aut propter alienum commodum in causa, quam susceperimus, aut suum, ut persuadendi ardua ratio, ita dicendi expeditissima : fiducia enim justitiæ ejus nostræ causæ nihil nos timere simulabimus : ipse erit gloria inflandus, ut tanto clarior futura sit fides ac religio in pronunciando, quanto minus vel offensæ, vel utilitati suæ indulserit. Hoc et apud eos, a quibus appellatum erit, si forte ad eosdem remittemur; adjicienda ratio vel necessitatis alicujus, si id causæ cedit, vel erroris, vel suspicionis : tutissimum ergo pœnitentiæ confessio, et satisfactio culpæ; perducendusque omni modo judex ad iræ pudorem.

Accidit etiam nonnunquam eadem causa, de qua pronunciarit, cognoscatque iterum : tum illud quidem commune, apud alium nos judicem disputaturos de illius sententia non fuisse; neque enim emendari ab alio, quam ipso, fas esse : cæterum ex causa, ut quæque permittet, aut ignorata quædam, aut defuisse testes, aut (quod timidissime, et si nihil aliud plane fuerit, dicendum est) patronos non suffecisse, succurret. Etiam si apud alios judices agetur, ut in secunda assertione, aut in centumviralibus judiciis duplicibus, parte victa, decentius erit, quoties contigerit servare judicum pudorem : de qua re latius probationum loco dictum est.

Si la cause est telle que le juge y soit intéressé directement ou indirectement, autant alors nous aurons de peine à le persuader, autant nous serons à l'aise pour parler. Nous affecterons donc une grande confiance dans sa justice, et, par suite, une entière sécurité pour notre cause. Nous le prendrons par la gloire; nous lui dirons qu'il fera d'autant plus éclater son intégrité et sa religion, qu'il aura moins cédé à son ressentiment ou à son intérêt. Nous agirons de même si, après en avoir appelé dans une affaire, nous sommes renvoyés devant nos premiers juges, en ajoutant le prétexte de la nécessité, si la cause le comporte, ou en nous excusant sur une erreur ou sur un soupçon. Le plus sûr alors est de marquer du repentir, d'offrir satisfaction de sa faute et d'amener le juge, par tous les moyens possibles, à se faire scrupule d'écouter sa colère.

Souvent aussi il arrive qu'une cause sur laquelle un juge avait déjà prononcé, lui est de nouveau déférée. Dans ce cas, nous dirons, en général, que si nous avions à parler devant un autre juge, nous ne reviendrions pas sur la première sentence, parce qu'il n'appartient qu'à celui qui l'a rendue, de la réformer; ensuite, nous saisissant des moyens que pourra offrir la cause, nous dirons qu'il y avait des circonstances ignorées qu'on a sues depuis, qu'il a manqué des témoins essentiels, ou qu'enfin les premiers avocats n'ont pas dit tout ce qu'il fallait dire; mais nous n'insisterons sur ce dernier point que très-faiblement, et à défaut d'autre raison. Que si même nous avons affaire à de nouveaux juges, comme il est d'usage lors du second jugement qui a lieu dans les causes qui intéressent la liberté d'une personne, ou dans les appels d'une section des centumvirs à une autre,

Potest evenire, ut in aliis reprehendenda sint, quæ ipsi fecerimus; ut objicit Tubero Ligario, *quod in Africa fuerit*. Et ambitus quidam damnati, recuperandæ dignitatis gratia reos ejusdem criminis detulerunt; ut in scholis luxuriantem patrem luxuriosus ipse juvenis accusat : id quomodo decenter fieri possit, equidem non invenio, nisi aliquid reperitur, quod intersit, *persona, ætas, tempus, causa, locus, animus*. Tubero juvenem se patri hæsisse, illum a senatu missum non ad bellum, sed ad frumentum coemendum ait; ut primum licuerit, a partibus recessisse; Ligarium et perseverasse, et non pro Cn. Pompeio, inter quem et Cæsarem dignitatis fuerit contentio, quum salvam uterque rempublicam vellet, sed pro Juba atque Afris inimicissimis populo romano stetisse.

Cæterum vel facillimum est, ibi alienam culpam incusare, ubi fateris tuam : verum id jam indicis est, non actoris. Quod si nulla contingit excusatio, sola colorem habet pœnitentia : potest enim videri satis emendatus, qui in odium eorum, in quibus erraverat, ipse conversus est.

par la partie qui a succombé en première instance, il sera toujours plus décent de ménager, autant que possible, l'honneur des premiers juges. C'est ce que j'ai amplement expliqué en parlant des *preuves**.

Il peut advenir encore que nous ayons à poursuivre dans les autres ce que nous avons fait nous-mêmes. Ainsi Tubéron fait un crime à Ligarius d'être allé en Afrique; ainsi des gens condamnés pour cause de brigue en dénoncent d'autres, coupables du même crime, afin d'être rétablis dans leurs dignités; ainsi, dans les sujets de déclamation des écoles, un père livré à la débauche est accusé par son fils, souillé du même vice. Je ne vois guère comment on peut se tirer décemment de tout cela, à moins de faire valoir quelque différence résultant de la personne, de l'âge, du temps, du motif, du lieu, de l'intention. Tubéron dit, par exemple, que, jeune encore, il avait suivi son père qui avait été envoyé en Afrique par le sénat, non pour prendre part à la guerre, mais pour acheter des blés, et que, dès qu'il l'a pu, il s'est retiré : quant à Ligarius, ajoutait-il, il est resté, non pas pour embrasser le parti de Pompée dans sa lutte avec César, ce qui eût été excusable, puisque tous deux voulaient le salut de la république, mais pour s'attacher à Juba et aux Africains, ennemis irréconciliables du peuple romain.

Du reste, rien de plus facile que d'accuser dans autrui des torts qu'on a soi-même, si l'on s'en croit quitte pour avouer les siens; mais c'est le fait d'un délateur et non celui d'un avocat. Là où il n'y a pas d'excuse à alléguer, le repentir seul peut donner de la couleur au plaidoyer; car, au moins, on peut paraître suffisamment amendé,

* Liv. v, chap. 2.

Sunt enim quidam, qui hoc natura ipsa rei non indecens faciant; ut quum pater ex meretrice natum, quod duxerit meretricem in matrimonium, abdicat : scholastica materia, sed non, quæ non possit accidere : hic igitur multa non deformiter dicet; vel quod omnium sit votum parentum, ut honestiores, quam sint ipsi, liberos habeant (nam et, filia nata, meretrix eam mater pudicam esse voluisset), vel quod humilior ipse fuerit (licet enim hoc dicere), vel quod non habuerit patrem, qui moneret; quin eo minus id faciendum filio fuisse, ne renovaret domus pudorem et exprobraret patri nuptias, matri prioris vitæ necessitatem; ne denique legem quamdam suis quoque subinde liberis daret : credibilis erit etiam propria quædam in illa meretrice turpitudo, quam nunc hic pater ferre non possit : alia prætereo; neque enim nunc declamamus, sed ostendimus nonnunquam posse dicentem ipsis incommodis bene uti.

Illic major æstus, ubi quis pudenda queritur, ut stuprum, præcipue in maribus, aut os profanatum : non

si l'on témoigne une véritable aversion pour les erreurs dans lesquelles on était tombé.

Ainsi, il est certaines actions qu'on peut, sans inconvenance, reprocher à d'autres, quoiqu'on les ait faites soi-même. Un père déshérite son fils né de son mariage avec une courtisane, parce que ce fils en a épousé une à son tour. C'est un sujet des écoles, mais qui peut se rencontrer au barreau. Ici, le père n'a-t-il pas une foule de raisons bienséantes à faire valoir? ne peut-il pas dire que c'est un désir naturel à tous les parens de vouloir que leurs enfans soient plus honnêtes qu'eux, ce qui est si vrai, qu'une prostituée même, s'il lui naît une fille, veut que cette fille soit élevée dans des sentimens de pudeur? ne peut-il ajouter qu'il était né, lui, dans une condition moins honorable que son fils, car il peut faire cet aveu, ou qu'il n'avait pas un père pour l'avertir de ses écarts? que son fils devait d'autant moins se permettre une pareille union, que c'est renouveler l'affront de sa maison, et reprocher tout à la fois à son père le mariage qu'il a fait jadis, et à sa mère la honteuse nécessité de sa vie passée; qu'enfin, c'est en quelque sorte tracer la route de l'infamie à ses descendans? On peut admettre aussi qu'il y a dans la courtisane en question un cachet particulier d'opprobre que le père, dans sa position actuelle, ne saurait endurer. Je fais grâce de bien d'autres motifs, car je ne prétends point faire une déclamation, mais seulement montrer qu'il est des causes où l'orateur peut tirer parti de ce qui même lui semble le plus contraire.

On a de plus grandes difficultés à vaincre, lorsqu'il s'agit d'un de ces outrages qu'on ne peut exprimer sans

dico, si loquatur ipse; nam quid aliud ei, quam gemitus ac fletus, et exsecratio vitæ conveniat? ut judex intelligat potius dolorem illum, quam audiat : sed patrono quoque per similes affectus eundum erit, quia hoc injuriæ genus verecundius inest passis, quam ausis.

Mollienda est in plerisque alio colore asperitas orationis, ut Cicero de proscriptorum liberis fecit : quid enim crudelius, *quam homines, honestis parentibus ac majoribus natos, a republica summoveri ?* Itaque durum id esse summus ille tractandorum animorum artifex confitetur; sed ita legibus Sullæ cohærere statum civitatis affirmat, ut his solutis stare ipsa non possit : assecutus itaque est, ut aliquid eorum quoque causa videretur facere, contra quos diceret.

Illud etiam in jocis monui, quam turpis esset fortunæ insectatio; et ne in totos ordines, aut gentes, aut populos, petulantia incurreret : sed interim fides patrocinii cogit quædam de universo genere aliquorum hominum dicere, vel libertinorum, vel militum, vel publicanorum, vel similiter aliorum; in quibus omnibus commune remedium est, ut ea, quæ lædunt, non libenter

rougir, comme ces violences faites à l'honneur, surtout dans notre sexe; je ne dis pas seulement si c'est la personne outragée qui se plaint elle-même, car qu'y a-t-il qui convienne mieux à sa situation que de gémir, de verser des larmes, et de protester qu'elle a désormais la vie en horreur, pour que le juge ne se borne pas à entendre sa douleur, mais qu'il la comprenne et s'en pénètre? je dis que l'avocat lui-même doit se montrer affecté des mêmes sentimens, parce que de pareils attentats inspirent bien plus de honte à ceux qui les ont soufferts, qu'à ceux qui les ont osés.

C'est avec une tout autre couleur qu'il faut, dans la plupart des situations, adoucir ce que le plaidoyer a de trop sévère; et c'est ce qu'a fait Cicéron, à l'égard des fils des proscrits. *Quoi de plus cruel en effet,* comme il le dit, *que d'exclure, des charges de la république, des hommes nés de parens honorables et comptant d'illustres ancêtres?* puis, en homme qui sait habilement manier les esprits, tout en avouant que cette conduite a quelque chose de dur, il ajoute que, cependant, le sort de l'état est tellement lié au maintien des lois de Sylla, que sans elles il ne pourrait subsister. Il eut l'air ainsi de prendre les intérêts de ceux contre lesquels il plaidait.

J'ai déjà remarqué, en traitant du rire, combien il était indécent d'insulter au malheur, et j'ai en même temps recommandé de ne jamais prendre à partie, soit des ordres de citoyens tout entiers, soit des nations, soit des peuples. Cela souffre néanmoins quelques exceptions. Le ministère d'un avocat l'oblige quelquefois à parler de certaines classes d'hommes, comme les affranchis, les militaires, les traitans ou autres : en ce cas, règle générale, il faut paraître se faire violence pour laisser

tractare videaris; nec in omnia impetum facias, sed in id, quod expugnandum est; et reprehendens, alia laude compenses : sic cupidos milites dicas, sed non mirum, quod periculorum ac sanguinis majora sibi deberi præmia putent; eosdem petulantes, sed hoc fieri, quod bellis magis, quam paci, assueverint : libertinis detrahenda est auctoritas; licet iis testimonium reddere industriæ, per quam exierint de servitute.

Quod ad nationes exteras pertinet, Cicero varie : detracturus *Græcis* testibus fidem, doctrinam iis concedit ac litteras, seque ejus gentis amatorem esse profitetur; *Sardos* contemnit; *Allobrogas* ut hostes insectatur : quorum nihil tunc, quum diceretur, parum aptum, aut remotum cura decoris fuit.

Verborum etiam moderatione detrahi solet, si qua est rei invidia, si *asperum* dicas *nimium severum, injustum persuasione labi, pertinacem* ultra modum *tenacem esse propositi* : plerumque velut ipsos coneris ratione vincere, quod est mollissimum. Indecorum est super hæc omne nimium; ideoque etiam quod natura rei satis aptum est, nisi modo quoque temperatur, gratiam perdit : cujus rei observatio judicio magis quodam sentiri, quam præceptis tradi potest. Quantum satis

échapper quelque chose d'offensant; ne pas attaquer tout indistinctement, mais seulement ce qui est attaquable, et, en blâmant sous un rapport, louer par compensation sous d'autres. Dites-vous que les militaires sont avides; ajoutez que cela n'est pas étonnant, parce qu'ils ne se croient jamais assez payés des dangers qu'ils affrontent, et du sang qu'ils versent pour la défense de l'état. Les représentez-vous insolens, querelleurs; c'est qu'ils sont plus habitués au tumulte des camps qu'à la paix des cités. S'agit-il de décrier les affranchis; rien n'empêche de rendre d'ailleurs justice à leur industrie qui les a tirés de l'esclavage.

Quant à ce qui regarde les nations étrangères, Cicéron a traité ce point sur des tons variés. Ainsi, avant d'infirmer la déposition de quelques témoins grecs, dans une affaire, il accorde aux Grecs le domaine des sciences et des lettres, et fait ouvertement profession de les aimer; il affiche, au contraire, du mépris pour les Sardes, et traite les Allobroges en ennemis : et, dans tout cela, il n'y avait rien qui fût mal placé ou inconvenant, eu égard aux circonstances dans lesquelles il parlait.

On parvient aussi à adoucir, avec de la modération dans les termes, ce que des reproches auraient de trop cru. Par exemple, si un homme est dur, dites qu'il est trop sévère; s'il est injuste, dites qu'il se trompe de bonne foi; s'il est opiniâtre, qu'il tient trop à ses idées : enfin, conduisez-vous comme si vous cherchiez à ramener vos adversaires par la raison; c'est un moyen de bon goût. Disons en outre que tout ce qui est excessif, pèche, par cela même, contre les bienséances, et qu'ainsi ce qui est convenable en soi, perd tout son prix si l'on n'y garde encore de la mesure. Mais, à cet égard, c'est un certain

sit, et quantum recipiant aures. Non habet hæc res mensuram et quasi pondus, quia, ut in cibis, alia aliis magis complent.

Adjiciendum etiam breviter videtur, quod fere dicendi virtutes diversissimæ non solum suos amatores habeant, sed ab eisdem sæpe laudentur : nam Cicero quodam loco scribit, *id esse optimum, quod quum te facile credideris consequi imitatione, non possis* : alio vero, *non id egisse, ut ita diceret, quomodo se quilibet posse confideret, sed quomodo nemo.* Quod potest pugnare inter se videri : verum utrumque, ac merito, laudatur : causarum enim modo distat; quia simplicitas illa, et velut securitas inaffectatæ orationis, mire tenues causas decet; majoribus illud admirabile dicendi genus magis convenit : in utroque eminet Cicero : ex quibus alterum imperiti se posse consequi credent; neutrum, qui intelligunt.

CAPUT II.

De memoria.

Memoriam quidam naturæ modo esse munus existimaverunt, estque in ea non dubie plurimum, sed ipsa excolendo, sicut alia omnia, augetur; et totus, de quo

tact qui doit nous guider, bien plus que les préceptes, et nous faire juger quand il convient de s'arrêter, pour ne pas rebuter l'oreille. Il n'y a pour cela ni poids ni mesure; il en est comme des alimens, dont les uns rassasient plus que les autres.

Je crois devoir ajouter aussi en peu de mots, que, dans l'éloquence, non-seulement les qualités les plus opposées ont des partisans, mais que souvent les mêmes personnes louent ces qualités diverses. Cicéron a écrit quelque part, *que le meilleur langage est celui qu'on ne peut attraper, quoiqu'il paraisse le plus facile à imiter;* et il dit ailleurs, *qu'il a fait en sorte de parler, non comme tout autre aurait pu parvenir à le faire, mais comme personne n'eût osé l'espérer.* Cela paraît contradictoire, et cependant est vrai : ces deux sortes d'éloquence ont un égal mérite ; la différence ne gît que dans le sujet. Car cette simplicité, cet abandon d'un langage où rien ne paraît étudié, convient merveilleusement aux petites causes, tandis que la pompe du style sied mieux aux grandes. Cicéron excelle dans les deux genres. Le premier ne paraît facile qu'aux ignorans; les gens éclairés savent que ni l'un ni l'autre ne l'est.

CHAPITRE II.

De la mémoire.

La mémoire, suivant quelques-uns, est un pur don de la nature, et nul doute que la nature n'y soit pour beaucoup; mais la mémoire, comme toutes nos autres facultés, s'accroît quand on la cultive, et toutes ces études

diximus adhuc, inanis est labor, nisi cæteræ partes hoc velut spiritu continentur : nam et omnis disciplina memoria constat, frustraque docemur, si, quidquid audimus, præterfluat, et exemplorum, legum, responsorum, dictorum denique factorumque velut quasdam copias, quibus abundare, quasque in promptu semper habere debet orator, eadem illa vis repræsentat : neque immerito *thesaurus* hic *eloquentiæ* dicitur.

Sed non firme tantum continere, verum etiam cito percipere multa acturos oportet, nec quæ scripseris modo iterata lectione complecti, sed in cogitatis quoque rerum ac verborum contextum sequi; et, quæ sint ab adversa parte dicta, meminisse ; nec utique ea, quo dicta sunt ordine, refutare, sed opportunis locis ponere. Quid? extemporalis oratio nec alio mihi videtur mentis vigore constare : nam dum alia dicimus, quæ dicturi sumus, intuenda sunt; ita quum semper cogitatio ultra id, quod est, longius quærit, quidquid interim reperit, quodammodo apud memoriam deponit; quod illa, quasi media quædam manus, acceptum ab inventione tradit elocutioni.

Non arbitror autem mihi in hoc immorandum, quid sit, quod memoriam faciat; quamquam plerique imprimi quædam vestigia animo, velut in ceris annulorum signa serventur, existimant : neque ero tam credulus, ut quasi

dont nous avons parlé seraient vaines, si elle ne venait en quelque sorte leur donner une âme; car il n'est pas de science qui puisse se passer de mémoire, et l'on perdrait son temps à être enseigné, si l'on ne pouvait rien retenir de ce que l'on entend. C'est à la force de cette faculté que nous devons cet appareil d'exemples, de lois, de réponses, de dits et de faits, qu'un orateur ne peut se dispenser d'avoir continuellement en abondance, et pour ainsi dire sous la main. Aussi, est-ce à juste titre qu'elle est appelée *le trésor de l'éloquence*.

Mais, lorsqu'on a un grand nombre d'objets à traiter, il ne suffit pas que la mémoire soit fidèle, il faut encore que la perception soit prompte; il ne suffit pas de bien s'inculquer ce qu'on a écrit, en le lisant à plusieurs reprises, il faut encore, dans ce qu'on n'a que médité, s'assujétir à la liaison des pensées et des mots, se rappeler ce qui a été dit par la partie adverse, et le réfuter, non pas toujours dans le même ordre, mais dans le lieu le plus convenable. Le dirai-je? c'est dans cette seule vigueur de l'esprit qu'est tout le secret de l'improvisation. En effet, pendant que nous parlons, nous avons à envisager ce qui suivra; et, comme la pensée se porte sans cesse au delà du moment présent, tout ce qu'elle rencontre en chemin, elle le confie comme un dépôt à la mémoire, et celle-ci fait l'office d'une main tierce qui remet à l'élocution ce qu'elle a reçu de l'invention.

Je ne m'arrêterai pas ici à examiner ce qui produit la mémoire, quoiqu'on pense généralement qu'il s'imprime dans notre esprit des traces qui s'y conservent comme l'empreinte de nos anneaux sur la cire. Pour moi, je m'efforcerais en vain de croire qu'une sorte de procédé

habitu tardiorem firmioremque memoriam fieri putem. Ejus autem, quod ad animum pertinet, magis admirer naturam, subito res vetustas, tanto ex intervallo repetitas, reddere se et offerre; nec tantum requirentibus, sed etiam sponte interim; nec vigilantibus, sed etiam quiete compositis : eo magis quod illa quoque animalia, quæ carere intellectu videntur, meminerunt et agnoscunt, et quamlibet longo itinere deducta ad assuetas sibi sedes revertuntur. Quid? non hæc varietas mira est, excidere proxima, vetera inhærere? hesternorum immemores, acta pueritiæ recordari? Quid? quod quædam requisita se occultant, et eadem forte succurrunt? nec manet semper memoria, sed aliquando etiam redit?

Nesciretur tamen, quanta vis esset ejus, quanta divinitas illa, nisi hoc lumen orandi extulisset. Non enim rerum modo, sed etiam verborum ordinem præstat; nec ea pauca contexit, sed durat prope in infinitum, et in longissimis actionibus prius audiendi patientia, quam memoriæ fides deficit. Quod et ipsum argumentum est, subesse artem aliquam, juvarique ratione naturam; quum iidem docti facere illud, indocti et inexercitati non possimus; quamquam invenio apud Platonem, obstare memoriæ usum litterarum; videlicet quod illa, quæ

mécanique puisse rendre la mémoire plus lente ou plus sûre ; bornons-nous donc à admirer ses effets par rapport à l'âme. Quoi de plus merveilleux? les idées les plus anciennes, que le temps devrait avoir effacées, renaissent tout à coup et se présentent sans que nous les cherchions, et cela, non-seulement quand nous sommes éveillés, mais même quand nous dormons. Ce phénomène se remarque aussi chez les animaux qui nous paraissent privés d'intelligence : ils se souviennent; ils reconnaissent et regagnent leur gîte accoutumé, quoiqu'ils en soient séparés par de longs détours. Que dire ensuite de ces accidens si variés, si bizarres de la mémoire? ce que nous venons de faire nous échappe; les plus vieilles impressions nous restent; nous oublions des choses d'hier, et nous nous rappelons les actes de notre enfance; certaines idées se dérobent obstinément quand nous les poursuivons, et nous reviennent au moment où nous y pensons le moins; enfin, la mémoire se perd et la mémoire renaît.

Cependant, on ne saurait pas tout ce dont cette faculté est capable, tout ce qu'il y a en elle de vraiment divin, sans les miracles qu'elle opère dans l'éloquence. C'est là qu'on admire l'ordre qu'elle met, non-seulement dans les pensées, mais dans les mots; et ce n'est pas à dire qu'elle embrasse peu de choses à la fois : son action, au contraire, est presque infinie, et, dans les plus longs plaidoyers, la patience de l'auditeur se lasse plutôt que la mémoire ne manque à l'orateur : ce qui est la preuve que l'art ne lui est pas étranger, et que la nature peut être secondée par la méthode, puisque, ce que font en ce genre les habiles, on le tenterait vainement, faute de science et d'exercice. Je trouve pourtant dans Platon

scriptis reposuimus, velut custodire desinimus, et ipsa securitate dimittimus. Nec dubium est, quin plurimum in hac parte valeat mentis intentio, et velut acies luminum a prospectu rerum, quas intuetur, non aversa : unde accidit, ut quæ per plures dies scribimus ediscendi causa, cogitatione ipsa contineat.

Artem autem memoriæ primus ostendisse dicitur Simonides; cujus vulgata fabula est, quum pugili coronato carmen, quale componi victoribus solet, mercede pacta scripsisset, abnegatam ei pecuniæ partem, quod more poetis frequentissimo digressus in laudes Castoris ac Pollucis exierat : quapropter partem ab iis petere, quorum facta celebrasset, jubebatur; et persolverunt, ut traditum est : nam quum esset grande convivium in honorem ejusdem victoriæ, atque adhibitus ei cœnæ Simonides, nuncio est excitus, quod eum duo juvenes, equis advecti, desiderare majorem in modum dicebantur : et illos quidem non invenit, fuisse tamen gratos erga se deos exitu comperit. Nam, vix eo limen egresso, triclinium illud supra convivas corruit, atque ita confudit, ut non ora modo oppressorum, sed membra etiam omnia requirentes ad sepulturam propinqui nulla nota possent discernere. Tum Simonides dicitur memor ordine, quo quisque discubuerat, corpora suis reddidisse.

que l'usage des lettres est un obstacle à la mémoire, sans doute parce que, nous fiant trop légèrement à ce que nous avons déposé par écrit, cette sécurité même fait qu'il nous échappe. Il est certain que le meilleur moyen de se souvenir d'une chose, c'est d'y avoir l'esprit fortement appliqué, et de ne jamais la perdre de vue. Aussi ce que nous écrivons plusieurs jours de suite, pour l'apprendre, finit-il par s'identifier avec nos pensées.

On prétend que Simonide est le premier qui ait réduit la mémoire en art, et voici la fable qu'on raconte de lui. Il avait, moyennant une somme convenue, composé, à la louange d'un athlète qui avait remporté le prix du pugilat, une de ces pièces de vers qu'il est d'usage de faire pour les vainqueurs. On lui refusa de lui payer une partie de cette somme, parce que, suivant la méthode des poètes, il s'était étendu en digressions un peu longues sur Castor et Pollux, et il lui fut conseillé ironiquement de s'adresser pour le surplus aux demi-dieux dont il avait chanté les hauts faits. Ceux-ci acquittèrent galamment leur dette, s'il faut croire ce qu'on rapporte; car, un grand repas s'étant donné pour célébrer cette victoire, et Simonide y étant invité, un exprès vint lui dire, pendant qu'il était à table, que deux jeunes cavaliers désiraient lui parler : il ne les trouva pas, mais l'issue montra qu'il n'avait pas eu affaire à des ingrats : à peine eut-il le pied hors du seuil de la maison, que la salle du festin s'écroula sur les convives, et les mutila si horriblement, que, lorsqu'il fut question de leur donner la sépulture, leurs parens ne purent les reconnaître, ni à leurs traits, ni à leurs formes. Alors, ajoute-t-on, Simonide, qui se rappelait parfaitement l'ordre dans le-

Est autem magna inter auctores dissensio, Glaucone Carystio, an Leocrati, an Agatharcho, an Scopæ scriptum sit id carmen; et Pharsali fuerit hæc domus, ut ipse quodam loco significare Simonides videtur, atque Apollodorus et Eratosthenes et Euphorion et Larissæus Eurypylus tradiderunt; an Cranone, ut Apollas Callimachus, quem secutus Cicero hanc famam latius fudit. Scopam nobilem Thessalum periisse in eo convivio constat, adjicitur sororis filius; putant et ortos plerosque ab alio Scopa, qui major ætate fuerit. Quamquam mihi totum de Tyndaridis fabulosum videtur; neque omnino hujus rei meminit usquam poeta ipse, profecto non taciturus de tanta sua gloria.

Ex hoc Simonidis facto notatum videtur, juvari memoriam signatis animo sedibus, idque credere suo quisque experimento : nam quum in loca aliqua post tempus reversi sumus, non ipsa agnoscimus tantum, sed etiam, quæ in his fecerimus, reminiscimur, personæque subeunt, nonnunquam tacitæ quoque cogitationes in mentem revertuntur : nata est igitur, ut in plerisque, ars ab experimento.

quel chacun des convives était placé, parvint à rendre leurs corps à leurs parens.

Les auteurs ne s'accordent pas sur le nom du héros chanté par Simonide, si c'était Glaucon Carystius, ou Léocrate, ou Agatharque, ou Scopas; ils ne s'accordent pas davantage sur le lieu où était située la maison, si c'était à Pharsale, comme Simonide lui-même semble le faire entendre quelque part, et comme l'ont rapporté Apollodore, Ératosthène, Euphorion et Eurypyle de Larisse, ou bien à Cranon, comme le prétend Apollas Callimaque, d'après lequel Cicéron a donné cours à cette histoire. Ce qui paraît constant, c'est qu'un noble Thessalien nommé Scopas périt dans ce festin. On ajoute que le fils de sa sœur y périt également, ainsi que la plupart des descendans d'un autre Scopas plus ancien. Du reste, tout ce récit sur les Tyndarides m'a bien l'air d'un conte, car le poète n'en fait mention nulle part, et, certes, il n'aurait pas gardé le silence sur un évènement aussi glorieux pour lui.

Quoi qu'il en soit, ce fait semble indiquer que la mémoire peut être aidée par des signes extérieurs, quand ils sont bien empreints dans l'esprit, et c'est ce que chacun peut vérifier d'après sa propre expérience. En effet, lorsque nous revoyons, après un certain laps de temps, des lieux que nous avons fréquentés jadis, non-seulement nous les reconnaissons, mais encore nous nous rappelons ce que nous y avons fait, les personnes que nous y avons vues, et nous y retrouvons jusqu'aux pensées secrètes qui nous y ont agités. En cela donc, comme en la plupart des choses, l'art est né de l'expérience. Or, voici ce que font ceux qui le pratiquent.

Loca discunt quam maxime spatiosa, multa varietate signata, domum forte magnam, et in multos diductam recessus : in ea quidquid notabile est, animo diligenter affigitur, ut sine cunctatione ac mora partes ejus omnes cogitatio possit percurrere : et primus hic labor est, non hærere in occursu : plus enim quam firma debet esse memoria, quæ aliam memoriam adjuvet : tum quæ scripserunt vel cogitatione complectuntur, et aliquo signo, quo moneantur, notant; quod esse vel ex re tota potest, ut de navigatione, militia; vel ex verbo aliquo : nam etiam excidentes, unius admonitione verbi in memoriam reponuntur : sit autem signum navigationis, ut ancora; militiæ, ut aliquid ex armis. Hæc ita digerunt : primum sensum vestibulo quasi assignant, secundum atrio, tum impluvia circumeunt, nec cubiculis modo, aut exedris, sed statuis etiam similibusque per ordinem committunt.

Hoc facto, quum est repetenda memoria, incipiunt ab initio loca hæc recensere, et, quod cuique crediderunt, reposcunt, ut eorum imagine admoneutur; ita quamlibet multa sint, quorum meminisse oporteat, fiunt singula connexa quodam choro, ne errent conjungentes prioribus sequentia solo ediscendi labore.

Ils étudient les lieux les plus vastes et les plus variés, par exemple une maison spacieuse et coupée en de nombreuses divisions; ils impriment avec soin dans leur esprit tout ce qu'elle offre de remarquable, de manière que la pensée puisse en parcourir toutes les parties sans hésitation ni délai, l'essentiel étant de ne pas broncher; car, on conçoit que des souvenirs destinés à aider d'autres souvenirs doivent être plus que sûrs. Ensuite, pour se remettre sur la voie de ce qu'ils ont écrit ou médité, ils y attachent un signe qui leur sert de moniteur. Ce signe peut être emprunté à la matière qu'on traite : ce sera, je suppose, une ancre, s'il s'agit de navigation; une arme quelconque, s'il s'agit de guerre ; ou, enfin, un simple mot de reconnaissance, car un mot suffit pour rappeler une idée qui échappe. Puis, ils disposent leur discours de telle sorte, qu'ils en assignent la première partie au vestibule de la maison, la seconde à la salle d'entrée; ils font ainsi tout le tour de l'habitation, en distinguant successivement par une idée, non-seulement les salons, les chambres, les cabinets, mais jusqu'aux statues et autres ornemens qui s'y trouvent.

Cela fait, ont-ils à repasser ce qu'ils ont appris, ils reprennent le recensement de la maison, dans le même ordre, en redemandant à chaque pièce l'idée qu'ils lui ont confiée, selon qu'elle est réveillée par l'image même des lieux. Au moyen de cette méthode, si nombreux que soient les objets qu'on veuille se rappeler, comme ces objets forment autant d'anneaux d'une même chaîne, on n'est point exposé à confondre ce qui suit avec ce qui précède, inconvénient qui a lieu quand on se contente d'apprendre des mots.

Quod de domo dixi, et in operibus publicis, et in itinere longo, ut urbium ambitu, et picturis, fieri potest : etiam fingere sibi has imagines licet.

Opus est ergo locis, quæ vel finguntur, vel sumuntur; imaginibus, vel simulacris, quæ utique fingenda sunt : imagines notæ sunt, quibus ea, quæ ediscenda sunt, notamus : ut, quomodo Cicero dicit, *locis pro cera, simulacris pro litteris utamur.* Illud quoque ad verbum ponere, optimum fuerit : *Locis est utendum multis, illustribus, explicatis, modicis intervallis; imaginibus autem agentibus, acribus, insignitis, quæ occurrere, celeriterque percutere animum possint.* Quo magis miror, quomodo Metrodorus in XII signis, per quæ sol meat, trecenos et sexagenos invenerit locos : vanitas nimirum fuit atque jactatio circa memoriam suam potius arte, quam natura gloriantis.

Equidem hæc ad quædam prodesse non negaverim, ut si rerum nomina multa, per ordinem audita, reddenda sint : namque in iis, quæ didicerunt, locis ponunt res illas, *mensam*, ut hoc utar, *in vestibulo*, et *pulvinum in atrio*, et sic cætera; deinde relegentes inveniunt, ubi posuerint. Et forsitan hoc sunt adjuti, qui, auctione dimissa, quid cuique vendidissent, testibus argentario-

Ce que je dis d'une maison peut également s'appliquer à des monumens publics, à une longue promenade, comme l'enceinte d'une ville, ou à des tableaux. On peut même se créer des lieux par l'imagination.

Mais il en faut ou de réels ou de fictifs, comme il faut des images ou des signes, lesquels sont toujours arbitraires. Les images sont autant de jalons pour marquer ce que nous voulons retenir, *en sorte*, comme dit Cicéron, *que les lieux remplacent la cire, et les images remplacent les lettres*. Rapportons ici ses propres expressions : *Faisons choix*, dit-il, *de lieux qui offrent de nombreuses distributions, qui soient remarquables, bien développés, et séparés entre eux par de courts intervalles. Quant aux images, qu'elles soient vives, fortes, bien significatives, et de nature à se présenter facilement à l'esprit, et à le frapper rapidement.* Je m'étonne, d'après cela, que Métrodore ait trouvé trois cent soixante lieux dans les douze signes que parcourt le soleil. Je n'y vois plus que la jactance et la forfanterie d'un homme qui voulait faire honneur de la mémoire à son art, plutôt qu'à la nature.

Pour en revenir au procédé mnémonique, je ne nie pas qu'il ait son utilité pour de certaines choses, si l'on veut, par exemple, retenir une grande quantité de noms, et les reproduire dans l'ordre où on les a entendus; car, alors, nous plaçons tous ces noms dans les localités que nous avons étudiées, comme le mot *table* dans le *vestibule*, le mot *carreau* dans *la salle d'entrée*, et ainsi des autres. Ensuite, repassant par le même chemin, nous retrouvons tous nos mots dans les lieux où nous les

rum tabulis reddiderunt : quod præstitisse Hortensium dicunt.

Minus idem proderit in ediscendis, quæ orationis perpetuæ erunt : nam et sensus non eamdem imaginem quam res habent : quum alterum fingendum sit; et horum tamen utcunque commonet locus : sed sermonis alicujus habiti verborum contextus eadem arte quomodo comprehendetur? Mitto, quod quædam nullis simulacris significari possunt, ut certe conjunctiones : habeamus enim sane, ut qui notis scribunt, certas imagines omnium, et loca scilicet infinita, per quæ verba, quot sunt in quinque contra Verrem secundæ actionis libris, explicentur, ut meminerimus etiam omnium quasi depositorum; nonne impediri quidem eorum, quæ dicit, decursum necesse est duplici memoriæ cura? Nam quomodo poterunt copulata fluere, si propter singula verba ad singulas formas respiciendum erit? Quare et Charmadas et Scepsius, de quo modo dixi, Metrodorus, quos Cicero dicit usos hac exercitatione, sibi habeant sua; nos simpliciora tradamus.

Si longior complectenda memoria fuerit oratio, proderit per partes ediscere; laborat enim maxime onere; et hæ partes non sint perexiguæ; alioqui rursus multæ

avions déposés. C'est sans doute à l'aide de cette méthode que certaines gens sont parvenus, comme on dit que le fit Hortensius, à énumérer, après une vente publique, tous les objets vendus, avec les noms des acheteurs et le prix de chaque article, dans l'ordre présenté par les registres.

Mais je doute que ce procédé suffise pour apprendre un discours suivi; car les pensées ne portent pas avec elles leurs images, comme les objets matériels : il faut leur en créer une, ce à quoi peuvent, jusqu'à un certain point, aider les localités; mais, par quel art parviendra-t-on à embrasser, à retenir toute la contexture des mots d'un discours? ajoutez qu'il y a des choses qu'il est impossible de fixer par aucune image, et de ce nombre sont certainement les conjonctions. Eussions-nous enfin, comme les abréviateurs, des signes pour tous les noms; eussions-nous des *lieux* à l'infini, pour y placer autant de mots qu'il y en a dans les cinq livres du second plaidoyer contre Verrès, de manière à nous rappeler tout ce que nous aurions, pour ainsi dire, mis en dépôt dans chaque lieu : je le demande, la marche de l'orateur ne serait-elle pas nécessairement entravée par le double effort qu'aurait à faire la mémoire? Comment, en effet, tout pourra-t-il se lier et se suivre sans interruption, si, à chaque mot, il faut se reporter à une nouvelle forme ? Laissons donc ces combinaisons à Charmadas et à ce Métrodore dont je parlais tout-à-l'heure, quoique Cicéron dise qu'ils se sont exercés de la sorte, et tenons-nous-en à des préceptes plus simples.

Si nous voulons confier à notre mémoire, sans la surcharger, un discours d'une certaine étendue, je ne connais rien de mieux que de l'apprendre par parties, pourvu

erunt, et eam distinguent atque concident : nec utique certum imperaverim modum, sed maxime ut quisque finietur locus; ni forte tam numerosus, ut ipse quoque dividi debeat. Dandi sunt certi quidam termini, ut contextum verborum, qui est difficillimus, continuet crebra meditatio, partes deinceps ipsas repetitus ordo conjungat.

Non est inutile iis, quæ difficilius hæreant, aliquas apponere notas, quarum recordatio commoneat et quasi excitet memoriam. Nemo etiam fere tam infelix, ut, quod cuique loco signum destinaverit, nesciat : ut, si erit tardus ad hoc, eo quoque adhuc remedio utatur, ut ipsæ excitent notæ : hoc enim est ex illa arte non inutile, attendere signa ad eos, qui excidunt, sensus; *ancoram*, ut supra posui, si de nave dicendum esset; *spiculum*, si de prœlio. Multum enim signa faciunt, et ex alia memoria venit alia; ut quum translatus annulus vel alligatus commoneat nos, cur id fecerimus.

Hæc magis adhuc astringunt, qui memoriam ab aliquo simili transferunt ad id, quod continendum est; ut in nominibus, si *Fabius* forte sit tenendus, referamus ad illum *cunctatorem*, qui excidere non potest, aut ad ali-

que ces parties ne soient pas trop petites : autrement, elles se multiplieraient trop, et fatigueraient la mémoire en la partageant. Je ne prescrirai pas de mesure certaine à cet égard, si ce n'est de s'arrêter à la fin de chaque morceau complet, à moins que ce morceau ne soit si long, qu'il faille encore le diviser. Donnons-nous aussi des points de repos, qui ramènent fréquemment la pensée sur l'enchaînement des mots, car c'est là le plus difficile, et qui nous rappellent incessamment l'ordre dans lequel les parties sont liées entre elles.

Quant à ce que nous aurons plus de peine à retenir, il ne sera pas inutile d'y apposer quelques marques pour avertir et exciter la mémoire; car, quel homme en est assez dépourvu pour ne pas se rappeler dans quel dessein il a attaché tel signe à tel endroit ? Que si sa mémoire est paresseuse à ce point, encore fera-t-il bien d'user de ce remède, ne fût-ce que comme stimulant. C'est le cas, en effet, d'user du procédé artificiel dont j'ai parlé, et qui consiste à affecter certaines images à des digressions qui, sans cela, pourraient nous échapper. On prendra donc, comme je l'ai dit plus haut, celle d'une *ancre*, si l'on doit parler de navigation; celle d'un *javelot*, si l'on doit parler de guerre; car les signes sont de puissans auxiliaires pour la mémoire, et une idée en réveille une autre. C'est ainsi qu'un anneau que nous changeons de doigt, ou auquel nous attachons un fil, nous remet en esprit le motif qui nous l'a fait faire.

Un moyen plus sûr encore, c'est d'associer dans sa mémoire ce que l'on veut retenir à quelque chose qui y ressemble. Ainsi, pour les noms, avons-nous à retenir celui de *Fabius*; reportons-nous à cet illustre *temporiseur* qu'on ne saurait oublier, ou à quelqu'un de nos

quem amicum, qui idem vocetur : quod est facilius in *Apris*, et in *Ursis*, et *Nasone*, aut *Crispo*, ut id memoriae affigatur, unde sunt nomina. Origo quoque aliquando declinatorum tenendi magis causa est, ut in *Cicerone*, *Verrio*, *Aurelio*, si debent inseri.

Illud neminem non juvabit, iisdem, quibus scripserit, ceris ediscere : sequitur enim vestigiis quibusdam memoriam, et velut oculis intuetur non paginas modo, sed versus prope ipsos, qui tum dicit, similis legenti : jam vero si litura, aut adjectio aliqua atque mutatio interveniat, signa sunt quaedam, quae intuentes deerrare non possumus. Haec ratio, ut est illi, de qua primum locutus sum, arti non dissimilis, ita, si quid me experimenta docuerunt, et expeditior et potentior.

Ediscere tacite (nam id quoque est quaesitum) erat optimum, si non subirent velut otiosum animum plerumque aliae cogitationes, propter quas excitandus est voce, ut duplici motu juvetur memoria, dicendi et audiendi : sed haec vox sit modica, et magis murmur.

Qui autem legente alio ediscit, in parte tardatur, quod acrior est oculorum, quam aurium sensus; in parte juvari potest, quod, quum semel, aut bis audierit, continuo illi memoriam suam experiri licet, et cum legente contendere : nam et alioqui id maxime faciendum est, ut nos subinde tentemus; quia continua lectio, et

amis qui s'appelle de même. Cela est plus aisé encore à l'égard de certains noms, tels qu'*Aper*, *Ursus*, *Naso* ou *Crispus*; il suffit de se rappeler d'où ils viennent. L'origine est aussi un moyen de retenir les dérivés, si, par exemple, nous avons affaire à des noms comme *Cicéron*, *Verrius*, *Aurelius*.

Ce dont on se trouvera toujours bien, c'est d'apprendre par cœur sur les tablettes mêmes où l'on aura écrit son discours; car alors, tout en parlant, il semble qu'on lise; on suit, pour ainsi dire, ses souvenirs à la trace; on a, en quelque sorte, sous les yeux, non-seulement les pages, mais les lignes; et s'il y a quelque rature, quelque addition, quelque changement, ce sont comme autant de signes mémoratifs qui empêchent de se tromper. Ce moyen, d'ailleurs, a beaucoup d'analogie avec le procédé mnémonique dont j'ai parlé en commençant, et, si mon expérience n'a pas été vaine, je le crois encore plus aisé et plus efficace.

Apprendre mentalement serait aussi un fort bon exercice, si l'esprit, qui est alors dans une espèce de repos, n'était sujet à de fréquentes distractions qu'on ne peut prévenir qu'avec le secours de la voix, de manière à aider la mémoire par la double impression de la parole et de l'ouïe; encore faut-il que cette voix soit basse, ou plutôt que ce ne soit qu'un murmure.

Pour ce qui est d'apprendre pendant qu'un autre lit, si d'un côté on retient moins vite, parce qu'on est toujours moins frappé de ce qu'on entend que de ce qu'on voit*, de l'autre, on a cet avantage, qu'après avoir en-

---

* C'est le sentiment d'Horace :

> Segnius irritant animos demissa per aures,
> Quam quæ sunt oculis subjecta fidelibus.

quæ magis, et quæ minus hærent, æqualiter transit. In experiendo teneasne, et major intentio est, et nihil supervacui temporis perit, quo etiam, quæ tenemus, repeti solent; ita sola, quæ exciderunt, retractantur, ut crebra iteratione firmentur; quamquam solent hoc ipso maxime hærere, quod exciderunt. Illud ediscendo scribendoque commune est, utrique plurimum conferre bonam valetudinem, digestum cibum, animum cogitationibus aliis liberum.

Verum et in iis, quæ scripsimus, complectendis multum valent, et in iis, quæ cogitamus, continendis prope solæ (excepta, quæ potentissima est, exercitatione) *divisio* et *compositio* : nam qui recte diviserit, nunquam poterit in rerum ordine errare. Certa sunt enim non solum in digerendis quæstionibus, sed etiam in exsequendis, si modo recte dicimus, prima ac secunda, et deinceps; cohæretque omnis rerum copulatio, ut ei nihil neque subtrahi sine manifesto intellectu, neque inseri possit. An vero Scævola in lusu duodecim scriptorum, quum prior calculum promovisset, essetque victus, dum rus tendit, repetito totius certaminis ordine, quo dato errasset recordatus, rediit ad eum, quicum luserat, is-

tendu lire une fois ou deux, on peut faire aussitôt l'épreuve de sa mémoire, et lutter avec le lecteur lui-même. C'est, d'ailleurs, une expérience qu'il est bon de faire de temps en temps. En effet, que l'on se borne à apprendre par cœur ; en lisant, on passe également et les choses qu'on sait le mieux, et celles dont on est le moins sûr ; au lieu que, dans le genre d'épreuve dont je parle, l'application est plus tendue : on ne perd pas son temps à répéter ce qu'on sait déjà, on ne s'attache qu'aux endroits qui avaient échappé, pour qu'ils entrent bien dans la mémoire, à force d'être reproduits : et ce sont ceux-là qui finissent par s'y fixer le plus solidement. Au surplus, pour apprendre par cœur, comme pour composer, il faut une santé vigoureuse, un estomac libre, et un esprit dégagé de toute préoccupation.

Mais, soit pour bien retenir ce qu'on a mis par écrit, soit pour bien embrasser un sujet qu'on a médité, rien de plus important que la *division* et la *composition*. Je dirais même qu'elles suffisent, si le constant exercice de la mémoire ne me paraissait encore plus sûr ; car, quiconque aura bien divisé son discours, ne courra jamais le risque d'intervertir l'ordre des choses. Il y a, en effet, pour peu qu'on sache écrire, un art de distribuer les questions et de les traiter, qui donne à chacune d'elles le rang qu'elle doit occuper, le premier, le second, et ainsi de suite ; et ces questions sont tellement liées les unes aux autres, qu'on ne peut rien en ôter ni rien y ajouter, sans s'en apercevoir aussitôt. Ne sait-on pas que Scévola, après avoir perdu une partie de dames, où il avait attaqué le premier, repassa, en retournant à sa campagne, toute la disposition du jeu, se rappela le coup qui l'avait fait perdre, et, plein de ce souvenir,

que ita factum esse confessus est : minus idem ordo valebit in oratione, præsertim totus nostro arbitrio constitutus, quum tantum ille valeat alternus?

Etiam quæ bene composita erunt, memoriam serie sua ducent : nam sicut facilius versus ediscimus, quam prosam orationem; ita prosæ vincta, quam dissoluta. Sic contingit, ut etiam quæ ex tempore videbantur effusa, ad verbum repetita reddantur; quod meæ quoque memoriæ mediocritatem sequebatur, si quando interventus aliquorum, qui hunc honorem mererentur, iterare declamationis partem coegisset; nec est mendacio locus, salvis qui interfuerunt.

Si quis tamen unam maximamque a me artem memoriæ quærat, *exercitatio* est et *labor;* multa ediscere, multa cogitare, et, si fieri potest, quotidie, potentissimum est : nihil æque vel augetur cura, vel negligentia intercidit. Quare et pueri statim, ut præcepi, quam plurima ediscant, et, quæcunque ætas operam juvandæ studio memoriæ dabit, devoret initio tædium illud et scripta et lecta sæpius revolvendi, et quasi eumdem cibum remandendi.

revint auprès de son adversaire, lui retraça les diverses marches de la partie, et le força d'avouer que tout s'était passé comme il le disait. Comment l'ordre aura-t-il moins d'effet sur un discours où nous sommes maîtres d'arranger tout à notre guise, quand il peut tant sur des combinaisons où les calculs d'autrui se croisent avec les nôtres ?

Dans une composition régulière, l'heureux enchaînement des mots guidera aussi la mémoire; car, de même que nous apprenons plus aisément les vers que la prose, de même nous retenons plutôt une prose harmonieuse et bien cadencée, que celle qui est lâche et décousue. C'est ainsi qu'on parvient à rendre mot pour mot des phrases qui semblaient avoir été dites spontanément et sans préparation; et cela m'arrivait à moi, dont la mémoire n'est que médiocre, quand l'arrivée subite de quelque personnage qui méritait cet honneur me forçait à recommencer une partie de mon discours. Je n'en impose pas sur ce fait : tous ceux qui l'ont vu sont encore là pour l'attester.

Maintenant, si l'on me demande en quoi consiste principalement l'art de la mémoire, je répondrai que c'est dans *l'exercice* et *le travail*. Apprendre beaucoup, méditer beaucoup et tous les jours, si on le peut, voilà ce que je connais de plus puissant. Rien n'est susceptible comme cette faculté, de s'accroître par l'application, et de se perdre par la négligence. On ne saurait donc, comme je l'ai dit, l'exercer trop ni trop tôt chez les enfans; et, à quelque âge qu'on la cultive, il faut se résigner à l'ennui de repasser sans cesse ce qu'on aura écrit, ce qu'on aura lu, et de remâcher, pour ainsi dire, les mêmes alimens.

Quod ipsum hoc fieri potest levius, si pauca primum, et quæ odium non afferant, cœperimus ediscere; tum quotidie adjicere singulos versus, quorum accessio labori sensum incrementi non afferat, in summam ad infinitum usque perveniat; et poetica prius, tum oratorum, novissime etiam solutiora numeris, et magis ab usu dicendi remota, qualia sunt jurisconsultorum. Difficiliora enim debent esse, quæ exercent, quo sit levius ipsum illud, in quod exercent; ut athletæ ponderibus plumbeis assuefaciunt manus, quibus vacuis et nudis in certamine utendum est.

Non omittam etiam, quod quotidianis experimentis deprehenditur, minime fidelem esse paulo tardioribus ingeniis recentem memoriam. Mirum dictu est, nec in promptu ratio, quantum nox interposita afferat firmitatis, sive requiescit labor ille, cujus sibi ipsa fatigatio obstabat, sive concoquitur, seu maturatur, quæ firmissima ejus pars est, recordatio; quæ statim referri non poterant, contexuntur postera die, confirmatque memoriam idem illud tempus, quod esse in causa solet oblivionis. Etiam illa prævelox fere cito effluit, et, velut præsenti officio functa nihil in posterum debeat, tamquam dimissa discedit : nec est mirum, magis hærere animo, quæ diutius affixa sint.

On peut néanmoins rendre cette tâche plus légère, en ayant soin, dans le commencement, d'apprendre peu à la fois, et des choses qui ne rebutent pas; ensuite, on augmentera chaque jour la dose, de manière à rendre ce surcroît insensible, et l'on arrivera par degrés à des résultats qui étonneront. On s'exercera d'abord sur les poètes, puis sur les orateurs, enfin sur des écrivains moins harmonieux, et sur ceux dont le style s'écarte le plus des formes ordinaires du langage, tels que les jurisconsultes; car ce qui sert d'exercice doit être plus difficile, pour que la chose en vue de laquelle on s'exerce devienne plus aisée. C'est ce que font les athlètes, qui s'accoutument à porter dans leurs mains de fortes charges de plomb, quoiqu'ils luttent les mains vides et nues.

Je ne dois pas omettre ici une remarque confirmée tous les jours par l'expérience; c'est que, chez les esprits naturellement lents, la mémoire est infidèle aux idées trop récentes. Il est étonnant, et je n'en découvre pas la raison, combien une nuit d'intervalle développe et affermit ces idées. Est-ce parce que le repos est favorable à la mémoire, après un travail qui l'a fatiguée? est-ce qu'elle a besoin de digérer ou de mûrir ce qu'on lui a confié? ou est-ce enfin que la réminiscence serait sa qualité la plus solide? tant il y a que des choses qu'on ne se rappelle pas sur l'instant, se représentent le lendemain dans un ordre parfait, et que ce même laps de temps, qui est d'ordinaire une cause d'oubli, ne fait alors que consolider les souvenirs. Au contraire, quand la mémoire est trop vive, elle fuit avec la même promptitude. On dirait que, bornant son office au moment présent, et dégagée de tout soin ultérieur, elle se retire et prend son congé. Il n'est pas surprenant non plus que

Ex hac ingeniorum diversitate nata dubitatio est, *ad verbum sit ediscendum dicturis, an vim modo rerum atque ordinem complecti satis sit;* de quo sine dubio non potest in universum pronunciari. Nam si memoria suffragatur, tempus non defuit, nulla me velim syllaba effugiat; alioqui etiam scribere sit supervacuum : idque praecipue a pueris obtinendum, atque in hanc consuetudinem memoria exercitatione redigenda, ne nobis discamus ignoscere : ideoque et admoneri, et ad libellum respicere vitiosum, quod libertatem negligentiae facit, nec quisquam se parum tenere judicat, quod, ne sibi excidat, non timet. Inde interruptus actionis impetus, et resistens ac salebrosa oratio, et qui dicit ediscenti similis, etiam omnem bene scriptorum gratiam perdit vel hoc ipso, quod scripsisse se confitetur.

Memoria autem facit etiam prompti ingenii famam, ut illa, quae dicimus, non domo attulisse, sed ibi protinus sumpsisse videamur : quod et oratori et ipsi causae plurimum confert : nam et magis miratur, et minus timet judex, quae non putat adversus se praeparata : itaque in actionibus inter praecipua servandum est, ut quaedam etiam, quae optime vinximus, velut soluta enunciemus, et cogitantibus nonnunquam et dubitantibus similes

ce qu'on a été plus long-temps à faire entrer dans son esprit, y demeure aussi plus profondément gravé.

Cette diversité dans les esprits a donné lieu d'examiner si un orateur doit apprendre littéralement ce qu'il a écrit, ou s'il doit s'en tenir à la substance et à l'ordre de son discours. C'est une question qu'on ne peut guère résoudre d'une manière générale; car, si ma mémoire y suffit, et si le temps ne m'a pas manqué, je ne veux pas me faire grâce d'une syllabe : autrement, à quoi servirait d'écrire? Il est donc essentiel de nous habituer dès l'enfance à tout exiger de notre mémoire, et de l'amener, à force d'exercice, à ne capituler sur rien. C'est une méthode détestable que d'avoir derrière soi un souffleur, ou de jeter continuellement les yeux sur son cahier ; cela autorise à être négligent, car qui ne se croirait suffisamment sûr de lui-même, étant affranchi de la crainte que rien lui échappe? Mais, qu'arrive-t-il? il n'y a plus ni chaleur ni impétuosité dans le débit, les mots s'arrêtent et s'embarrassent, l'orateur a l'air d'étudier une pièce d'éloquence, et le discours le mieux écrit perd toute sa grâce, par cela seul qu'on voit qu'il est écrit.

Quand, au contraire, c'est la mémoire seule qui agit, on en fait honneur à la vivacité de notre esprit; nos paroles ne paraissent pas avoir été préparées, mais soudainement inspirées, ce qui sert singulièrement l'avocat et sa cause; car le juge admire sans défiance, lorsqu'il croit qu'on n'a pas cherché à le surprendre. Voilà pourquoi c'est une des principales attentions qu'il faut avoir dans les plaidoyers, de prononcer avec une sorte d'abandon et de négligence les périodes les plus artistement tissues, et de faire quelquefois semblant de réfléchir et d'hésiter

quærere videamur, quæ attulimus. Ergo quid sit optimum, neminem fugit.

Si vero aut memoria natura durior erit, aut non suffragabitur tempus, etiam inutile erit ad omnia se verba alligare, quum oblivio unius eorum cujuslibet, aut deformem hæsitationem, aut etiam silentium inducat; tutiusque multo, comprehensis animo rebus ipsis, libertatem sibi eloquendi relinquere. Nam et invitus perdit quisque id, quod elegerat, verbum; nec facile reponit aliud, dum id, quod scripserat, quærit : sed ne hoc quidem infirmæ memoriæ remedium est, nisi in iis, qui sibi facultatem aliquam dicendi ex tempore paraverunt : quod si cui utrumque defuerit, huic omittere omnino totum actionum laborem, si quid in litteris valet, ad scribendum potius suadebo convertere : sed hæc rara infelicitas erit.

Cæterum quantum natura studioque valeat memoria, vel Themistocles testis, quem unum intra annum optime locutum esse persice constat; vel Mithridates, cui duas et viginti linguas, quot nationibus imperabat, traditur notas fuisse; vel Crassus ille dives, qui, quum Asiæ præesset, quinque græci sermonis differentias sic tenuit, ut, qua quisque apud eum lingua postulasset, eadem jus sibi redditum ferret; vel Cyrus, quem omnium militum tenuisse creditum est nomina. Quin semel auditos

sur les choses qu'on sait le mieux. Je laisse à juger, d'après cela, quelle est la meilleure des deux méthodes.

Si la mémoire est décidément trop rebelle, ou si l'on manque du temps nécessaire pour apprendre, je ne vois pas même l'utilité de s'attacher aux mots, puisque l'oubli d'un seul nous exposerait ou à balbutier honteusement, ou même à rester tout-à-fait court. Il est beaucoup plus sûr, en ce cas, de bien se pénétrer de son sujet, et de se donner pleine liberté sur la manière de l'énoncer; car c'est toujours à regret qu'on laisse échapper un mot de son choix, et on n'en trouve pas toujours un autre pendant qu'on cherche celui qu'on avait écrit. Encore cela ne remédie-t-il que faiblement au défaut de mémoire, si ce n'est chez les personnes qui ont acquis quelque habitude de l'improvisation. Pour ceux qui n'ont ni l'une ni l'autre de ces ressources, je leur conseille de renoncer au barreau, et de s'en tenir à écrire, s'ils ont quelque talent littéraire. Heureusement ce manque absolu de dispositions est fort rare.

Veut-on, au surplus, des exemples de ce que peut la mémoire aidée par la nature et par l'étude? je citerai Thémistocle, qui, dans l'espace d'un an, parvint à parler parfaitement la langue des Perses; Mithridate, qui possédait, dit-on, vingt-deux langues, c'est-à-dire celles de toutes les nations réunies sous son empire; Crassus, ce riche Romain, qui, étant préteur en Asie, se familiarisa tellement avec les cinq dialectes de la langue grecque, qu'il prononçait, sur les plaintes qui lui étaient déférées, dans l'idiome même du plaignant; Cyrus, qui, à ce qu'on rapporte, connaissait tous ses soldats par leur nom. On dit bien plus, on dit que Théodecte, quand on lui avait ré-

quamlibet multos versus protinus dicitur reddidisse Theodectes : dicebantur etiam nunc esse, qui facerent, sed mihi nunquam, ut ipse interessem, contigit; habenda tamen fides est vel in hoc, ut, qui crediderit, et speret.

CAPUT III.

De pronunciatione.

Pronunciatio a plerisque *actio* dicitur, sed prius nomen a voce, sequens a gestu videtur accipere; namque *actionem* Cicero alias *quasi sermonem*, alias *eloquentiam quamdam corporis* dicit : idem tamen duas ejus partes facit, quæ sunt eædem pronunciationis, *vocem* atque *motum :* quapropter utraque appellatione indifferenter uti licet.

Habet autem res ipsa miram quamdam in orationibus vim ac potestatem; neque tam refert, qualia sint, quæ intra nosmet ipsos composuimus, quam quo modo efferantur : nam ita quisque, ut audit, movetur : quare neque probatio ulla, quæ aliquo modo venit ab oratore, tam firma est, ut non perdat vires suas, nisi adjuvatur asseveratione dicentis : affectus omnis languescat necesse est, nisi *voce, vultu,* totius prope *habitu corporis,* inardescat. Nam quum hæc omnia fecerimus, felices tamen, si nostrum illum ignem judex conceperit; nedum

cité des vers une fois, quel qu'en fût le nombre, les redisait sur-le-champ. On m'a assuré qu'il y avait encore aujourd'hui de ces prodiges, mais il ne m'a pas été donné d'en voir; cependant on fera bien d'y croire, ne fût-ce que pour ne pas désespérer d'en faire autant.

CHAPITRE III.

Du débit oratoire.

Prononciation et *action*, ces deux mots expriment assez généralement la même idée, quoique le premier semble tirer son nom de la voix, et le dernier du geste; car Cicéron définit l'action tantôt une *sorte de langage*, tantôt une certaine *éloquence du corps*, et il la divise en deux parties qui sont communes à la prononciation, *la voix* et *le mouvement*. On peut donc se servir également de l'une ou de l'autre appellation.

Quant à la chose même, elle communique une force et une vertu merveilleuse au discours. Et, en effet, ce qui importe, ce n'est pas tant encore le mérite intrinsèque d'une composition, que la manière dont elle est prononcée, puisqu'on ne peut être affecté qu'en raison de ce qu'on entend. Ainsi, quelque preuve qu'ait imaginée l'orateur, elle n'a jamais assez de poids par elle-même, pour ne pas perdre de sa valeur, si elle n'est soutenue d'un ton affirmatif; comme il faut de toute nécessité que les sentimens languissent, s'ils n'animent, s'ils n'échauffent la voix, les traits, et, pour ainsi dire, toute la personne de celui qui parle. Trop heureux quand, après avoir fait tout cela, nous parvenons à faire parta-

eum supini securique moveamus, ac non ipse nostra oscitatione solvatur.

Documento sunt vel scenici actores, qui et optimis poetarum tantum adjiciunt gratiæ, ut nos infinito magis eadem illa audita, quam lecta, delectent; et vilissimis etiam quibusdam impetrant aures, ut, quibus nullus est in bibliothecis locus, sit etiam frequens in theatris. Quod si in rebus, quas fictas esse scimus et inanes, tantum pronunciatio potest, ut iram, lacrymas, sollicitudinem afferat, quanto plus valeat necesse est, ubi et credimus? Equidem vel mediocrem orationem, commendatam viribus actionis, affirmaverim plus habituram esse momenti, quam optimam eadem illa destitutam. Siquidem et Demosthenes, *quid esset in toto dicendi opere primum*, interrogatus, *pronunciationi palmam* dedit, eidemque *secundum* ac *tertium locum*, donec ab eo quæri desineret; ut eam videri posset non præcipuam, sed solam judicasse : ideoque ipse tam diligenter apud Andronicum hypocriten studuit, ut admirantibus ejus orationem Rhodiis non immerito Æschines dixisse videatur, *quid si ipsum audissetis ?*

Et M. Cicero *unam in dicendo actionem dominari* putat. Hac Cn. Lentulum plus opinionis consecutum,

ger au juge notre enthousiasme! à plus forte raison, devons-nous désespérer de le toucher, si nous sommes nonchalans et froids, et devons-nous craindre que notre engourdissement ne finisse par le gagner.

Les comédiens sont un exemple de ce que peut la prononciation. Ils ajoutent tant de grâce aux meilleurs ouvrages dramatiques, que nous aimons mieux les leur voir jouer que de les lire; et ils font tant valoir les plus minces, qu'on court entendre au théâtre telle pièce dont on ne voudrait pas dans sa bibliothèque. Que si, dans des choses que nous savons bien n'être que de pures fictions, la puissance du débit parvient seule à nous transporter, à nous arracher des larmes, et à porter le trouble dans notre âme, que ne doit-elle pas faire quand il s'agit d'intérêts sérieux et réels? Oui, je ne crains pas de l'affirmer, un discours même médiocre, relevé par les prestiges du débit, produira plus d'effet que le meilleur discours qui en sera dénué. Aussi Démosthène, interrogé sur ce qu'on devait mettre en première ligne dans l'art de la parole, donna-t-il la palme à la prononciation, et, comme on le pressait de dire à quoi il assignait le second rang, puis le troisième, il nomma toujours la prononciation; d'où l'on peut inférer qu'il la jugeait, non la qualité principale, mais la seule qui fasse l'orateur. Il avait lui-même étudié cette partie avec tant de soins auprès de l'acteur Andronicus, que, des Rhodiens admirant un jour son oraison pour Ctésiphon, Eschine ne put s'empêcher de leur dire : *Que serait-ce donc, si vous l'eussiez entendu ?*

Cicéron pense aussi que *l'action* influe uniquement sur les succès de l'orateur. Il nous apprend que c'est par elle, plus que par l'éloquence proprement dite, que Cn.

quam eloquentia, tradit; eadem C. Gracchum in deflenda fratris nece totius populi romani lacrymas concitasse; et Antonium et Crassum multum valuisse, plurimum vero Q. Hortensium : cujus rei fides est, quod ejus scripta tantum intra famam sunt, qua diu princeps oratorum, aliquando æmulus Ciceronis existimatus est, novissime, quoad vixit, secundus; ut appareat, placuisse aliquid eo dicente, quod legentes non invenimus. Et hercule quum valeant multum verba per se, et vox propriam vim adjiciat rebus, et gestus motusque significet aliquid, profecto perfectum quiddam fieri, quum omnia coierunt, necesse est.

Sunt tamen qui rudem illam, et qualem impetus cujusque animi tulit, actionem judicent fortiorem, et solam viris dignam : sed non alii fere, quam qui etiam in dicendo curam et artem et nitorem, et quidquid studio paratur, ut affectata et parum naturalia solent improbare; vel qui verborum atque ipsius etiam soni rusticitate, ut L. Cottam dicit Cicero fecisse, imitationem antiquitatis affectant. Verum illi persuasione sua fruantur, qui hominibus, ut sint oratores, satis putant nasci : nostro labori dent veniam, qui nihil credimus esse perfectum, nisi ubi natura cura juvetur.

In hoc igitur non contumaciter consentio, primas

Lentulus se fit estimer de son temps; que C. Gracchus, en déplorant la mort de son frère, fit verser des larmes au peuple romain; qu'Antoine et Crassus eurent beaucoup de vogue, et qu'Hortensius en obtint plus encore : et ce qui confirme cette assertion à l'égard de ce dernier qui passa long-temps pour l'homme le plus éloquent de son siècle, qui balança ensuite la renommée de Cicéron, et qui garda enfin, tant qu'il vécut, la seconde place, c'est que ses écrits sont tellement au-dessous de sa réputation, qu'il faut bien qu'il ait eu, en parlant, un charme qui ne se fait plus sentir quand on le lit. S'il est vrai, en effet, que les mots aient beaucoup de force par eux-mêmes, que l'accent de la voix ajoute à la valeur des choses, qu'enfin le geste et les mouvemens du corps aient aussi leur éloquence, du concours de tous ces avantages doit nécessairement résulter quelque chose de parfait.

Il y a cependant des gens qui s'imaginent que l'action la plus mâle, et la seule conforme à la dignité de l'homme, est celle qui obéit brusquement et sans art aux mouvemens impétueux de l'âme. Mais, ne sont-ce pas aussi les mêmes gens qui désapprouvent, comme une affectation et un défaut de naturel dans un discours, le soin, la politesse, l'élégance, et tout ce qui s'acquiert par l'étude ; ou ceux qui, par une certaine rudesse dans les mots et dans la manière de les prononcer, affectent d'imiter les anciens, genre de reproche que Cicéron faisait à L. Cotta ? Laissons donc ces habiles se complaire dans la persuasion qu'il suffit de naître pour être orateur, et demandons-leur grâce pour toutes les peines que nous nous donnons, nous qui croyons qu'il n'y a rien de parfait, si la nature n'est secondée par le travail.

Toutefois, je conviendrai sans difficulté que la nature

partes esse naturæ : nam certe bene pronunciare non poterit, cui aut scriptis memoria, aut in iis, quæ subito dicenda erunt, facilitas prompta defuerit; nec si inemendabilia oris incommoda obstabunt : corporis etiam potest esse aliqua tanta deformitas, ut nulla arte vincatur. Sed ne vox quidem exilis actionem habere optimam potest : bona enim firmaque ut volumus uti licet; mala, vel imbecilla et inhibet multa, ut insurgere et exclamare; et aliqua cogit, ut intermittere et deflectere, et rasas fauces ac latus fatigatum deformi cantico reficere : sed nos de eo nunc loquamur, cui non frustra præcipitur.

Quum sit autem omnis *actio*, ut dixi, in duas divisa partes, *vocem gestumque*, quorum alter oculos, altera aures movet, per quos duos sensus omnis ad animum penetrat affectus, prius est de *voce* dicere, cui etiam *gestus* accommodatur.

In ea prima observatio est, *qualem habeas;* secunda, *quomodo utaris*. Natura vocis spectatur *quantitate* et *qualitate : quantitas* simplicior; in summa enim *grandis,* aut *exigua* est; sed inter has extremitates mediæ sunt species, et ab ima ad summam, ac retro, multi sunt gradus : *qualitas* magis varia est; nam est et *candida,* et *fusca,* et *plena,* et *exilis,* et *levis,* et *aspera,* et *con-*

joue le principal rôle, et qu'on ne parviendra jamais à bien débiter, si l'on manque et de mémoire pour retenir ce qu'on a écrit, et de facilité pour trouver sur-le-champ ce qu'on doit dire, ni enfin si l'on est arrêté par des vices d'organe incorrigibles. Il en sera de même si l'on a de ces difformités corporelles auxquelles aucun art ne saurait remédier. La voix elle-même, si elle est trop menue, fera obstacle à une belle prononciation. Quand son timbre est ferme et sonore, on le manie comme on veut; quand il est sec et grêle, il est des choses qu'on ne peut jamais faire, comme de forcer et d'élever le ton; il en est d'autres auxquelles on est obligé de recourir, comme de baisser la voix, de changer d'inflexion ou de prendre un fausset désagréable, afin de soulager son gosier et ses poumons. Mais, je ne m'occupe ici que de ceux qui ont tout ce qu'il faut pour profiter de mes leçons.

Or, toute *action*, comme je l'ai dit, se composant de la *voix* et du *geste*, dont l'une agit sur l'ouïe et l'autre sur la vue, deux sens par lesquels toutes les impressions pénètrent dans notre âme : parlons, en premier lieu, de la voix, à laquelle le geste est nécessairement subordonné.

Ce qu'il y a d'abord à observer à l'égard de la voix, c'est sa *nature*, et ensuite *le parti qu'on en peut tirer*. Sa nature se considère sous le double rapport de la *quantité* et de la *qualité*. Pour la quantité, rien de plus simple : le volume de la voix est grand ou il est exigu; mais, entre ces deux extrémités, il y a des espèces mitoyennes, et l'on compte bien des degrés de la voix la plus basse à la plus haute, et réciproquement. Sa qualité est plus variée. La voix est claire ou voilée, pleine ou grêle,

tracta, et *fusa,* et *dura,* et *flexibilis,* et *clara,* et *obtusa; spiritus* etiam *longior, breviorque.*

Nec causas, cur quidque eorum accidat, persequi, proposito operi necessarium est; eorumne sit differentia, in quibus aura illa concipitur, an eorum, per quæ velut organa meat; an ipsi propria natura, an prout movetur; lateris, pectorisve firmitas, an capitis etiam plus adjuvet : nam opus est omnibus, sicut non oris modo suavitate, sed narium quoque, per quas, quod superest vocis, egeritur : dulcis esse tamen debet, non exprobrans sonus.

Utendi voce multiplex ratio : nam præter illam differentiam, quæ est tripertita, *acutæ, gravis, flexæ;* tum *intentis,* tum *remissis,* tum *elatis,* tum *inferioribus modis,* opus est, *spatiis* quoque *lentioribus,* aut *citatioribus.* Sed his ipsis media interjacent multa; et, ut facies, quamquam ex paucissimis constat, infinitam habet differentiam; ita *vox,* etsi paucas, quæ nominari possint, continet species, *propria* cuique est; et non hæc minus auribus, quam oculis illa dignoscitur.

Augentur autem sicut omnium, ita vocis quoque bona, cura; negligentia minuuntur : sed cura non ea-

douce ou rude, bornée ou étendue, dure ou flexible, éclatante ou sourde. La respiration est aussi ou plus longue ou plus courte.

Il n'entre pas dans le plan de cet ouvrage de rechercher les causes de ces diversités; si elles tiennent à la différence des organes qui aspirent l'air, ou de ceux par où il passe comme à travers des tuyaux, ni enfin si la voix a, dans chaque individu, une nature qui lui est propre, ou susceptible d'être modifiée par l'action plus ou moins forte des poumons, de la poitrine ou de la tête. Ce qu'il y a de certain, c'est que le concours de toutes ces parties est indispensable ainsi que celui de la bouche, et que les narines mêmes, d'où s'échappe le superflu de la voix, doivent faire entendre un son doux et non un sifflement bruyant.

Quant au parti qu'on peut tirer de la voix, il est de bien des sortes; car, outre les trois divisions du son en aigu, en grave, en moyen, on a besoin d'employer des modes tantôt forts, tantôt doux, tantôt bas, tantôt élevés, ainsi que des mesures tantôt lentes, tantôt précipitées; mais il y a dans tout cela une foule de nuances intermédiaires : et de même que les physionomies, quoiqu'elles se composent d'un petit nombre de traits généraux, offrent néanmoins des différences infinies, de même la voix, bien qu'on n'en puisse désigner que peu d'espèces, a pourtant dans chaque homme son caractère particulier, que l'oreille distingue aussi nettement que les yeux distinguent les traits du visage.

Or, les qualités de la voix, comme toute autre, s'augmentent si l'on en prend soin, s'altèrent si on les néglige. Mais ce soin ne doit pas être le même pour un orateur que

dem oratoribus, quæ phonascis, convenit : tamen multa sunt utrisque communia, *firmitas corporis*, ne ad spadonum et mulierum et ægrorum exilitatem vox nostra tenuetur; quod ambulatio, unctio, veneris abstinentia, facilis ciborum digestio, id est, frugalitas, præstat. Præterea ut sint *fauces integræ*, id est, molles ac leves, quarum vitio et *frangitur*, et *obscuratur*, et *exasperatur*, et *scinditur* vox : nam ut tibiæ, eodem spiritu accepto, alium clausis, alium apertis foraminibus, alium non satis purgatæ, alium quassæ sonum reddunt; ita fauces *tumentes strangulant* vocem, *obtusæ obscurant*, *rasæ exasperant*, *convulsæ* fractis sunt organis similes. *Finditur* etiam *spiritus* objectu aliquo, sicut lapillo tenues aquæ, quarum fluxus etiamsi ultra paulum coit, aliquid tamen cavi relinquit post id ipsum, quod offenderat : humor quoque vocem aut nimius impedit, aut consumptus destituit : nam fatigatio, ut corpora, non ad præsens modo tempus, sed etiam in futurum afficit.

Sed ut communiter et phonascis et oratoribus necessaria exercitatio, qua omnia convalescunt, ita curæ non idem genus est : nam neque certa tempora ad spatiandum dari possunt tot civilibus officiis occupato, nec præparare ab imis sonis vocem ad summos, nec semper a contentione condere licet, quum pluribus judiciis sæpe

pour un maître de chant. Néanmoins, il est des conditions qui leur sont également indispensables, comme une santé parfaite, qui, en maintenant la voix dans son état naturel, l'empêche de devenir grêle, ainsi qu'on le remarque dans les eunuques, les femmes et les personnes malades : et cette santé s'entretient par l'exercice, les frictions, la continence et la frugalité; ensuite, un gosier sain, c'est-à-dire, moelleux et souple : sans quoi, la voix est brisée ou couverte, criarde ou saccadée. Car, de même que les flûtes rendent des sons différens, selon qu'on laisse passer l'air par les trous, ou qu'on l'intercepte en les bouchant; de même que la qualité des sons est affectée, si l'instrument n'est pas bien net, ou s'il est crevé; de même aussi notre organe se ressent des dispositions intérieures du larynx : enflé, il étrangle la voix; émoussé, il l'obscurcit; inégal, il la rend aigre; et, s'il est dans un état complet d'irritation, vous diriez d'un instrument brisé. Tout ce qui s'oppose au passage de l'air le divise, comme un caillou divise ces petits filets d'eau qui, sans cesser de couler, laissent un vide immédiatement après l'obstacle qu'ils ont rencontré. Trop d'humidité dans le gosier embarrasse aussi la voix, comme trop de sécheresse l'exténue. A plus forte raison, l'excès lui est-il contraire, car la fatigue agit sur elle comme sur le reste du corps, elle laisse des suites.

Mais si le musicien et l'orateur ont un égal besoin de cultiver leur voix, attendu que tout s'améliore par la culture, les moyens diffèrent dans les soins qu'ils doivent y donner. En effet, celui qui a tant de devoirs à remplir, ne peut pas disposer régulièrement de certaines heures pour la promenade; il ne lui est guère loisible d'exercer sa voix, depuis les tons les plus graves jusqu'aux plus

16.

dicendum sit. Ne ciborum quidem est eadem observatio : non enim tam molli teneraque voce, quam forti ac durabili opus est; quum illi omnes, etiam altissimos sonos, leniant cantu oris, nobis pleraque aspere sint concitateque dicenda, et vigilandæ noctes, et fuligo lucubrationum bibenda, et in sudata veste durandum. Quare vocem deliciis non molliamus, nec imbuatur ea consuetudine, quæ duratura non sit; sed exercitatio ejus talis sit, qualis usus; nec silentio subsidat, sed firmetur consuetudine, qua difficultas omnis levatur.

Ediscere autem, quo exercearis, erit optimum : nam ex tempore dicentes avocat a cura vocis ille, qui ex rebus ipsis concipitur, affectus; et ediscere quam maxime varia, quæ et clamorem, et disputationem, et sermonem, et flexus habeant, ut simul in omnia paremur. Hoc satis est : alioqui nitida illa et curata vox insolitum laborem recusabit, ut assueta gymnasiis et oleo corpora, quamlibet sint in suis certaminibus speciosa atque robusta, si militare iter, fascemque et vigilias imperes, deficiant, et quærant unctores suos, nudumque sudorem. Illa quidem in hoc opere præcipi quis ferat, vitandos soles

aigus : à peine peut-il lui donner quelque relâche au sortir de l'audience, obligé souvent de vaquer à plusieurs. Il ne doit pas s'assujétir non plus au même régime de nourriture, car il s'agit moins pour lui d'avoir une voix agréable et douce, que de l'avoir forte et en état de résister. C'est qu'en effet les musiciens s'attachent tous à adoucir par le chant jusqu'aux sons les plus élevés, tandis que nous autres orateurs, nous devons le plus souvent donner à nos paroles une accentuation véhémente et rapide, passer les nuits dans les veilles, à la fumée de nos lampes, et endurer tout le jour des vêtemens trempés de sueur. Renonçons donc à des délicatesses qui ne feraient qu'amollir notre organe, et ne contractons pas d'habitude qu'il faudrait quitter. Exerçons notre voix d'après l'usage que nous sommes appelés à en faire : qu'elle ne s'éteigne pas dans le silence, mais qu'elle s'affermisse par la pratique qui, à la longue, rend tout facile.

Ce qu'on peut faire de mieux, c'est d'apprendre par cœur, pour s'exercer; car, en parlant d'abondance, on est tout occupé de ses idées, et cela détourne des soins que réclame la voix; mais je veux qu'on apprenne des morceaux variés qui prêtent à la clameur, à la dispute; qui admettent le ton familier de la conversation et des inflexions de tout genre, de manière à s'habituer à tous les tons : voilà où doit se renfermer l'exercice. Autrement, si l'on visait à se faire une voix délicate et flûtée, elle ne pourrait résister à la fatigue extraordinaire du barreau. Il en serait comme des athlètes accoutumés au régime gymnastique, et à être frottés d'huile; malgré leur bonne mine et la force qu'ils déploient dans leurs luttes, condamnez-les à faire des marches militaires, à

atque ventos, et nubila etiam ac siccitates? Ita si dicendum in sole, aut ventoso, humido, calido die fuerit, reos deseremus? Nam crudum quidem, aut saturum, aut ebrium, aut ejecto modo vomitu, quae cavenda quidam monent, declamare neminem, qui sit mentis compos, puto.

Illud non sine causa est ab omnibus praeceptum, ut parcatur maxime voci in illo a pueritia in adolescentiam transitu, quia naturaliter impeditur, non, ut arbitror, propter calorem, quod quidam putaverunt; nam est major alias; sed propter humorem potius; nam hoc aetas illa turgescit. Itaque nares etiam ac pectus eo tempore tument, atque omnia velut germinant, eoque sunt tenera et injuriae obnoxia.

Sed, ut ad propositum redeam, jam confirmatae constitutaeque vocis genus exercitationis optimum duco, quod est operi simillimum, dicere quotidie, sicut agimus : namque hoc modo non vox tantum confirmatur et latus, sed etiam corporis decens et accommodatus orationi motus componitur.

Non alia est autem ratio pronunciationis, quam ip-

porter des fardeaux, à veiller sous les armes, ils perdront bientôt courage, et soupireront après leurs onctions et leurs sueurs à nu. On ne me pardonnerait pas de recommander, dans un ouvrage comme celui-ci, d'éviter le soleil, le vent, les brouillards, la sécheresse; car, faudra-t-il abandonner un client, parce qu'il s'agira de plaider en plein midi, ou par un temps venteux, humide ou chaud? Quant à ce que conseillent certaines personnes, de ne jamais parler en public quand la digestion est laborieuse, ou qu'on a trop mangé, trop bu, ou qu'on vient de rejeter ses alimens, je ne crois pas qu'il y ait un orateur assez peu maître de lui pour s'y exposer.

Un précepte général et fondé, c'est de ménager la voix chez les adolescens, et surtout dans l'âge de la puberté, parce qu'à cette époque, l'organe est naturellement embarrassé, non pas, à mon avis, à cause d'un excès de chaleur, comme quelques-uns l'ont pensé, car ce principe domine davantage dans les autres saisons de la vie, mais plutôt à cause d'un excès d'humidité. En effet, ce qui caractérise cet âge, c'est la dilatation : les narines se gonflent, la poitrine se distend; tout semble, pour ainsi dire, germer, et par conséquent aussi, tout est plus délicat et plus susceptible d'être endommagé.

Mais, pour revenir à mon sujet, dès que la voix sera formée et bien affermie, le genre d'exercice que j'estime le meilleur, par son analogie avec nos fonctions, c'est de déclamer tous les jours, comme nous ferions au barreau. Outre que cela fortifie l'organe et les poumons, le corps s'habitue à prendre une attitude décente et à mettre ses mouvemens en harmonie avec les paroles.

Or, les règles de la prononciation sont les mêmes

sius orationis : nam ut illa emendata, dilucida, ornata, apta esse debet; ita hæc quoque emendata erit, id est, vitio carebit, si fuerit os facile, explanatum, jucundum, urbanum, id est, in quo nulla neque rusticitas neque peregrinitas resonet; non enim sine causa dicitur *Barbarum, Græcumve:* nam sonis homines, ut æra tinnitu, dignoscimus : ita fiet illud, quod Ennius probat, quum dicit *suaviloquenti ore Cethegum fuisse;* non quod Cicero in his reprehendit, quos ait *latrare, non agere:* sunt enim multa vitia, de quibus dixi, quum in quadam primi libri parte puerorum ora formarem, opportunius ratus, in ea ætate facere illorum mentionem, in qua emendari possunt. Itemque si ipsa *vox* primum fuerit, ut sic dicam, *sana,* id est, nullum eorum, de quibus modo retuli, patietur incommodum : deinde non *surda, rudis, immanis, dura, rigida, vana, præpinguis,* aut *tenuis, inanis, acerba, pusilla, mollis, effeminata; spiritus,* nec *brevis,* nec parum *durabilis,* nec *in receptu difficilis.*

Dilucida vero erit *pronunciatio,* primum, si verba tota *exierint,* quorum pars *devorari,* pars *destitui* solet, plerisque extremas syllabas non perferentibus, dum priorum sono indulgent : ut est autem necessaria verborum explanatio, ita omnes imputare et velut annumerare litteras, molestum, et odiosum : nam et vocales

que celles du discours. Ainsi que lui, elle doit être correcte, claire, élégante et adaptée au sujet. Elle sera correcte, c'est-à-dire, exempte de défauts, si l'accent est facile, net, doux et poli, ou, en d'autres termes, si l'on n'y remarque rien de grossier ni d'étranger; car ce n'est pas sans raison qu'on demande tous les jours si tel individu est Grec ou Barbare, puisque les hommes se reconnaissent à leur parler, comme les métaux au son qu'ils rendent. C'est par là qu'on acquerra ce qu'Ennius loue tant dans Cethegus, quand il dit de lui qu'il avait *du charme dans la voix*, et qu'on évitera le reproche que Cicéron fait à certains orateurs qui *aboient*, dit-il, au lieu de plaider. Il y a, en effet, une foule de défauts que j'ai signalés dans la partie de mon premier livre, où je m'applique à former le langage des enfans, ayant jugé plus à propos de faire mention de ces défauts à l'âge même où l'on peut encore y remédier. Il faut aussi que la voix elle-même soit d'abord *saine*, c'est-à-dire, qu'elle n'ait aucun des vices que j'ai rappelés plus haut; ensuite, qu'elle ne soit ni sourde, ni rude, ni rauque, ni rebelle à toute inflexion; qu'elle ne soit pas fausse, empâtée ou grêle, menue et sans consistance, ou molle et efféminée; enfin, que la respiration ne soit pas courte, de peu de durée ou difficile à reprendre.

Deux choses concourent à rendre la prononciation claire : la première, c'est d'articuler nettement tous les mots, au lieu d'en manger ou d'en omettre une partie, comme font la plupart des orateurs qui glissent sur les dernières syllabes, en appuyant avec affectation sur les premières. Mais, autant il est indispensable de proférer distinctement chaque mot, autant il est désagréable et

frequentissime coeunt, et consonantium quædam insequente vocali dissimulatur; utriusque exemplum posuimus,

Multum ille et terris. . . . .

Vitatur etiam duriorum inter se congressus, unde *pellexit*, et *collegit*, et quæ alio loco dicta sunt : ideoque laudatur in Catullo *suavis appellatio litterarum.*

Secundum est, ut *sit oratio distincta*, id est, ut, qui dicit, et incipiat ubi oportet, et desinat. Observandum etiam, quo loco sustinendus et quasi suspendendus sermo sit (quod Græci ὑποδιαστολὴν, vel ὑποστιγμὴν vocant), quo deponendus. Suspenditur, *Arma virumque cano*, quia illud ad sequentia pertinet, ut sit, *virum, Trojæ qui primus ab oris* : et hic iterum; nam etiamsi aliud est, unde venit, quam quo venit, non distinguendum tamen, quia utrumque eodem modo verbo continetur, *venit.* Tertio *Italiam*, quia interjectio est, *fato profugus*, et continuum sermonem qui faciebat, *Italiam lavinaque*, dividit; ob eamdemque causam, quarto *profugus*, deinde, *lavinaque venit littora*, ubi jam erit distinctio, quia inde alius incipit sensus : sed in ipsis etiam distinctionibus tempus alias brevius, alias longius dabimus; interest enim, sermonem finiant, an sensum : itaque illam distinctionem, *littora*, protinus altero spi-

choquant de détailler une à une toutes les lettres, comme s'il s'agissait de les compter. Ne sait-on pas, d'ailleurs, que, lorsque deux voyelles se rencontrent, la première s'élide, et que certaines consonnes sont dissimulées par la voyelle qui suit. J'ai déjà rapporté ce double exemple : *Multum ille et terris.* C'est encore pour éviter le concours trop dur de certaines lettres, qu'on a composé les mots *pellexit* et *collegit*, et ceux dont j'ai parlé ailleurs. Aussi, loue-t-on Catulle d'avoir fait choix de termes harmonieux et doux [*].

La seconde, c'est que toutes les parties d'un discours se détachent parfaitement, c'est-à-dire, que l'orateur sache prendre à propos ses points de départ et d'arrêt; qu'il observe quand il y a lieu de soutenir et en quelque sorte de suspendre le sens (ce que les Grecs appellent ὑποδιαστολή ou ὑποστιγμή), et quand il y a lieu de le terminer. Prenons pour exemple les premiers vers de l'*Énéide* : *Arma virumque cano*, ici il y a suspension, parce que le mot *virum* appartient à ce qui suit, *virum Trojæ qui primus ab oris* : ici encore nouvelle suspension ; car, bien que ce ne soit pas la même chose de venir d'un lieu ou d'aller dans un lieu, pourtant ce n'est pas le cas de distinguer, parce que l'une et l'autre action est renfermée dans un même mot qui se trouve plus loin, *venit. Italiam*, troisième suspension, à cause de cette interjection, *fato profugus*, qui divise les mots *Italiam... lavinaque;* par la même raison, il faudra une autre suspension après *fato profugus*, avant de jeter ces derniers mots, *lavinaque venit littora.* Là, on s'arrête pour passer à un autre sens; mais ce repos doit être tantôt plus

---

[*] Racine et Métastase, chez les modernes, semblent aussi s'être attachés à mériter cet éloge.

ritus initio insequar : quum illuc venero, *atque altæ mœnia Romæ*, deponam, et morabor, et novum rursus exordium faciam. Sunt aliquando et sine respiratione quædam moræ etiam in periodis, ut in illa, *In cœtu vero populi romani, negotium publicum gerens, magister equitum*, etc. Multa membra habet; sensus enim sunt alii atque alii; et sicut una circumductio est, ita paulum morandum in his intervallis, non interrumpendus est contextus : sed e contrario spiritum interim recipere sine intellectu moræ necesse est; quo loco quasi surripiendus est; alioqui si inscite recipiatur, non minus afferat obscuritatis, quam vitiosa distinctio : virtus autem distinguendi fortasse sit parva, sine qua tamen esse nulla alia in agendo potest.

Ornata est pronunciatio, cui suffragatur *vox facilis, magna, beata, flexibilis, firma, dulcis, durabilis, clara, pura, secans aera et auribus sedens* : est enim quædam ad auditum accommodata, non magnitudine, sed proprietate, ad hoc velut tractabilis, utique habens omnes in se, qui desiderantur, sonos intentionesque, et *toto*, ut aiunt, *organo* instructa; cui aderit lateris fir-

court, tantôt plus long, suivant qu'il marque la fin d'une période ou d'une pensée. Ainsi, après ce point d'arrêt, *littora*, je reprendrai les vers suivans d'un ton plus élevé, et, quand je serai arrivé à ces mots : *atque altæ mœnia Romæ*, je baisserai la voix et ferai une pause, avant d'entamer un nouvel exorde. Il y a aussi des repos qui doivent se marquer sans reprendre haleine, et cela, même dans les périodes, comme celle-ci : *Mais, dans une assemblée du peuple romain, un homme revêtu de fonctions publiques, un maître de la cavalerie*, etc.; car, bien que cette période ait plusieurs membres qui ont chacun un sens différent, comme ces membres se lient les uns aux autres, ils ne doivent être séparés que par des intervalles à peine sensibles, sans interrompre le tissu de la période. Quelquefois, au contraire, il faut reprendre sa respiration, sans que cela s'aperçoive, et la dérober, pour ainsi dire, à son auditoire ; autrement, si elle était reprise à contre-sens, il en résulterait autant d'obscurité que si l'on s'arrêtait mal-à-propos. Il y a peut-être quelque chose de mesquin dans l'art de nuancer ainsi son débit, et cependant c'est une qualité sans laquelle toutes les autres seraient nulles au barreau.

Passons à ce que j'appelle une prononciation élégante : c'est celle que favorise un organe ample et facile, un son de voix heureux, flexible, sonore; qui a de la fermeté et de la douceur, de la consistance et de la pureté; qui fend bien l'air, et tombe avec grâce dans l'oreille. Car, il y a une sorte de voix merveilleusement appropriée à l'ouïe, non pas tant à cause de son volume, qu'à cause de sa qualité qui la rend maniable; une voix qui comporte tous les sons, toutes les intonations dési-

mitas, spiritus quum spatio pertinax, tum labori non facile cessurus.

Neque gravissimus autem in musica sonus, nec acutissimus orationibus convenit : nam et hic parum clarus, nimiumque plenus, nullum afferre animis motum potest; et ille prætenuis, et immodicæ claritatis, quum est ultra verum, tum neque pronunciatione flecti, neque diutius ferre intentionem potest. Nam vox, ut nervi, quo remissior, hoc gravior et plenior; quo tensior, hoc tenuis et acuta magis est : sic ima vim non habet, summa rumpi periclitatur : mediis ergo utendum sonis; hique cum augenda intentione excitandi, cum summittenda sunt temperandi. Nam prima est observatio recte pronunciandi, *æqualitas,* ne sermo subsultet imparibus spatiis ac sonis, miscens longa brevibus, gravia acutis, elata summissis, et inæqualitate horum omnium, sicut pedum, claudicet. Secunda *varietas,* quod solum est pronunciatio : ac ne quis pugnare inter se putet æqualitatem et varietatem; quum illi virtuti contrarium vitium sit inæqualitas, huic, qui dicitur μονοειδής, quasi quidam unus aspectus.

rables, et qu'on peut comparer à un instrument bien organisé dans toutes ses parties. Joignez à cela de forts poumons, une respiration aisée, longue et infatigable.

Il faut laisser à la musique le son très-grave et le son très-aigu; ils ne conviennent point à l'orateur. Le premier n'a pas assez d'éclat, il est trop plein pour pouvoir remuer l'âme; le second, trop délié et trop clair, est évidemment forcé, et ne peut dès-lors ni être assoupli par la prononciation, ni supporter de longs efforts. La voix est, en effet, comme les cordes d'un instrument : plus elle est lâche, plus le son est grave et plein; plus elle est tendue, plus il est menu et aigre. Ainsi, trop basse, elle manque de mordant; trop élevée, elle est exposée à se rompre. Il faut donc recourir à des sons moyens, sauf à les animer si l'on veut leur donner plus de vigueur, ou à les modérer si l'on veut en amoindrir l'effet. Car, la première loi à observer pour une bonne prononciation, c'est d'avoir une tenue toujours égale dans la voix : autrement, les paroles sautillent sans aucune mesure dans les intervalles et dans les sons; on confond les longues avec les brèves, les tons graves avec les tons aigus; on ne distingue plus ce qui est fort de ce qui est doux, et, par ce défaut d'accord dans des choses qui sont comme les pieds du discours, la diction a l'air de boiter. La seconde loi, c'est la variété, qui constitue à elle seule tout le talent de la prononciation. Et qu'on ne croie pas que cette tenue égale dont je viens de parler soit incompatible avec la variété, puisque le défaut opposé à cette première qualité est la disproportion, et que le contraire de la seconde est l'uniformité, qui, pour ainsi dire, présente tout sous un même aspect.

Ars porro variandi quum gratiam praebet, ac renovat aures, tum dicentem ipsa laboris mutatione reficit; ut standi, ambulandi, sedendi, jacendi vices sunt, nihilque eorum pati unum diu possumus. Illud vero maximum (sed id paulo post tractabimus), quod secundum rationem rerum, de quibus dicimus, animorumque habitus, conformanda vox est, ne ab oratione discordet : vitemus igitur illam, quae graece μονοτονία vocatur, una quaedam spiritus ac soni intentio : non solum ne dicamus omnia clamose, quod insanum est; aut intra loquendi modum, quod motu caret; aut summisso murmure, quo etiam debilitatur omnis intentio: sed ut in iisdem partibus iisdemque affectibus sint tamen quaedam non ita magnae vocis declinationes, prout aut verborum dignitas, aut sententiarum natura, aut depositio, aut inceptio, aut transitus postulabit : ut qui singulis pinxerunt coloribus, alia tamen eminentiora, alia reductiora fecerunt, sine quo ne membris quidem suas lineas dedissent.

Proponamus enim nobis illud Ciceronis in oratione nobilissima pro Milone principium. Nonne ad singulas paene distinctiones, quamvis in eadem facie, tamen quasi vultus mutandus est? *Etsi vereor, judices, ne turpe sit,*

Or, la variété, en même temps qu'elle donne de la grâce aux paroles, et qu'elle repose l'oreille, rafraîchit l'orateur par la diversité même du travail qu'elle lui impose. C'est ainsi que nous éprouvons alternativement le besoin de nous tenir debout, de marcher, de nous asseoir, de nous coucher, et que nous ne pourrions subir long-temps une seule de ces attitudes. Mais, ce que je regarde comme le plus important, et dont je traiterai tout-à-l'heure, c'est de conformer notre voix à la nature du sujet et à l'état actuel de notre âme, pour qu'elle soit en harmonie avec nos paroles. Évitons donc ce que les Grecs appellent la monotonie, qui consiste à parler, en quelque sorte, tout d'une haleine, et toujours sur le même ton. Non-seulement gardons-nous de tout dire en criant, ce qui est d'un insensé; ou d'une manière trop unie, ce qui manque de mouvement; ou à voix basse, ce qui détruit tout effet; mais encore tâchons de varier les mêmes situations, les mêmes sentimens, par certaines inflexions délicates, suivant que l'exige la dignité des paroles, la nature des pensées, suivant que nous sommes à la fin ou au commencement d'une période, ou que nous passons d'un sujet à un autre. C'est ainsi que les peintres qui n'ont employé qu'une couleur ont donné plus de saillie à certaines parties de leurs tableaux et en ont reculé d'autres, artifice sans lequel ils n'auraient même pu donner aux membres leurs proportions.

En effet, reportons-nous au début de la belle oraison de Cicéron pour Milon. Ne verrons-nous pas que, presque à chaque incise de la même période, il faut, pour ainsi dire, changer de visage? *Quoique j'appréhende, Messieurs, qu'il n'y ait quelque honte à témoigner de la*

pro fortissimo viro dicere incipientem timere. Etiamsi toto proposito contractum atque summissum, quia et exordium est, et solliciti exordium, tamen fuerit, necesse est, aliquid plenius et erectius, quum dicit, *pro fortissimo viro,* quam quum, *Etsi vereor,* et, *turpe sit,* et, *timere.* Jam secunda respiratio increscat oportet, et naturali quodam conatu, quo minus pavide dicimus, quæ sequuntur, et quod magnitudo animi Milonis ostenditur, *minimeque deceat, quum T. Annius ipse magis reipublicæ de salute, quam de sua perturbetur;* deinde quasi objurgatio sui est, *me ad ejus causam parem animi magnitudinem afferre non posse;* tum invidiosiora, *Tamen hæc novi judicii nova forma terret oculos:* illa vero jam pæne apertis, ut aiunt, tibiis, *qui, quocunque inciderunt, consuetudinem fori, et pristinum morem judiciorum requirunt :* nam sequens latum etiam atque fusum est, *non enim corona consessus vester cinctus est, ut solebat.*

Quod notavi, ut appareret, non solum in membris causæ, sed etiam in articulis esse aliquam pronunciandi varietatem, sine qua nihil neque majus neque minus est.

Vox autem ultra vires urgenda non est; nam et *suffocatur* sæpe, et majore nisu minus clara est, et interim

timidité, en prenant la parole pour défendre un homme de cœur... toute cette première proposition a quelque chose de contraint et de soumis, parceque c'est un exorde, et un exorde où l'orateur ne paraît pas bien rassuré; cependant, il prononcera d'un ton plus plein, plus élevé, ces mots : *pour défendre un homme de cœur*, que ceux-ci : *Quoique j'appréhende... qu'il n'y ait quelque honte*, etc. Reprenant haleine une seconde fois, il haussera naturellement la voix, pour dire avec plus de fermeté ce qui suit, et qui met au jour la magnanimité de son client : *Quoiqu'il soit inconvenant, lorsque Milon se montre plus inquiet pour la république que pour lui-même...* en ajoutant du ton d'un homme qui se fait une espèce de reproche : *de ne pouvoir apporter à sa défense une grandeur d'âme égale à la sienne ;* puis, il fera ressortir avec éclat ce qu'il y a d'odieux dans les formes du jugement : *Cependant, je l'avouerai, ce nouvel appareil de justice m'effraie malgré moi......* et, arrivé à ces mots : *de quelque côté que tombent mes regards, je cherche en vain les anciens usages du barreau, et ces formes tutélaires qui présidaient naguère à vos jugemens,* il donnera un plein essor à sa voix, car ce qui vient après est clair et sans équivoque : *Je ne vois plus cette nombreuse assistance qui entourait, qui pressait vos sièges.*

J'ai fait ces remarques pour montrer que non-seulement les diverses périodes d'une même cause, mais encore les membres d'une même période, comportent quelque variété dans la prononciation, sous peine de ne faire sentir aucune nuance en plus ou en moins.

Cependant, ne forçons pas notre voix outre mesure, car souvent ainsi on l'étouffe : trop d'efforts, d'ailleurs,

elisa in illum sonum erumpit, cui Græci nomen a gallorum immaturo cantu dederunt. Nec *volubilitate* nimia confundenda, quæ dicimus; qua et distinctio perit, et affectus; et nonnunquam etiam verba aliqua sui parte fraudantur. Cui contrarium est vitium nimiæ tarditatis: nam et difficultatem inveniendi fatetur, et segnitia solvit animos, et, in quo est aliquid, temporibus præfinitis aquam perdit.

Promptum sit os, non præceps; moderatum, non lentum. Spiritus quoque nec crebro receptus concidat sententiam; nec eo usque trahatur, donec deficiat : nam et deformis est consumpti illius sonus, et respiratio sub aqua diu pressi similis, et receptus longior, et non opportunus, ut qui fiat, non ubi volumus, sed ubi necesse est : quare longiorem dicturis periodum colligendus est spiritus; ita tamen, ut id neque diu, neque cum sono faciamus, neque omnino ut manifestum sit; reliquis partibus optime inter juncturas sermonis revocabitur.

Exercendus autem est, ut sit quam longissimus; quod Demosthenes ut efficeret, scandens in adversum continuabat quam posset plurimos versus : idem, quo

la rendent moins claire, et, quand elle est écrasée, elle s'échappe en un son auquel les Grecs ont donné un nom qui a de l'analogie avec le chant prématuré des jeunes coqs. Évitons aussi la trop grande volubilité qui, brouillant et confondant tout, ne permet de rien distinguer ni rien sentir, et qui va même jusqu'à tronquer les mots. Gardons-nous également de l'excès contraire, de cette assommante lenteur qui accuse la sécheresse de l'imagination, et communique son engourdissement à l'auditoire. Ajoutez, et ce n'est pas le moindre de ses inconvéniens, qu'elle expose l'orateur à voir s'écouler, en pure perte, le volume d'eau qui lui a été assigné d'avance pour parler *.

Que notre prononciation soit donc prompte sans être précipitée, modérée sans être lente; ne reprenons pas trop fréquemment haleine, de manière à couper incessamment le sens; ne la prolongeons pas non plus jusqu'à ce qu'elle vienne à nous manquer : car, lorsque nous sommes essoufflés, nous rendons un son désagréable; notre respiration est comme celle de quelqu'un qu'on retiendrait sous l'eau; nous la reprenons avec peine et à contre-temps; on voit que ce n'est pas l'effet de notre volonté, mais de la nécessité. Il faut donc, quand on a une longue période à fournir, rassembler toutes ses forces, pourvu que cela ne soit pas trop long, se fasse sans bruit et sans trop se remarquer. Dans les autres endroits, on pourra respirer plus à l'aise, entre les diverses liaisons du discours.

Or, c'est à force d'exercice qu'on se donne la res-

* En d'autres termes, *à voir lever l'audience avant qu'il n'ait fini.* Les anciens mesuraient le temps au moyen d'horloges d'eau ou *clepsydres.* De là est venue cette locution, *dicere ad clepsydram.*

facilius verba ore libero exprimeret, calculos lingua volvens dicere domi solebat.

Est interim et longus, et plenus, et clarus satis spiritus, non tamen firmæ intentionis, ideoque tremulus; ut corpora, quæ aspectu integra, nervis parum sustinentur: id βράγχον Græci vocant. Sunt qui spiritum cum stridore per raritatem dentium non recipiunt; sed resorbent: sunt qui crebro anhelitu, et introrsum etiam clare sonante, imitentur jumenta onere et jugo laborantia. Quod affectant quoque, tamquam inventionis copia urgeantur, majorque vis eloquentiæ ingruat, quam quæ emitti faucibus possit. Est aliis concursus oris, et cum verbis suis colluctatio. Jam tussire, et exspuere crebro, et ab imo pulmone pituitam trochleis adducere, et oris humore proximos spargere, et majorem partem spiritus in loquendo per nares effundere, etiamsi non utique vocis sunt vitia; quia tamen propter vocem accidunt, potissimum huic loco subjiciantur.

Sed quodcunque ex his vitium magis tulerim, quam, quo nunc maxime laboratur in causis omnibus scholisque, cantandi; quod inutilius sit, an fœdius, nescio: quid enim minus oratori convenit, quam modulatio

piration la plus longue possible. Pour y parvenir, Démosthène récitait autant de vers qu'il le pouvait, tout d'une haleine, et en gravissant en arrière. Le même orateur, pour se procurer une prononciation facile et nette, s'exerçait chez lui à parler, en roulant des cailloux dans sa bouche.

Quelquefois la respiration est suffisamment longue, pleine et claire, mais elle manque de fermeté, ce qui la rend tremblante, et donne lieu à un chevrotement que les Grecs appellent βράγχον; elle ressemble à ces corps qui paraissent sains au premier aspect, et qui ont peine à se soutenir par la faiblesse de leurs nerfs. Chez ceux qui ont les dents rares et écartées, chaque fois qu'ils aspirent, l'air se refoule dans la bouche avec un sifflement. Il y en a dont la poitrine toujours haletante fait entendre un bruit fatigant : on dirait de ces bêtes de somme, qui succombent sous le faix et sous le joug. C'est aussi un manège pour paraître accablé sous l'abondance de ses idées, et entraîné par une éloquence qui déborde. Chez d'autres, l'organe rebelle lutte avec tous les mots; enfin, tousser et cracher à chaque instant, tirer avec effort du fond de ses poumons une âcre pituite, incommoder ses voisins de sa salive, respirer en grande partie par le nez, sont autant de défauts que je dois mentionner ici, non pas précisément que ce soient des défauts de prononciation, mais parce que c'est la prononciation qui y donne lieu.

Mais, de tous ces défauts, il n'en est pas un que je ne supportasse plus volontiers que la manie de chanter en parlant, qui fait aujourd'hui fureur au barreau et dans les écoles. Je ne saurais dire ce qui me choque le plus dans cette manie, de sa futilité ou de son indécence.

scenica, et nonnunquam ebriorum, aut comissantium licentiæ similis? Quid vero movendis affectibus contrarium magis, quam, quum dolendum, irascendum, indignandum, commiserandum sit, non solum ab his affectibus, in quos inducendus est judex, recedere, sed ipsam fori sanctitatem ludorum talarium licentia solvere? Nam Cicero *illos ex Lycia et Caria rhetoras pæne cantare in epilogis* dixit : nos etiam cantandi severiorem paulo modum excessimus. Quisquamne, non dico de homicidio, sacrilegio, parricidio, sed de calculis certe atque rationibus, quisquam denique, ut semel finiam, in lite cantat? Quod si omnino recipiendum est, nihil causæ est, cur non illam vocis modulationem fidibus ac tibiis, immo hercule, quod est huic deformitati propius, cymbalis adjuvemus. Facimus tamen hoc libenter : nam nec cuiquam sunt injucunda, quæ cantant ipsi, et laboris in hoc, quam in agendo, minus est. Sunt et quidam, qui secundum alia vitæ vitia, etiam hac ubique audiendi, quod aures mulceat, voluptate ducantur. Quid ergo? non et Cicero dicit esse *aliquem in oratione cantum obscuriorem?* et hoc quodam naturali initio venit? Ostendam non multo post, ubi et quatenus recipiendus sit hic flexus, et cantus quidem, sed, quod plerique intelligere nolunt, obscurior.

Qu'y a-t-il, en effet, qui convienne moins à un orateur, que ces modulations de théâtre, qui trop souvent même rappellent le chant des ivrognes ou de convives en pleine débauche ? Mais surtout, qu'y a-t-il de moins propre à toucher les passions? Quoi ! il s'agit d'exciter la douleur, la colère, l'indignation, la pitié; et, non content d'éteindre tous ces sentimens dans le cœur du juge, tandis qu'il faudrait les y faire naître, on se joue encore de la majesté du barreau, en y introduisant une licence digne des rhéteurs de la Lycie et de la Carie ! Car Cicéron a dit d'eux, qu'ils mettaient du chant jusque dans leurs péroraisons; mais, au moins, ce chant avait-il quelque chose d'un peu sévère : pour nous, nous ne gardons aucune mesure. Je le demande pourtant, est-il naturel de chanter, je ne dis pas quand il s'agit d'un meurtre, d'un sacrilège, d'un parricide, mais à propos de chiffres, de comptes, ou enfin d'un simple litige? Que si l'on veut chanter à toute force, il n'y a pas de raison pour qu'on ne s'accompagne aussi avec des flûtes ou des instrumens à cordes, ou plutôt avec des cymbales, dont les accords seraient en vérité bien dignes d'un aussi sot abus. Et voilà ce que nous faisons de gaîté de cœur ! c'est à qui se complaira à s'entendre chanter ! sans doute parce que cela donne moins de mal que de plaider avec décence. Ensuite, il est une classe d'auditeurs qui, portant partout les habitudes d'une vie efféminée, ne viennent que pour entendre des sons qui flattent leurs oreilles. Mais, va-t-on m'objecter, Cicéron ne dit-il pas lui-même qu'il y a dans la prononciation un chant légèrement marqué, un chant *obscur*, et qui est en quelque sorte naturel ? Je ferai voir tout-à-l'heure où et jusqu'à quel point on peut admettre cette inflexion, cette sorte de

Jam enim tempus est dicendi, quæ sit *apta pronunciatio;* quæ certe ea est, quæ iis, de quibus dicimus, accommodatur : quod quidem maxima ex parte præstant ipsi motus animorum, sonatque vox, ut feritur; sed quum sint alii veri affectus, alii ficti et imitati, veri naturaliter erumpunt, ut dolentium, irascentium, indignantium; sed carent arte; ideoque sunt disciplina et ratione formandi. Contra qui effinguntur imitatione, artem habent; sed hi carent natura; ideoque in iis primum est bene affici, et concipere imagines rerum, et tamquam veris moveri : sic velut media vox, quem habitum a nostris acceperit, hunc judicum animis dabit : est enim mentis index, ac totidem, quot illa, mutationes habet. Itaque lætis in rebus *plena* et *simplex* et ipsa quodammodo *hilaris* fluit; in certamine *erecta* totis viribus, et velut omnibus nervis intenditur; *atrox* in ira, et *aspera* ac *densa*, et respiratione crebra : neque enim potest esse longus spiritus, quum immoderate effunditur : paulum in invidia facienda *lentior*, quia non fere ad hanc nisi inferiores confugiunt : at in blandiendo, fatendo, satisfaciendo, rogando, *lenis* et *summissa* : suadentium, et monentium, et pollicentium, et consolantium *gravis* : in metu et verecundia *contracta*, adhortationibus *fortis*, disputationibus *teres*, miseratione

chant, mais de chant *obscur*, correctif, que la plupart ne veulent point entendre.

Il est temps d'expliquer maintenant ce que c'est qu'une prononciation convenable : c'est certainement celle qui s'assortit le mieux au sujet que nous traitons, et c'est dans les mouvemens de notre âme qu'il faut en grande partie la trouver; car, la voix ne fait qu'obéir à l'impulsion qu'on lui donne. Mais, il y a des mouvemens de l'âme qui sont vrais, et d'autres qui sont feints et imités. Les premiers, tels qu'on les voit chez les hommes que dominent la douleur, l'indignation, la colère, éclatent naturellement : ils manquent d'art; c'est par l'expérience et la raison qu'on les rectifie. Les autres, au contraire, qu'on rend par imitation, ne sont que le produit de l'art, et, comme la nature y est étrangère, il faut y suppléer par une profonde sensibilité, une imagination vive qui nous mette les objets sous les yeux, et nous affecte comme la vérité même. La voix alors devient une espèce de truchement qui porte au juge les sentimens dont nous l'avons animée : car, véritable interprète de l'âme, elle en a toutes les variations. Sommes-nous dans la joie, la voix est pleine, unie, et coule avec une sorte d'hilarité; dans la chaleur de l'argumentation, elle s'élève de toutes ses forces, elle tend, pour ainsi dire, toutes ses cordes; dans la colère, elle est dure, âpre, violente et entrecoupée : car, l'air s'échappant avec impétuosité, la respiration ne saurait être longue. Veut-on jeter de la défaveur sur quelqu'un; comme ce sont, en général, les inférieurs qui ont recours à ce moyen, la voix prend de l'hésitation, de la lenteur; mais, s'agit-il de flatter, de descendre à des aveux, à des satisfactions, à des prières, elle est douce et timide. Grave dans le langage de la

flexa et *flebilis,* et consulto quasi obscurior : at in egressionibus *fusa*, et securæ claritatis, in expositione ac sermonibus *recta*, et inter acutum sonum et gravem media : *attollitur* autem concitatis affectibus, compositis *descendit*, pro utriusque rei modo altius, vel inferius.

Quid autem quisque in dicendo postulet locus, paulum differam, ut de gestu prius dicam; qui et ipse voci consentit, et animo cum ea simul paret.

Is quantum habeat in oratore momenti, satis vel ex eo patet, quod pleraque, etiam citra verba, significat. Quippe non manus solum, sed nutus etiam declarant nostram voluntatem, et in mutis pro sermone sunt, et saltatio frequenter sine voce intelligitur atque afficit, et ex vultu ingressuque perspicitur habitus animorum; et animalium quoque sermone carentium ira, lætitia, adulatio et oculis et quibusdam aliis corporis signis deprehenditur. Nec mirum, si ista, quæ tamen in aliquo posita sunt motu, tantum in animis valent; quum pictura, tacens opus, et habitus semper ejusdem, sic in intimos penetret affectus, ut ipsam vim dicendi nonnunquam superare videatur : contra si gestus ac vultus ab oratione dissentiant, tristia dicamus hilares, affirmemus

persuasion et des conseils, dans celui des consolations et des promesses, la crainte ou la honte la resserre ; forte et animée dans les remontrances, roulante dans la dispute, si elle veut émouvoir la pitié, elle devient flexible et touchante, et s'obscurcit même à dessein. Elle est étendue, claire et assurée dans les digressions ; simple dans les récits et les discours familiers, tenant le milieu entre le grave et l'aigu. Enfin, la voix monte ou descend, suivant que nos affections sont tumultueuses ou réglées, et toujours dans une juste proportion avec nos sentimens.

J'ajournerai un peu mes remarques sur le ton que réclame chaque partie d'un discours. Parlons d'abord du *geste*, qui est d'intelligence avec la voix, et qui, comme elle, obéit aux impressions de l'âme.

Pour apprécier la valeur du geste dans l'orateur, il suffit de voir combien il exprime de choses, sans le secours de la parole ; car, non-seulement la main, mais de simples hochemens de tête déclarent notre volonté, et c'est dans des signes qu'est tout le langage des muets. La danse, qui n'a que l'éloquence du corps, est souvent expressive et touchante : le visage et la démarche décèlent l'état de l'âme ; et, dans les animaux privés de la parole, la colère, la joie, les caresses se manifestent dans les yeux et dans quelques autres mouvemens. Mais, doit-on s'étonner que des organes, d'ailleurs animés, agissent si puissamment, quand la peinture, création muette et uniforme, pénètre tellement dans nos sens, qu'elle semble quelquefois l'emporter sur le prestige même de l'éloquence ? Que si, au contraire, le geste et l'expression du visage sont en opposition directe avec ce que nous disons, si nous parlons gaîment de choses

aliqua renuentes; non auctoritas modo verbis, sed etiam fides desit.

Decor quoque a gestu atque a motu venit : ideoque Demosthenes grande quoddam intuens speculum, componere actionem solebat; adeo, quamvis fulgor ille sinistras imagines reddat, suis demum oculis credidit, quod efficeret.

Præcipuum vero in actione, sicut in corpore ipso, caput est, quum ad illum, de quo dixi, decorem, tum etiam ad significationem. Decoris illa sunt, ut sit primo rectum, et secundum naturam : nam et dejecto humilitas, et supino arrogantia, et in latus inclinato languor, et præduro ac rigente barbaria quædam mentis ostenditur : tum accipiat aptos ex ipsa actione motus, ut cum gestu concordet, et manibus ac lateribus obsequatur : aspectus enim semper eodem vertitur, quo gestus, exceptis quæ aut damnare, aut non concedere, aut a nobis removere oportebit; ut idem illud vultu videamur aversari, manu repellere :

. . . . Di, talem avertite pestem!
. . . . . . Haud equidem tali me dignor honore.

Significat vero plurimis modis : nam præter annuendi,

tristes, si nous affirmons d'un ton presque dubitatif, nos paroles perdent à la fois toute autorité et toute créance.

C'est dans le geste et dans les mouvemens du corps que réside aussi la grâce de l'orateur. Aussi, Démosthène composait-il son action devant un grand miroir, quoique le miroir réfléchisse les objets à gauche, tant il croyait ne devoir s'en rapporter qu'à ses yeux pour l'effet qu'il voulait produire!

Mais la tête est à l'égard du maintien, ce qu'elle est à l'égard du corps lui-même, la partie principale, et qui contribue le plus à cette grâce dont je viens de parler, et à l'expression qui lui donne la vie. Il faut donc observer d'abord qu'elle soit droite et dans son aplomb naturel : car, si on la tient baissée, elle donne l'air ignoble; si on la renverse en arrière, c'est de l'arrogance; si on la penche de côté, c'est de la langueur, et, si on la tient raide et fixe, elle annonce une certaine dureté dans le caractère. Ensuite, c'est de l'action elle-même qu'elle doit recevoir ses mouvemens, afin que, d'accord avec le geste, elle suive la direction des mains et des flancs. En effet, la tête doit être toujours tournée du côté où se fait le geste, excepté quand il s'agit d'exprimer le refus, la réprobation ou l'horreur; car alors, en même temps qu'on détourne le visage, on repousse avec la main, comme en prononçant ce vers :

> Dieux puissans! éloignez ce monstre de la terre!

ou celui-ci :

> Je ne me juge pas digne d'un tel honneur!

La tête a encore plusieurs expressions qui lui sont

renuendi, confirmandique motus, sunt et verecundiæ, et dubitationis, et admirationis, et indignationis noti et communes omnibus. Solo tamen eo facere gestum scenici quoque doctores vitiosum putaverunt : etiam frequens ejus nutus non caret vitio; adeo jactare id, et comas excutientem rotare, fanaticum est.

Dominatur autem maxime vultus : hoc supplices, hoc minaces, hoc blandi, hoc tristes, hoc hilares, hoc erecti, hoc summissi sumus; hoc pendent homines, hunc intuentur, hunc spectant, etiam antequam dicimus; hoc quosdam amamus, hoc odimus; hoc plurima intelligimus, hic est sæpe pro omnibus verbis. Itaque in iis, quæ ad scenam componuntur, fabulis artifices pronunciandi a personis quoque affectus mutuantur : ut sit *Aerope* in tragœdia *tristis, atrox Medea, attonitus Ajax, truculentus Hercules.* In comœdiis vero præter aliam observationem, qua servi, lenones, parasiti, rustici, milites, meretriculæ, ancillæ, senes austeri ac mites, juvenes severi ac luxuriosi, matronæ, puellæ, inter se discernuntur; pater ille, cujus præcipuæ partes sunt, quia interim concitatus, interim lenis est, altero erecto, altero composito est supercilio : atque id ostendere maxime latus actoribus moris est, quod cum iis, quas agunt, partibus congruat.

particulières. Outre les signes à l'aide desquels elle acquiesce, refuse ou confirme, elle en a de connus et de communs à tous les hommes, pour témoigner la honte, l'hésitation, la surprise, l'indignation. Cependant, les connaisseurs dans l'art du théâtre, eux-mêmes, estiment que c'est un défaut de ne gesticuler qu'avec la tête. C'en est un aussi de la secouer trop souvent; à plus forte raison, n'appartient-il qu'à un écervelé, à un furieux, de la jeter çà et là, et de la tourner dans tous les sens, en se tordant les cheveux.

Mais c'est surtout le visage qui domine dans cette région supérieure. Il implore, il menace, il flatte; il indique si nous sommes tristes ou gais, fiers ou abattus. C'est sur lui que se fixent tous les regards, que se dirige toute l'attention, avant même que nous ouvrions la bouche. C'est par lui que nous nous passionnons pour tel orateur, et que nous nous prévenons contre tel autre. Enfin, le visage fait entendre une foule de choses, et vaut souvent tout un discours. Aussi, dans les pièces de théâtre, les comédiens ont-ils soin que leurs masques expriment le moral du personnage qu'ils représentent, en sorte que, dans la tragédie, Érope se reconnaisse à sa tristesse, Médée à sa rage, Ajax à sa stupéfaction, Hercule à sa fureur. Dans la comédie, outre que des masques différens signalent, sans les confondre, l'esclave, le parasite, le paysan, le soldat, la courtisane, la servante, le vieillard renfrogné et le vieillard indulgent, le jeune homme de bonnes mœurs et le libertin, la mère de famille et la vierge modeste; on donne encore à certain père de comédie, personnage principal, qui passe alternativement de l'emportement à la douceur, un masque où le sourcil se rehausse fièrement d'un côté, et se dessine paisible-

Sed in ipso vultu plurimum valent oculi, per quos maxime animus eminet, ut citra motum quoque et hilaritate enitescant, et tristitiae quoddam nubilum ducant: quin etiam lacrymas his natura mentis indices dedit; quae aut erumpunt dolore, aut laetitia manant : motu vero intenti, remissi, superbi, torvi, mites, asperi fiunt : quae, ut actus poposcerit, fingentur. Rigidi vero et extenti, aut languidi et torpentes, aut stupentes, aut lascivi et mobiles, aut natantes et quadam voluptate suffusi, aut limi et, ut sic dicam, venerei, aut poscentes aliquid, pollicentesve, nunquam esse debebunt : nam opertos, compressosve eos in dicendo quis, nisi plane rudis, aut stultus, habeat?

Et ad haec omnia exprimenda in palpebris etiam et genis est quoddam deserviens iis ministerium. Multum et superciliis agitur : nam et oculos formant aliquatenus, et fronti imperant : his contrahitur, attollitur, demittitur; ut una res in ea plus valeat, sanguis ille, qui mentis habitu movetur, et, quum infirmam verecundia cutem accepit, effunditur in ruborem; quum metu refugit, abit omnis et pallore frigescit; temperatus

ment de l'autre; et l'acteur ne manque pas de montrer le côté du masque qui convient à la situation.

Ce qu'il y a de plus éloquent dans le visage, ce sont les yeux; l'âme s'y découvre tout entière, à tel point que, sans qu'ils remuent, la joie les fait briller, et la tristesse les obscurcit d'un nuage. La nature leur a aussi donné les larmes qui trahissent les sentimens dont nous sommes agités, en s'échappant avec impétuosité dans la douleur, en coulant doucement dans la joie. Le mouvement leur donne encore des expressions plus variées : ils peignent l'application, le découragement, la fierté, la menace, la sévérité, la douceur; c'est à l'orateur à leur faire parler le langage qu'exigera la situation. Mais il se gardera bien de les tenir immobiles et démesurément ouverts, de les rendre langoureux et mornes, ou stupides; de les rouler d'un air lascif, d'y répandre une teinte de molle volupté, ou de les tourner obliquement et d'une façon amoureuse, comme s'ils demandaient ou promettaient quelque chose. Pour ce qui est de les fermer ou de les comprimer en parlant, qui s'en avisera, à moins d'être absolument dépourvu de sens?

Les paupières et les joues font aussi leur office dans ces diverses expressions, et les sourcils y sont pour beaucoup, puisqu'ils modifient jusqu'à un certain point la forme de l'œil, et règnent en maîtres sur le front qu'ils contractent, élèvent ou abaissent suivant leur caprice. Je ne connais rien qui agisse plus sur cette partie du visage, si ce n'est le sang lui-même, lorsqu'il est mis en mouvement par nos affections intérieures : en effet, que la honte s'empare de nous, il couvre le front de rougeur; que ce soit la crainte, il y laisse, en se retirant, la pâ-

medium quoddam serenum efficit. Vitium in superciliis, si aut immota sunt omnino, aut nimium mobilia, aut inaequalitate, ut modo de persona comica dixeram, dissident, aut contra id, quod dicimus, finguntur : *ira* enim contractis, *tristitia* deductis, *hilaritas* remissis ostenditur : annuendi quoque et renuendi ratione demittuntur, aut allevantur.

Naribus labrisque non fere quidquam decenter ostendimus, tametsi derisus iis, contemptus, fastidium significari solet : nam et *corrugare nares*, ut Horatius ait, et inflare, et movere, et digito inquietare, et pulso subito spiritu excutere, et diducere saepius, et plana manu resupinare, indecorum est; quum emunctio etiam frequentior non sine causa reprehendatur. Labra et porriguntur male, et scinduntur, et astringuntur, et diducuntur, et dentes nudant, et in latus ac paene ad aurem trahuntur, et velut quodam fastidio replicantur, et pendent, et vocem tantum altera parte dimittunt : lambere quoque ea et mordere, deforme est; quum etiam in efficiendis verbis modicus eorum esse debeat motus : ore enim magis, quam labris, loquendum est.

leur; enfin, que le sang soit tempéré par un juste équilibre, il répand sur le front une teinte de sérénité, qui tient le milieu entre les deux premiers effets. Pour en revenir aux sourcils, c'est un défaut quand ils sont tout-à-fait immobiles, ou quand on les fait trop jouer, ou quand leurs mouvemens sont inégaux, comme je le disais tout-à-l'heure d'un masque de comédie, ou enfin lorsque ces mouvemens s'accordent mal avec ce que nous disons; car nos sentimens s'y peignent aussi : la colère les contracte, la douleur les affaisse, la joie les dilate. C'est encore une manière de consentir ou de refuser, quand on les baisse ou quand on les hausse.

Il n'est presque rien qu'on puisse exprimer décemment par le jeu des narines et des lèvres, quoique généralement elles se prêtent à marquer la dérision, le dédain et la répugnance. Car, *se plisser les narines*, comme dit Horace, les gonfler, les mouvoir, y porter sans cesse les doigts, en faire sortir l'air à grand bruit, les tirer en tous sens, ou les retrousser avec le creux de la main, tout cela pèche contre les bienséances, puisque même on blâme, et avec raison, dans les orateurs, l'action de se moucher trop souvent. Quant aux lèvres, il est d'un mauvais effet de les porter en avant, de les fendre, de les serrer, de les ouvrir de manière à laisser voir les dents, ou de les élargir presque jusqu'aux oreilles; elles ont mauvaise grâce aussi quand elles se replient dédaigneusement, quand elles sont pendantes, ou ne laissent passage à la voix que d'un côté : à plus forte raison, est-il choquant de les lécher ou de les mordre. En un mot, leur mouvement doit être à peine sensible dans l'articulation des mots, car on doit parler de la bouche plus que des lèvres.

Cervicem rectam oportet esse, non rigidam, aut supinam : collum diversa quidem, sed pari deformitate et contrahitur et tenditur; sed tenso subest et labor, tenuaturque vox ac fatigatur : affixum pectori mentum minus claram, et quasi latiorem presso gutture facit.

Humerorum raro decens allevatio atque contractio est : breviatur enim cervix, et gestum quemdam humilem atque servilem, et quasi fraudulentum facit, quum se in habitum adulationis, admirationis, metus fingunt.

Brachii moderata projectio remissis humeris, atque explicantibus se in proferenda manu digitis, continuos et decurrentes locos maxime decet : at quum speciosius quid uberiusque dicendum est, ut illud, *Saxa atque solitudines voci respondent,* exspatiatur in latus, et ipsa quodammodo se cum gestu fundit oratio.

Manus vero, sine quibus trunca esset actio ac debilis, vix dici potest, quot motus habeant, quum pæne ipsam verborum copiam persequantur : nam cæteræ partes loquentem adjuvant, hæ, prope est ut dicam, ipsæ loquuntur. His poscimus, pollicemur, vocamus, dimittimus, minamur, supplicamus, abominamur, timemus; gaudium, tristitiam, dubitationem, confessionem, pœnitentiam, modum, copiam, numerum, tempus, ostendimus. Non concitant? inhibent? supplicant? probant?

Ayez le cou droit, et non raide ni renversé ; qu'il ne soit non plus ni affaissé ni tendu, car il en résulte deux défauts également graves. S'il est tendu il y a fatigue et la voix s'altère ; si le menton retombe sur la poitrine, la pression du gosier rend le son moins clair et l'écrase.

Il sied rarement de hausser les épaules et de les rapprocher en les serrant ; cette action raccourcit le cou, et donne au geste je ne sais quoi d'humble et de servile, je dirai même de faux : aussi, est-ce le signe de l'adulation, de l'étonnement et de la crainte.

Ne portez pas le bras trop en avant ; que vos épaules soient rabattues, et que vos doigts se déploient en allongeant la main, lorsque vous parlez sur un sujet continu et rapide ; c'est, en ce cas, ce qui convient le mieux. Mais, arrivez-vous à un passage qui comporte plus d'éclat, plus d'abondance, comme celui-ci : *Les rochers et les solitudes répondent à la voix des poètes*, alors développez-vous, et que votre geste s'étende, pour ainsi dire, avec vos paroles.

Quant aux mains, sans lesquelles l'action serait faible et tronquée, on compterait à peine les mouvemens dont elles sont susceptibles ; elles en ont presque autant qu'il y a de mots ; et, si les autres parties du corps aident au langage, il est à peu près vrai de dire que les mains parlent. Quelle variété d'expressions ! Demander avec instance, promettre, appeler, congédier, menacer, supplier ; peindre l'horreur, l'effroi, la joie, la douleur, l'hésitation, les aveux, le repentir ; indiquer la mesure, la quantité, le nombre, le temps : les mains suffisent à tout. Ne s'en sert-on pas encore pour exciter, pour cal-

admirantur? verecundantur? Non in demonstrandis locis ac personis adverbiorum atque pronominum obtinent vicem? ut in tanta per omnes gentes nationesque linguae diversitate hic mihi omnium hominum communis sermo videatur.

Et hi quidem, de quibus sum locutus, cum ipsis vocibus naturaliter exeunt gestus : alii sunt, qui res imitatione significant; ut si aegrum, tentantis venas medici similitudine, aut citharoedum, formatis ad modum percutientis nervos manibus, ostendas, quod est genus quam longissime in actione fugiendum. Abesse enim plurimum a saltatore debet orator, ut sit gestus ad sensum magis, quam ad verba, accommodatus; quod etiam histrionibus paulo gravioribus facere moris fuit : ergo ut ad se manum referre, quum de se ipso loquatur, et in eum, quem demonstret, intendere, et aliqua his similia permiserim; ita non, effingere status quosdam, et quidquid dicet ostendere.

Neque id in manibus solum, sed in omni gestu ac voce servandum est : non enim aut in illa periodo, *Stetit soleatus praetor populi romani*, inclinatio incumbentis in mulierculam Verris effingenda est; aut in illa, *Caedebatur in medio foro Messanae*, motus laterum, qualis esse ad verbera solet, torquendus; aut vox,

mer, pour approuver, pour admirer, pour témoigner de la honte? ne tiennent-elles pas lieu quelquefois des adverbes et des pronoms, pour désigner les lieux et les personnes? en sorte, qu'au milieu de cette prodigieuse diversité de langues répandues parmi tant de peuples, elles paraissent former une sorte de langage commun à tous les hommes.

Dans tout ce que je viens de dire, les gestes accompagnent naturellement nos paroles. Il en est d'autres qui ont la prétention de représenter tout avec une minutieuse fidélité; comme, par exemple, de désigner un malade, en contrefaisant le médecin qui lui tâte le pouls, ou un musicien, en arrangeant ses doigts à la manière de ceux qui jouent de la lyre. On ne saurait trop fuir ce genre d'imitation. Pour peu qu'on apprécie la distance qui sépare l'orateur du baladin, on s'étudiera à conformer son geste au sens bien plus qu'aux paroles; c'est aussi ce qu'ont fait les comédiens qui ont mis quelque dignité dans leur art. Autant donc je passerai volontiers à un orateur de tourner la main sur soi, quand il parle de lui-même, ou de la diriger vers celui qu'il veut montrer, et autres gestes semblables, autant je le blâmerai de copier certaines attitudes et de vouloir mettre en action tout ce qu'il dit.

Ce n'est pas seulement à l'égard des mains qu'il faut observer ces convenances, c'est à l'égard de toute espèce de geste, et de la voix. Ainsi, dans cette période des Verrines, que j'ai déjà citée : *On voyait un préteur du peuple romain, vêtu et chaussé à la grecque*, etc., on ne singera pas la posture de Verrès penché sur le sein d'une courtisane; et, dans cette autre : *Un citoyen romain était battu de verges, sur la place publique de*

qualis dolore exprimitur, eruenda. Quum mihi comoedi quoque pessime facere videantur, qui, etiamsi juvenem agant, quum tamen in expositione aut senis sermo, ut in *Hydriæ prologo*, aut mulieris, ut in *Georgo*, incidit, tremula, vel effeminata voce pronunciant : adeo in illis quoque est aliqua vitiosa imitatio, quorum ars omnis constat imitatione.

Est autem gestus ille maxime communis, quo medius digitus in pollicem contrahitur explicitis tribus, et principiis utilis cum leni in utramque partem motu modice prolatus, simul capite atque humeris sensim ad id, quo manus feratur, obsecundantibus; et in narrando certus, sed tum paulo productior; et in exprobrando et coarguendo acer atque instans : longius enim partibus his et liberius exseritur. Vitiose vero idem sinistrum quasi humerum petens in latus agi solet; quamquam adhuc pejus aliqui transversum brachium proferunt, et cubito pronunciant.

Duo quoque medii sub pollicem veniunt; et est hic adhuc priore gestus instantior, principio et narrationi non accommodatus.

At quum tres contracti pollice premuntur; tum digitus ille, quo usum optime Crassum Cicero dicit, explicari solet : is in exprobrando et indicando, unde et ei

Messine, on n'imitera pas le mouvement des flancs déchirés par le fouet, ni les accens qu'arrache la douleur. Je dirai même que je trouve détestable qu'un comédien, chargé d'un rôle de jeune homme, s'il a par hasard, comme dans le prologue d'*Hydria* et de *Georgus*, à rapporter les discours d'un vieillard ou d'une femme, prenne une voix tremblante ou efféminée : tant il est vrai que l'imitation peut pécher par quelque excès, chez ceux même dont tout l'art consiste à imiter !

Pour en revenir à la main, un geste qui lui est assez ordinaire, c'est d'avoir le doigt du milieu plié contre le pouce, et les trois autres déployés. Ce geste sied bien dans les exordes, lorsqu'il est modéré, et se porte lentement tantôt d'un côté, tantôt d'un autre, la tête et les épaules ne faisant qu'obéir d'une manière insensible au mouvement de la main. Dans les récits, ce geste doit avoir quelque chose de plus assuré : on l'y développe davantage. Enfin, il est vif et pressant dans les reproches et les objections : aussi, s'y déploie-t-il en toute liberté. Mais ce même geste devient mauvais, s'il va chercher l'épaule gauche et n'agit que de côté; ce qui est pis encore, c'est de faire comme quelques orateurs qui portent le bras en travers, et prononcent, pour ainsi dire, du coude.

Quelquefois, ce sont les deux doigts du milieu qu'on avance sous le pouce, et ce geste est encore plus pressant; aussi, ne convient-il ni à l'exorde ni à la narration.

Mais, lorsque les trois derniers doigts sont serrés contre le pouce, alors le premier, celui dont Crassus se servait si bien, au rapport de Cicéron, est libre dans ses mouvemens, et sert soit à réprimander, soit à indiquer,

nomen est, valet; et allevata ac spectante humerum manu paulum inclinatus affirmat; versus in terram et quasi pronus urget; aliquando pro numero est. Idem summo articulo utrinque leviter apprehenso, duobus modice curvatis, minus tamen minimo, aptus ad disputandum est : acrius tamen argumentari videntur, qui medium articulum potius tenent; tanto contractioribus ultimis digitis, quanto priores descenderunt.

Est et ille verecundæ orationi aptissimus, quo quatuor primis leviter in summum coeuntibus digitis, non procul ab ore, aut pectore refertur ad nos manus, et deinde prona ac paululum prolata laxatur. Hoc modo cœpisse Demosthenem credo in illo pro Ctesiphonte timido summissoque principio; sic formatam Ciceronis manum, quum diceret, *Si quid est in me ingenii, judices, quod sentio quam sit exiguum.*

Eadem aliquatenus liberius deorsum spectantibus digitis colligitur in nos, et fusius paulo in diversum resolvitur, ut quodammodo sermonem ipsum proferre videatur.

Binos interim digitos distinguimus, sed non inserto pollice, paulum tamen inferioribus intra spectantibus, sed ne illis quidem tensis, qui supra sunt. Interim extremi palmam circa ima pollicis premunt, ipse prioribus

d'où lui est venu son nom (*index*) : si la main est élevée et regarde l'épaule, légèrement incliné, il affirme; tourné en terre et en quelque sorte renversé, il presse, il poursuit; enfin, il signifie aussi un nombre. Ce même doigt, si vous rapprochez légèrement par leurs extrémités l'index et le pouce, en courbant un peu les deux autres doigts, mais le petit moins, paraît propre à la discussion. Cependant, il semble que l'argumentation soit plus animée, quand on tient le doigt du milieu, et qu'on serre les derniers d'autant plus que les premiers descendent plus bas.

Un geste qui convient à merveille à un discours modeste, c'est celui où, les doigts en l'air et faiblement rapprochés, la main se place non loin de la bouche ou de la poitrine, pour s'incliner ensuite et se déployer insensiblement. C'est ainsi, j'imagine, que Démosthène dut commencer l'exorde si timide, si humble, de son discours pour Ctésiphon, et que Cicéron dut arranger sa main, quand il prononça ces mots : *S'il y a en moi quelque talent, Messieurs, et je sens combien j'en ai peu.*

Enfin, la main semble se charger elle-même des paroles, lorsque l'orateur la rapproche de lui, les doigts pliés et regardant vers le bas, et qu'ensuite il la déploie dans le sens contraire.

Tantôt on met deux doigts en dehors, sans y adjoindre le pouce, et les doigts inférieurs sont tournés en dedans, sans que ceux d'en haut soient allongés; tantôt les deux derniers pressent le creux de la main, vers la racine du pouce, et celui-ci s'unit aux premiers, vers le milieu de leurs articulations; tantôt le quatrième

ad medios articulos jungitur; interim quartus oblique reponitur; interim quatuor remissis magis quam tensis, pollice intus inclinato, habilem demonstrando in latus, aut distinguendis, quae dicimus, manum facimus, quum supina in sinistrum latus, prona in alterum fertur. Sunt et illi breves gestus, quum manus leviter pandata, qualis voventium est, parvis intervallis, et subassentientibus humeris movetur, maxime apta parce et quasi timide loquentibus.

Est admirationi conveniens ille gestus, quo manus modice supinata, ac per singulos a minimo collecta digitos, redeunte flexu simul explicatur atque convertitur. Nec uno modo interrogantes gestum componimus; plerumque tamen vertentes manum, utcunque composita est.

Pollici proximus digitus, mediumque, qua dexter est, unguem pollicis summo suo jungens, remissis caeteris, est et approbantibus, et narrantibus, et distinguentibus decorus. Cui non dissimilis, sed compressis tribus digitis, quo nunc Graeci plurimum utuntur, etiam utraque manu, quoties enthymemata sua gestu velut corrotundant.

Caesim manus lenior promittit et assentatur, citatior hortatur, interim laudat. Est et ille urgentis orationem gestus vulgaris magis, quam ex arte, qui contrahit alterno celerique motu et explicat manum. Est et illa cava

est plus courbé que les autres; tantôt les quatre sont développés plutôt que tendus, et le pouce est incliné en dedans, ce qui donne à la main la facilité de montrer et de distinguer les choses dont on parle, soit en se laissant tomber vers la gauche, soit en se renversant vers la droite. C'est aussi un geste, mais peu saillant, lorsque la main, légèrement affaissée, se meut dans une sphère étroite, et que les épaules suivent ce mouvement. Ce geste rappelle celui des personnes qui font quelque vœu, et convient surtout à ces discours modestes où il entre presque de la timidité.

Veut-on peindre l'admiration, l'étonnement? la main un peu haute, et tenant tous les doigts réunis l'un contre l'autre, se développe et se replie par un mouvement rapide et alternatif. S'agit-il d'interroger? le geste varie davantage; mais le plus ordinaire, c'est de tourner la main vers celui qu'on interroge, de quelque manière qu'elle soit agencée.

Rapprocher l'ongle du pouce de l'extrémité de l'index, en relâchant les autres doigts, cela n'est pas sans grâce, pour approuver, pour narrer, pour distinguer. C'est ce que font communément les Grecs d'aujourd'hui, avec cette différence qu'ils serrent les trois autres doigts, et qu'ils font ce geste des deux mains, toutes les fois qu'ils veulent appuyer sur leurs raisonnemens.

La main prend un mouvement lent et saccadé, soit qu'on promette, soit qu'on agrée. Il est plus vif, lorsqu'on exhorte, et quelquefois lorsqu'on loue. Il y a un geste plus commun, et qui tient à la nature plutôt qu'à l'art; c'est de fermer et d'ouvrir alternativement la main

et rara, et supra humeri altitudinem elata cum quodam motu velut hortatrix manus. A peregrinis scholis tamen prope recepta tremula, scenica est.

Digitos, quum summi coierunt, ad nos referre, cur quibusdam displicuerit, nescio : nam id et leviter admirantes, et interim subita indignatione, velut pavescentes, et deprecantes, facimus. Quin compressam etiam manum in pœnitentia, vel ira pectori admovemus, ubi vox vel inter dentes expressa non dedecet, *Quid nunc agam? Quid facias?* Averso pollice demonstrare aliquem, receptum magis puto, quam oratori decorum.

Sed quum omnis motus sex partes habeat, septimus sit ille, qui in se redit, orbis, vitiosa est una circumversio : reliqui, ante nos, et dextra lævaque, et sursum et deorsum aliquid ostendunt : in posteriora gestus non dirigitur : interim tamen velut rejici solet.

Optime autem manus a sinistra parte incipit, in dextra deponitur; sed ut poni, non ut ferire videatur; quamquam et in fine interim cadit, ut cito tamen redeat;

avec précipitation, quand le discours est véhément. Si on la tient creuse, ramassée, au dessus de l'épaule, et accompagnée d'un certain mouvement, elle a l'air d'encourager; mais il ne faut pas qu'elle soit agitée d'un tremblement, comme l'usage semble vouloir s'en introduire : c'est un geste qui nous vient des écoles étrangères, et qui n'est bon qu'à la scène.

Je ne sais pourquoi certaines gens n'aiment pas que l'orateur reporte vers soi la main, en réunissant les doigts par leurs extrémités; car ce geste me paraît naturel pour exprimer une légère stupéfaction, un sentiment subit d'indignation ou d'effroi, et il convient à qui supplie. Eh quoi! ne nous serrons-nous pas la main contre le cœur, en signe de repentir ou de colère? trouve-t-on même mauvais que nous prononcions entre les dents des mots entrecoupés, comme ceux-ci : *Que faire maintenant?... à quoi me résoudre?* Pour ce qui est de désigner quelqu'un en renversant le pouce, c'est un geste plus usité que décent dans un orateur.

En résumé, on compte six sortes de mouvemens de la main. A la rigueur, il y en a bien un septième, celui où le geste revient en cercle sur lui-même; mais ce mouvement circulaire est vicieux. Les autres servent à indiquer ce qui est devant nous, à droite, à gauche, en haut, en bas, par derrière; encore ne dirige-t-on pas le geste en arrière; on fait le plus souvent un geste qui y supplée.

La main doit partir du côté gauche et s'arrêter à droite, de manière à ce qu'elle s'abatte sans frapper; cependant, elle tombe quelquefois pour se relever avec

et nonnunquam resilit vel negantibus nobis, vel admirantibus.

Hic veteres artifices illud recte adjecerunt, *ut manus cum sensu et inciperet, et deponeretur :* alioqui enim aut ante vocem erit gestus, aut post vocem : quod est utrumque deforme. In illo lapsi nimia subtilitate sunt, quod intervallum motus tria verba esse voluerunt : quod neque observatur, neque fieri potest; sed illi quasi mensuram tarditatis celeritatisque aliquam esse voluerunt; neque immerito, ne aut diu otiosa esset manus, aut, quod multi faciunt, actionem continuo motu conciderent.

Aliud est, quod et fit frequentius et magis fallit : sunt quaedam latentes sermonis percussiones, et quasi aliqui pedes, ad quos plurimorum gestus cadit, ut sit unus motus, *Novum crimen;* alter, *C. Caesar;* tertius, *et ante hanc diem;* quartus, *non auditum;* deinde, *propinquus meus;* et, *ad te;* et, *Quintus Tubero;* et, *detulit.* Unde id quoque fluit vitium, ut juvenes, quum scribunt, gestum praemodulati cogitatione sic componant, quomodo casura manus est : inde et illud vitium, ut gestus, qui in fine dexter esse debet, in sinistrum frequenter desinat.

vivacité, et quelquefois on la fait bondir dans des mouvemens un peu vifs de négation ou d'étonnement.

Ici, les anciens maîtres de la prononciation ajoutent fort raisonnablement que le geste de la main doit commencer et finir avec le sens. En effet, autrement, ou le geste précèderait les paroles, ou il continuerait après, ce qui serait également choquant. Quant à ce qu'ils recommandent, de mettre trois mots d'intervalle entre chaque geste, cette règle est d'une subtilité trop recherchée; aussi, ne l'observe-t-on pas, parce qu'elle est impraticable. Mais ils ont eu raison, s'ils ont voulu seulement qu'il y eût une certaine mesure de lenteur ou d'accélération, soit pour que la main ne restât pas trop longtemps oisive, soit pour que l'action ne fût pas coupée par une trop rapide succession de gestes, défaut de beaucoup d'orateurs.

Mais, voici un autre point où l'on est plus sujet à se tromper. Il y a dans tout discours certains battemens de mesure cachés, je dirais presque des sortes de pieds, auxquels beaucoup de gens se croient obligés d'assujétir tous leurs gestes. Ainsi, dans la période suivante : *Novum crimen, C. Cæsar, et ante hanc diem non auditum, propinquus meus ad te Q. Tubero detulit*, ils ont un premier geste pour *novum crimen*, un autre pour *C. Cæsar*, un troisième pour *et ante hanc diem*, un quatrième pour *non auditum*, et ainsi de suite. Qu'arrive-t-il de là? Les jeunes gens, quand ils écrivent, préoccupés qu'ils sont d'adapter la mesure au geste, arrangent leurs périodes de manière à ce qu'elles tombent avec la main, ce qui donne lieu à un autre inconvénient; car souvent la main, qui doit s'arrêter à droite, finit son mouvement à gauche.

Melius illud, quum sint in sermone omni brevia quædam membra, ad quæ, si necesse sit, recipere spiritum liceat, ad hæc gestum disponere : ut puta, *Novum crimen, C. Cæsar,* habet per se finem quemdam suum, quia sequitur conjunctio; deinde, *et ante hanc diem non auditum*, satis circumscriptum est : ad hæc accommodanda manus est, idque dum erit prima et composita actio. At ubi eam calor concitaverit, etiam gestus cum ipsa orationis celeritate crebescet : aliis locis citata, aliis pressa conveniet pronunciatio : illa transcurrimus, congerimus, abundamus, festinamus; hac instamus, inculcamus, infigimus : plus autem affectus habent lentiora; ideoque Roscius citatior, Æsopus gravior fuit, quod ille comœdias, hic tragœdias egit. Eadem motus quoque observatio est : itaque in fabulis, juvenum, senum, militum, matronarum gravior ingressus est; servi, ancillæ, parasiti, piscatores citatius moventur.

Tolli autem manum artifices supra oculos, demitti infra pectus vetant; adeo a capite eam petere, aut ad imum ventrem deducere, vitiosum habetur. In sinistrum intra humerum promovetur; ultra non decet. Sed quum aversantes in lævam partem velut propellemus manum,

Le mieux donc, puisque toute période se compose de membres, après lesquels on peut, au besoin, reprendre haleine, c'est d'accommoder ses gestes à la dimension de ces membres. Ainsi, ces mots : *Novum crimen, C. Cæsar*, ont en quelque sorte un sens fini, car ils sont suivis d'une conjonction; ensuite ceux-ci : *et ante hanc diem non auditum*, présentent un développement suffisant. C'est donc à cela que doit se borner le geste, surtout dans un début, et lorsque l'action est encore calme et posée. Mais, à mesure que l'orateur s'échauffera, le geste deviendra plus fréquent et s'animera avec ses paroles; ici, la prononciation sera rapide; là, elle sera exacte et ferme. Soyons rapides, si nous voulons passer vite d'un objet à un autre, accumuler des faits, entraîner par notre abondance, ou nous hâter; soyons précis et énergiques, s'il s'agit d'insister sur un point, de le bien inculquer, de le bien imprimer dans l'esprit. Ce qui se prononce d'un ton lent est généralement plus pathétique. Roscius était plus vif, Ésope plus grave; c'est que le premier jouait dans le comique, et le second dans le tragique. Même observation dans les mouvemens du corps. A la scène, les fils de famille, les vieillards, les gens de guerre, les matrones, ont une démarche composée, tandis que les esclaves, les servantes, les parasites, les pêcheurs, sont dans un état continuel d'agitation.

Les maîtres de l'art défendent d'élever la main au dessus des yeux, et de la descendre au dessous de la poitrine; à plus forte raison est-ce un défaut de la ramener du sommet de la tête, ou de la laisser tomber jusqu'aux extrémités du ventre. On peut l'avancer vers l'épaule gauche, pourvu que ce soit en deçà : au delà, ce ne se-

sinister humerus proferendus, ut cum capite ad dextram ferente consentiat.

Manus sinistra nunquam sola gestum recte facit; dextrae se frequenter accommodat, sive in digitos argumenta digerimus, sive aversis in sinistrum palmis abominamur, sive objicimus adversas, sive in latus utramque distendimus, sive satisfacientes, aut supplicantes. Diversi autem sunt hi gestus, sive summittimus, sive adorantes attollimus, sive aliqua demonstratione, aut invocatione protendimus, *Vos albani tumuli atque luci*: aut Gracchanum illud, *Quo me miser conferam? in Capitolium, ad fratris sanguinem? an domum?* Plus enim affectus in his junctae exhibent manus; in rebus parvis, tristibus, mitibus breves; magnis, laetis, atrocibus exsertiores.

Vitia quoque earum subjicienda sunt, quae quidem accidere etiam exercitatis actoribus solent. Nam gestum poculum poscentis, aut verbera minantis, aut numerum quingentorum flexo pollice efficientis, quae sunt a quibusdam scriptoribus notata, ne in rusticis quidem vidi. At ut brachio exserto introspiciatur latus, ut manum alius ultra sinum proferre non audeat, alius, in quan-

rait pas convenable. Mais, si nous repoussons avec la main, du côté gauche, en signe d'aversion, il faut exhausser l'épaule du même côté, pour qu'elle suive l'inclinaison de la tête, qui se porte à droite.

La main gauche, toute seule, ne peut jamais se tirer d'un geste avec grâce, mais elle s'ajuste souvent avec la droite, soit qu'on déduise ses argumens sur ses doigts, soit qu'on jette ses deux mains vers la gauche, dans un mouvement d'horreur, soit qu'on les porte en avant, ou qu'on les écarte de chaque côté, pour offrir satisfaction ou pour supplier. Elles ont encore divers gestes : on les abaisse pour se soumettre, on les élève pour adorer; on les tend pour invoquer ou prendre à témoin, comme dans cette apostrophe : *Vous tombeaux, vous bois sacrés des Albains!* ou dans cette exclamation de Gracchus : *Malheureux! où me réfugier? Sera-ce au Capitole? il fume encore du sang de mon frère; sera-ce dans ma propre maison?...* car, dans toutes ces situations, le concours des deux mains produit plus d'effet. Leur mouvement est plus mesuré dans les choses de peu d'importance, quand il ne faut peindre que la tristesse ou la douceur; il est plus élevé, plus expansif dans tout ce qui respire la grandeur, la joie, l'indignation.

Voyons maintenant de quels défauts les mains sont susceptibles, j'entends de ces défauts qu'on remarque même chez les avocats exercés; car, pour ces gestes d'un homme qui demande à boire, ou qui menace du fouet, ou qui plie le pouce pour indiquer le nombre 500, gestes dont quelques écrivains n'ont pas dédaigné de faire mention, je ne les ai jamais rencontrés chez les gens même les plus grossiers. Mais, j'ai vu tel

tum patet longitudo, protendat, aut ad tectum erigat, aut repetito ultra laevum humerum gestu ita in tergum flagellet, ut consistere post eum parum tutum sit, aut sinistrum ducat orbem, aut temere sparsa manu in proximos offendat, aut cubitum utrumque in diversum latus ventilet, saepe scio evenire.

Solet esse et pigra, et trepida, et secanti similis : etiam uncis digitis, aut capite dejiciatur, aut eadem manu supinata in superiora jactetur. Fit et ille habitus, qui esse in statuis pacificator solet, qui, inclinato in humerum dextrum capite, brachio ab aure protenso, manum infesto pollice extendit : qui quidem maxime placet iis, qui se dicere *sublata manu* jactant.

Adjicias licet eos, qui sententias vibrantes digitis jaculantur, aut manu sublata denunciant, aut, quod per se interim recipiendum est, quoties aliquid ipsis placuit, in ungues eriguntur : sed vitiosum id faciunt, aut digito, quantum plurimum possunt, erecto, aut etiam duobus, aut utraque manu ad modum aliquid portantium composita.

His accedunt vitia non naturae, sed trepidationis,

orateur lever le bras si haut, qu'il se mettait le flanc tout à découvert; tel autre osant à peine tirer la main de son sein; tel autre, au contraire, l'allongeant de toute sa longueur; j'ai vu l'un en menacer incessamment le plancher, l'autre la tourner comme un fléau, en gesticulant par delà l'épaule gauche avec tant de pétulance, qu'il n'y avait pas de sûreté à être derrière lui. J'en ai vu qui lui faisaient faire un mouvement circulaire à gauche; d'autres qui, en la jetant inconsidérément çà et là, heurtaient tout ce qui se trouvait près d'eux; d'autres, enfin, qui manœuvraient des deux côtés et avec les coudes.

Chez certains orateurs, la main est paresseuse; chez d'autres, elle est tremblante; chez d'autres, elle a toujours l'air de fendre : on en voit qui tiennent leurs doigts crochus, soit qu'ils fassent mouvoir la main de haut en bas, soit qu'ils la renversent en l'agitant au dessus de la tête. Quelques-uns affectent la pose que nos statues donnent généralement au *Pacificateur*, qu'on représente la tête inclinée sur l'épaule droite, le bras étendu à la hauteur de l'oreille, la main déployée et le pouce en l'air : c'est dans cette attitude que se complaisent ceux qui se vantent de parler avec dignité.

On peut ajouter encore ces gens qui dardent, pour ainsi dire, leurs pensées, en brandissant les doigts, ou qui déploient une main menaçante, ou qui, chaque fois qu'ils sont contens d'eux-mêmes, se dressent sur leurs pieds, ce qui est bien permis quelquefois, mais ce qu'ils rendent ridicule, en élevant autant qu'ils peuvent un doigt et même deux, ou en arrangeant leurs mains comme s'ils avaient quelque chose à porter.

Indépendamment de ces vices, il en est qui ne tien-

cum ore concurrente rixari; si memoria fefellerit, aut cogitatio non suffragetur, quasi faucibus aliquid obstiterit, insonare; in adversum tergere nares; obambulare sermone imperfecto; resistere subito, et laudem silentio poscere : quæ omnia persequi prope infinitum est : sua enim cuique sunt vitia.

Pectus ac venter ne projiciantur, observandum : pandant enim posteriora ; et est odiosa omnis supinitas. Latera cum gestu consentiant : facit enim aliquid et totius corporis motus, adeo ut Cicero plus illo agi quam manibus ipsis putet; ita enim dicit in Oratore, *Nullæ argutiæ digitorum, non ad numerum articulus cadens, trunco magis toto se ipse moderans, et virili laterum flexione.*

Femur ferire, quod Athenis primus fecisse creditur Cleon, et usitatum est, et indignantes decet, et excitat auditorem ; idque in Calidio Cicero desiderat, *Non frons,* inquit, *percussa, non femur* : quamquam, si licet, de fronte dissentio ; nam etiam complodere manus scenicum est, et pectus cædere. Illud quoque raro decebit, cava manu summis digitis pectus appetere, si quando nosmet ipsos alloquimur, cohortantes, objur-

nent point à la nature, mais à la timidité, comme d'être aux prises avec un organe qui s'embrouille; de ne rien articuler d'intelligible quand la mémoire vient à manquer, ou qu'on est au bout de ses pensées, en feignant d'avoir quelque empêchement dans la gorge; de passer les doigts dans son nez; de se promener avant d'avoir achevé son discours; de s'arrêter tout à coup, et de mendier des applaudissemens par son silence. Je ne finirais pas si je voulais détailler tous ces défauts, car chaque orateur a les siens.

Il faut observer de ne pas trop avancer la poitrine ni le ventre, parce que cette attitude courbe la partie postérieure du corps, ce qui est indécent. Les reins doivent aussi s'accorder avec le geste, car il y a dans les mouvemens un ensemble harmonieux qui, au jugement de Cicéron, a plus d'influence sur l'action que n'en ont les mains elles-mêmes. Voici ce qu'il dit à ce sujet dans son *Orateur* : *Abstenez-vous de gesticuler avec les doigts, et de vous en servir pour marquer la cadence; que vos mouvemens partent du tronc du corps, et donnez à vos reins une flexibilité qui n'ait rien que de mâle.*

Se frapper la cuisse est un geste dont on croit que Cléon s'est le premier avisé à Athènes; il est aujourd'hui usité, et ne messied pas pour marquer l'indignation et réveiller son auditoire. Cicéron trouve que ce geste se faisait regretter chez Calidius : *Jamais*, dit-il, *il ne se frappait le front ni la cuisse*. Pour le front, je prendrai la liberté de n'être pas de son avis; je trouve même que battre des mains et se frapper la poitrine sont des choses qu'il faut laisser aux comédiens. Rarement aussi l'orateur doit se permettre d'approcher la main de l'estomac

gantes, miserantes : quod si quando fiet, togam quoque inde removeri non dedecebit.

In pedibus observantur status et incessus : prolato dextro stare, et eamdem manum ac pedem proferre, deforme est : in dextrum incumbere interim datur, sed æquo pectore; qui tamen comicus magis, quam oratorius gestus est : male etiam in sinistrum pedem insistentium dexter aut attollitur, aut summis digitis suspenditur : varicare supra modum, et in stando deforme est et, accedente motu, prope obscenum.

Procursio opportuna brevis, moderata, rara : conveniet etiam ambulatio quædam, propter immodicas laudationum moras; quamquam Cicero *rarum incessum*, neque ita longum probat : discursare vero, et, quod Domitius Afer de Sura Mallio dixit, *satagere*, ineptissimum; urbaneque Flavus Virginius interrogavit de quodam suo antisophiste, *quot millia passuum declamasset ?*

Præcipi et illud scio, ne ambulantes avertamur a judicibus, sed sint obliqui pedes ad consilium nobis respicientibus : id fieri judiciis privatis non potest : verum et breviora sunt spatia, nec aversi diu sumus : interim

en la creusant, et en réunissant les doigts par leurs extrémités, pour se parler à lui-même, s'encourager, se faire des reproches ou se plaindre; et, si cela lui arrive, qu'il se garde au moins d'ouvrir sa robe.

A l'égard des pieds, deux choses sont à considérer : comment on les pose et comment on les meut. Avancer le pied droit lorsqu'on est debout, ou étendre à la fois le pied et la main du même côté, sont des attitudes vicieuses. Il est permis quelquefois de s'appuyer sur le pied droit, pourvu que le corps ne penche point en avant; encore cette posture convient-elle mieux au théâtre qu'au barreau. Si l'on s'arrête sur le pied gauche, rien n'a plus mauvaise grâce que d'avoir le pied droit levé, ou de le tenir sur la pointe. Il est méséant aussi d'écarter trop les jambes; cela même a quelque chose d'obscène, pour peu qu'il s'y joigne d'agitation.

L'orateur peut se porter en avant; mais il ne doit le faire qu'à propos, avec mesure et rarement. On lui passe aussi de faire comme s'il se promenait, pendant ces bouffées un peu longues d'acclamations qui l'accueillent parfois, quoique cependant Cicéron n'approuve guère ces allées et venues, et les veuille au moins rares et courtes. Pour ce qui est de courir çà et là, et de *se démener en faisant l'affaire*, comme Domitius Afer le disait de Mallius Sura, c'est le comble du ridicule; aussi, Flavus Virginius demandait-il plaisamment, en parlant d'un rhéteur, son antagoniste, *combien il avait déclamé de milles*.

Je sais qu'on recommande encore de ne pas tourner le dos à ses juges en marchant, mais d'avoir toujours les pieds et les yeux tournés vers l'endroit où ils siègent. Cela n'est guère praticable devant le juge privé; mais, comme on est circonscrit dans un petit espace,

tamen recedere sensim datur : quidam et resiliunt, quod est plane ridiculum.

Pedis supplosio, ut loco est opportuna, ut ait Cicero, *in contentionibus aut incipiendis, aut finiendis;* ita crebra et inepti est hominis, et desinit judicem in se convertere. Est et illa indecora in dextrum ac laevum latus vacillatio alternis pedibus insistentium. Longissime fugienda mollis actio, qualem in Titio Cicero dicit fuisse, unde etiam saltationis quoddam genus *Titius* sit appellatum.

Reprehendenda et illa frequens et concitata in utramque partem nutatio, quam in Curione patre irrisit et Julius, quaerens, *quis in lintre loqueretur?* et Sicinius; nam quum, assidente collega, qui erat propter valetudinem et deligatus et plurimis medicamentis delibutus, multum se Curio ex more jactasset, *Nunquam*, inquit, *Octavi, collegae tuo gratiam referes, qui nisi fuisset, hodie te istic muscae comedissent.*

Jactantur et humeri : quod vitium Demosthenes ita dicitur emendasse, ut, quum in angusto quodam pulpito stans diceret, hasta humero dependens immineret, ut, si calore dicendi vitare id excidisset, offensatione illa commoneretur.

on ne peut pas lui tourner le dos long-temps; rien n'empêche, d'ailleurs, de se reculer tout doucement au lieu de sauter en arrière, comme il arrive à quelques orateurs, au risque de faire rire d'eux.

Le frappement du pied, ainsi que le remarque Cicéron, peut n'être pas déplacé dans le cours ou à la fin d'une discussion; mais, s'il est trop fréquent, il devient ridicule, et le juge finit par n'y plus faire attention. C'est aussi d'un mauvais maintien, de se laisser aller tantôt à droite, tantôt à gauche, en se tenant alternativement sur un pied; mais, ce qu'on ne saurait trop fuir, c'est une action molle et efféminée, telle qu'était, au rapport de Cicéron, celle de Titius, qui a donné son nom à un genre de danse.

Certains orateurs ont un dandinement perpétuel et fatigant, qu'on ne saurait également trop blâmer. C'était la manie de Curion père, dont Julius se moqua, en demandant *quel était cet homme qui parlait dans un bateau?* Sicinius le railla aussi d'une manière assez piquante. Curion s'étant dandiné à son ordinaire, auprès de son collègue Octave qui était enveloppé de linges et couvert d'emplâtres, à cause de son état de maladie; Sicinius, s'approchant de ce dernier, lui dit: *Jamais, Octave, vous ne pourrez assez reconnaître le service que vous a rendu aujourd'hui votre collègue; sans lui, vous étiez infailliblement mangé des mouches.*

Évitez aussi de secouer les épaules. Démosthène avait ce défaut, et pour s'en corriger, dit-on, il parlait debout dans une sorte de tribune fort étroite, d'où pendait une pique dont le fer lui frisait l'épaule, afin que si, dans la chaleur du débit, il oubliait d'éviter ce mouvement, la piqûre du fer l'en fît ressouvenir.

Ambulantem loqui ita demum oportet, si in causis publicis, in quibus multi sunt judices, quod dicimus, quasi singulis inculcare peculiariter velimus. Illud vero non ferendum, quod quidam, rejecta in humerum toga, quum dextra sinum usque ad lumbos reduxerunt, sinistra gestum facientes spatiantur et fabulantur; quum etiam lævam restringere prolata longius dextra sit odiosum. Unde moneor, ut ne id quidem transeam, ineptissime fieri, quum inter moras laudationum aut in aurem alicujus loquuntur, aut cum sodalibus jocantur, aut nonnunquam ad librarios suos ita respiciunt, ut sportulam dictare videantur.

Inclinari ad judicem, quum doceas, utique si id, de quo loquaris, sit obscurius, licet; incumbere advocato adversis subselliis sedenti, contumeliosum; reclinari etiam ad suos, et manibus sustineri, nisi plane justa fatigatione, delicatum; sicut palam moneri, excidentis, aut legere : namque in his omnibus et vis illa dicendi solvitur, et frigescit affectus, et judex parum sibi præstari reverentiæ credit.

Transire in diversa subsellia, parum verecundum est : nam et Cassius Severus urbane adversus hoc facientem

Enfin, s'il est permis de faire quelques pas en parlant, c'est dans les causes publiques, et quand il y a beaucoup de juges, lorsque nous voulons nous faire bien comprendre de chacun en particulier. Mais, je ne puis supporter ce que je vois faire à quelques-uns qui, après avoir rejeté leur robe sur l'épaule, et en avoir relevé les plis jusqu'à la hanche avec la main droite, se promènent gravement et devisent, en gesticulant de la main gauche. Cela est si peu modeste, qu'on ne pardonne même pas de relever sa robe du côté gauche, lorsqu'on étend un peu la main droite. Je ne dois pas taire ici non plus qu'il est du plus mauvais ton pour un avocat, pendant ces pauses obligées que lui font faire les applaudissemens, de parler à l'oreille de quelqu'un, ou de plaisanter avec ses confrères, ou de jeter un coup d'œil à ses secrétaires, comme pour leur recommander les applaudisseurs.

On tolère de se pencher vers le juge, si ce dont vous parlez est obscur et a besoin d'être expliqué; mais, rien n'est plus injurieux, que de venir s'appuyer sur l'avocat de sa partie adverse; comme rien ne sent plus l'affectation d'une molle délicatesse, que de se laisser aller dans les bras de ses cliens, ou de se faire soutenir par eux, à moins d'un abattement réel. Un autre défaut, mais qui tient à la mémoire, c'est de se faire souffler, ou de recourir à ce qu'on a écrit. Qu'arrive-t-il de tout cela? le plaidoyer n'a plus de force, les sentimens se réfroidissent, et le juge est disposé à croire qu'on manque d'égards envers lui.

C'est une action peu décente, que de passer dans les bancs de la partie adverse. Cassius Severus railla avec

lineas poposcit : et si aliquando concitate itur, nunquam non frigide reditur.

Multa ex his, quæ præcipimus, mutari necesse est ab iis, qui dicunt apud tribunalia : nam et vultus erectior, ut eum, apud quem dicitur, spectet; et gestus, ut ad eumdem tendens, elatior sit, necesse est; et alia, quæ occurrere, etiam me tacente, omnibus possunt : itemque ab iis, qui sedentes agent : nam et fere fit hoc in rebus minoribus; et iidem impetus actionis esse non possunt, et quædam vitia fiunt necessaria : nam et dexter pes a læva judicis sedenti proferendus est, et ex altera parte multi gestus necesse est in sinistrum eant, ut ad judicem spectent.

Equidem plerosque et ad singulas sententiarum clausulas video assurgentes, et nonnullos subinde aliquid etiam spatiantes; quod an deceat, ipsi viderint; quum id faciunt, non sedentes agunt. *Bibere*, aut etiam *esse* inter agendum, quod multis moris fuit, et est quibusdam, ab oratore meo procul absit : nam si quis aliter dicendi onera perferre non possit, non ita miserum est non agere, potiusque multo, quam et operis et hominum contemptum fateri.

urbanité son adversaire qui se l'était permise, en demandant qu'on mît *une barre* entre eux deux. Remarquez d'ailleurs que, si l'on est échauffé quand on fait ces sortes d'excursion, on est toujours froid et penaud quand on en revient.

Beaucoup des préceptes que je viens de donner souffrent quelque modification, quand on plaide devant les tribunaux supérieurs[*]. Ainsi, là, l'orateur est obligé d'élever ses regards vers celui à qui il adresse la parole; ainsi son geste a besoin également de se diriger en haut; et il est encore d'autres remarques auxquelles tout le monde peut suppléer. J'en dis autant pour les avocats qui plaident assis, ce qui n'a guère lieu que dans les petites causes. On sent que l'action y comporte moins de mouvement, moins de feu, et que certains défauts que j'ai signalés y deviennent même inévitables. En effet, comme l'orateur est assis à la gauche du juge, il est obligé d'avancer le pied droit[**], et beaucoup de ses gestes se développent nécessairement à gauche, pour regarder le juge.

Je vois la plupart des avocats se lever, chaque fois qu'ils ont prononcé une phrase à effet; quelques-uns même se promènent ensuite d'un air de satisfaction. Est-ce là de la bienséance? j'en appelle à eux-mêmes : toujours est-il que ce n'est pas plaider assis. Pour ce qui est de *boire* et de *manger* en plaidant, usage assez commun jadis, et trop fréquent encore aujourd'hui, je l'interdis absolument. Si l'on ne peut supporter, sans cela, la fatigue d'un plaidoyer, ce n'est pas un si grand malheur que de ne pas plaider; et cela vaudrait mieux cent fois,

---

[*] Le siège du juge y était plus élevé et dominait l'assemblée.
[**] Ce que Quintilien a condamné plus haut.

Cultus non est proprius oratoris aliquis, sed magis in oratore conspicitur : quare sit, ut omnibus honestis debet esse, splendidus et virilis : nam et toga, et calceus, et capillus, tam nimia cura, quam negligentia, sunt reprehendenda. Est aliquid in amictu ; quod ipsum aliquatenus temporum conditione mutatum est : nam veteribus nulli sinus; perquam breves post illos fuerunt. Itaque etiam gestu necesse est usos esse in principiis eos alio, quorum brachium, sicut Græcorum, veste continebatur : sed nos de præsentibus loquimur.

Cui lati clavi jus non erit, ita cingatur, ut tunicæ prioribus oris infra genua paulum, posterioribus ad medios poplites usque perveniant; nam infra mulierum est, supra centurionum. Ut purpuræ recte descendant, levis cura est; notatur interim negligentia.

Latum habentium clavum modus est, ut sit paulum cinctis summissior. Ipsam togam rotundam esse, et apte cæsam velim : aliter enim multis modis fiet enormis. Pars ejus prior mediis cruribus optime terminatur, posterior eadem portione altius qua cinctura. Sinus decentissimus, si aliquanto supra imam togam fuerit, nunquam certe sit inferior. Ille, qui sub humero dextro ad

que d'afficher un tel mépris pour sa profession et pour son auditoire.

Venons à l'habillement. Il n'y en a pas de particulier à l'orateur; mais, comme il se remarque davantage en lui, sa parure, comme celle de tous les honnêtes gens, doit consister dans une propreté qui n'ait rien que de mâle; car, trop de recherche dans sa robe, dans sa chaussure et dans ses cheveux, est aussi répréhensible que trop de négligence. Le vêtement de dessus mérite quelques remarques. Le temps y a apporté des changemens. Les anciens n'avaient pas de robes à longs plis; on les imagina après eux, et ces plis furent d'abord très-courts. Aussi, les orateurs de ce temps-là, qui tenaient leurs bras cachés sous leur tunique, à la manière des Grecs, devaient-ils avoir un geste différent du nôtre dans les exordes; mais nous parlons des vêtemens actuels.

L'orateur qui n'a pas le droit de porter le *laticlave*, doit se ceindre de telle sorte, que sa tunique descende par devant un peu au dessous des genoux, et par derrière jusqu'au milieu des jarrets : plus bas, cela ne convient qu'aux femmes, et, plus haut, qu'aux gens de guerre. Quant à la robe, si elle ne descend pas perpendiculairement, c'est une négligence qui se remarque.

L'usage, pour ceux qui portent le laticlave, est de se ceindre un peu plus bas. La robe doit être arrondie et taillée convenablement, sous peine d'avoir une ampleur énorme. Sa partie antérieure doit se terminer à mi-jambe, et sa partie postérieure doit descendre un peu moins bas, dans la proportion de la ceinture. Il est bien que la robe fasse des plis un peu au dessus du bas de la tunique*,

---

* Au lieu de *supra imam togam* qui est dans le texte, j'ai traduit *supra imam tunicam*. Voir la note.

sinistrum oblique ducitur, velut balteus, nec strangulet, nec fluat. Pars togæ, quæ postea imponitur, sit inferior; nam ita et sedet melius, et continetur. Subducenda etiam pars aliqua tunicæ, ne ad lacertum in actu redeat : tum sinus injiciendus humero, cujus extremam oram rejecisse non dedecet. Operiri autem humerum cum toto jugulo non oportet, alioqui amictus fiet angustus, et dignitatem, quæ est in latitudine pectoris, perdet.

Sinistrum brachium eo usque allevandum est, ut quasi normalem illum angulum faciat : super quod ora ex toga duplex æqualiter sedeat. Manus non impleatur annulis, præcipue medios articulos non transeuntibus : cujus erit habitus optimus, allevato pollice, et digitis leviter inflexis, nisi si libellum tenebit; quod non utique captandum est : videtur enim fateri memoriæ diffidentiam, et ad multos gestus est impedimento.

Togam veteres ad calceos usque demittebant, ut Græci pallium; idque ut fiat, qui de gestu scripserunt circa tempora illa, Plotius Nigidiusque præcipiunt. Quo magis minor Plinii Secundi docti hominis, et in hoc utique libro pæne etiam nimium curiosi, persuasionem, qui solitum id facere Ciceronem velandorum varicum gratia tradit; quum hoc amictus genus in statuis eorum

mais jamais au dessous. Cette espèce d'écharpe que se fait l'orateur, en conduisant obliquement les plis de sa robe de dessous l'épaule droite vers l'épaule gauche, ne doit être ni bridée, ni lâche : la partie de la robe qui se pose ensuite sur le bras, flottera au dessous et n'en tiendra que mieux. Il est bon aussi de retrousser une partie de la tunique*, pour qu'au milieu de l'action elle ne retombe pas sur le bras. Puis, on relèvera sa robe sur l'épaule droite, en la prenant par l'extrémité, ce qui n'est pas sans grâce. Mais il faut éviter de se couvrir entièrement les épaules et le cou; autrement, on serait trop serré dans ses vêtemens, et l'on perdrait cette sorte de dignité que donne une large poitrine.

Le bras gauche ne doit être levé que juste ce qu'il faut pour former un angle droit, et la robe qui pose dessus doit pendre également par les deux bouts. Je ne veux pas que l'orateur ait les mains remplies de bagues, ni surtout que ces bagues passent le milieu des doigts. Ce qui convient le mieux pour la main, c'est d'avoir le pouce levé et les doigts légèrement pliés, à moins qu'elle ne tienne des tablettes, ce qu'il faut se garder d'affecter; car c'est l'aveu qu'on se défie de sa mémoire, et c'est d'ailleurs un empêchement pour beaucoup de gestes.

Les anciens laissaient tomber leur robe jusque sur la chaussure, et les Grecs faisaient de même de leur manteau. Plotius et Nigidius, qui ont écrit sur le geste vers cette époque, donnent des préceptes à cet égard. Je m'étonne, d'après cela, qu'un aussi savant homme que Pline, et dans un ouvrage où il s'est montré très-curieux

---

* Celle qui tenait à l'épaule et se rabattait en flottant sur le bras, car la tunique n'avait pas de manches proprement dites.

quoque, qui post Ciceronem fuerunt, appareat. Palliolum, sicut fascias, quibus crura vestiuntur, et focalia, et aurium ligamenta, sola excusare potest valetudo.

Sed hæc amictus observatio, dum incipimus; procedente vero actu, jam pæne ab initio narrationis, sinus ab humero recte velut sponte delabitur; et quum ad argumenta ac locos ventum est, rejicere a sinistro togam, dejicere etiam, si hæreat, sinum conveniet. Læva a faucibus ac summo pectore abducere licet : ardent enim jam omnia; et ut vox vehementior ac magis varia est, sic amictus quoque habet actum quemdam velut prœliantem. Itaque ut lævam involvere toga et incingi pæne furiosum est; sinum vero in dextrum humerum ab imo rejicere solutum ac delicatum, fiuntque adhuc pejus aliqua; ita cur laxiorem sinum sinistro brachio non subjiciamus? habet enim acre quiddam atque expeditum, et calori concitationique non inhabile.

de recherches, paraisse persuadé que Cicéron laissait traîner sa robe pour cacher ses varices, d'autant plus que ces robes traînantes se retrouvent dans les statues de personnages postérieurs à Cicéron. Pour ces couvertures de laine dont on s'enveloppe la tête, ces bandelettes dont on s'entoure les jambes, et toutes ces douilletteries dont on se garantit le cou et les oreilles, il faut laisser cela aux malades.

Les détails où je viens d'entrer sur la manière de se draper, sont à observer lorsque nous commençons à parler. Mais, à mesure que l'action avance, quand nous sommes à peine au commencement de la narration, les plis de la robe se déroulent d'eux-mêmes, et tombent de l'épaule ; quand enfin l'orateur en est à l'argumentation et aux preuves, c'est alors qu'il lui sied bien de rejeter sa robe en arrière, du côté gauche, et de la lâcher du côté droit, en la débarrassant même des agrafes qui la retiennent ; c'est alors aussi qu'il lui est permis de se dégager des plis formés autour du cou et de la partie supérieure de la poitrine. C'est, en effet, le moment où le débit s'anime et s'échauffe, où la voix devient plus véhémente et plus variée ; et il n'y a pas de mal que les vêtemens participent un peu de cette image de combat. Je ne veux pas, sans doute, que l'orateur s'enveloppe le bras gauche avec sa robe, et s'en fasse une ceinture : c'est presque l'acte d'un furieux. Je ne veux pas non plus qu'il prenne sa robe par le bas, et la rejette sur l'épaule droite : ce mouvement a quelque chose de dédaigneux et de recherché. Je sais même qu'on se permet pis encore ; mais, pourquoi ne tiendrait-il pas une partie de sa robe retroussée sous le bras gauche ? cette attitude a je ne sais

Quum vero magna pars est exhausta orationis, utique afflante fortuna, pæne omnia decent, sudor ipse et fatigatio, et negligentior amictus, et soluta ac velut labens undique toga. Quo magis miror hanc quoque succurrisse Plinio curam, ut ita sudario frontem siccari juberet, ne comæ turbarentur, quas componi post paulum, sicuti dignum erat, graviter et severe vetuit. Mihi vero illæ quoque turbatæ præ se ferre aliquid affectus, et ipsa oblivione curæ hujus commendari videntur. At si incipientibus, aut paulum progressis decidat toga, non reponere eam, prorsus negligentis, aut pigri, aut quomodo debeat amiciri nescientis est.

Hæc sunt vel illustramenta pronunciationis, vel vitia; quibus propositis, multa cogitare debet orator : primum, *quis, apud quos, quibus præsentibus* sit acturus : nam ut dicere alia aliis, et apud alios magis concessum est; sic etiam facere : neque eadem in voce, gestu, incessu, apud principem, senatum, populum, magistratus, privato, publico judicio, postulatione, actione similiter decent : quam differentiam subjicere sibi quisque, qui animum intenderit, potest : tum qua de re dicat, et efficere quid velit.

quoi de fier et de délibéré qui convient à la chaleur et à la vivacité de l'action.

Mais quand le plaidoyer touche à sa fin, sous le présage d'une issue favorable, c'est alors que des vêtemens en désordre, une robe qui n'a pas l'air de tenir et qui tombe de tous les côtés, cette sueur même qui inonde l'orateur, cette fatigue qui l'accable, tout l'embellit, tout lui sied. Comment donc a-t-il pu venir à l'idée de Pline, de lui recommander de s'essuyer le front avec son mouchoir de manière à ne pas déranger ses cheveux? il est vrai que, peu après, il lui défend sévèrement de s'occuper de sa coiffure, et cette leçon est un peu plus digne de sa gravité. Pour moi, je trouve qu'une chevelure mal en ordre décèle aussi la passion, et que l'orateur qui n'en prend nul souci se recommande par cela même. C'est autre chose quand on commence à parler, ou qu'on est encore peu avancé; car alors, si la robe vient à tomber, ne pas la relever est évidemment de la négligence ou de la maladresse.

Telles sont les qualités, tels sont les défauts, qui ornent ou déparent la prononciation. Quand l'orateur aura bien tout cela devant les yeux, il lui restera encore à considérer quel il est, auprès de qui et devant qui il doit parler. En effet, comme il y a un langage, il y a aussi une action qui est mieux appropriée à tel ou tel juge, à tel ou tel auditoire; et les mêmes choses ne conviendront pas également ni pour le ton, ni pour le maintien, ni pour le geste, devant un prince ou devant le sénat, devant le peuple ou devant un magistrat, dans une cause publique ou dans une cause privée, dans une simple requête ou dans une accusation en forme : pour peu qu'il réfléchisse, il saisira facilement ces différences. Ensuite,

Rei quadruplex observatio est : *una* in tota causa ; sunt enim tristes, hilares, sollicitæ, securæ, grandes, pusillæ ; ut vix unquam ita sollicitari partibus earum debeamus, ut non et summæ meminerimus : *altera*, quæ est in differentia partium, ut in procemio, narratione, argumentatione, epilogo : *tertia* in sententiis ipsis, in quibus secundum res et affectus variantur omnia : *quarta* in verbis, quorum ut est vitiosa, si efficere omnia velimus, imitatio ; ita quibusdam nisi sua natura redditur, vis omnis aufertur.

Igitur in laudationibus, nisi si funebres erunt, gratiarum actione, exhortatione, similibus, læta et magnifica et sublimis, est actio : funebres conciones, consolationes, plerumque causæ reorum, tristes atque summissæ : in senatu conservanda auctoritas, apud populum dignitas, in privatis modus.

De partibus causæ, et sententiis verbisque, quæ sunt multiplicia, pluribus dicendum.

Tria autem præstare debet pronunciatio : *conciliet, persuadeat, moveat,* quibus natura cohæret, etiam

il lui faudra examiner la nature de ce qu'il traite, et le but qu'il se propose.

Il y a quatre observations à faire relativement au sujet. La première se rapporte à la cause tout entière, envisagée dans son essence; car, elle est triste ou gaie, périlleuse ou rassurante, importante ou de peu de valeur : or, nous ne devons jamais nous occuper des détails, jusqu'à perdre de vue le point essentiel et dominant. La seconde a trait à la différence même que comportent les diverses parties d'une cause, comme l'exorde, la narration, la preuve, la péroraison. La troisième regarde les pensées, où tout doit être varié par la prononciation, suivant la nature des choses et des sentimens qu'on veut exprimer. La quatrième, enfin, s'attache aux mots; car, s'il est d'une affectation choquante de vouloir les traduire tous en gestes, on s'expose aussi à ôter à quelques-uns toute leur force, si l'on n'en fait pas sentir la valeur.

Ainsi, pour parler d'abord du sujet en lui-même, dans ces discours d'apparat, dont j'excepte toutefois les éloges funèbres; dans ces discours consacrés à des panégyriques, à des remercîmens, à des exhortations, et autres pièces semblables, l'action doit être ouverte, élevée, pompeuse. Dans les harangues funéraires, dans le langage des consolations, et dans la plupart des causes criminelles, elle doit être humble et triste. Il faut une attitude respectueuse devant le sénat, de la dignité devant le peuple, et tenir un juste milieu dans les affaires privées.

Quant aux parties d'une même cause, et aux pensées et aux mots, comme il y a dans tout cela des nuances infinies, je m'y étendrai davantage.

Dans la prononciation, on doit avoir en vue trois choses : *de se concilier la faveur, de persuader, d'é-*

delectet. Conciliatio fere aut commendatione morum, qui nescio quomodo ex voce etiam atque actione pellucent, aut orationis suavitate constat : *persuadendi* vis affirmatione, quæ interim plus ipsis probationibus valet. *An ista*, inquit Calidio Cicero, *si vera essent, sic a te dicerentur?* et, *Tantum abest, ut inflammares nostros animos : somnum isto loco vix tenebamus :* fiducia igitur appareat, et constantia, utique si auctoritas subest. *Movendi* autem ratio aut in repræsentandis est, aut imitandis affectibus.

Ergo quum judex in privatis, aut præco in publicis dicere de causa jusserit, leniter est consurgendum; tum in componenda toga, vel, si necesse erit, etiam ex integro injicienda, duntaxat in judiciis (apud principem enim et magistratus ac tribunalia non licebit), paulum commorandum, ut et amictus sit decentior, et protinus aliquid spatii ad cogitandum. Etiam quum ad judicem nos converterimus, et consultus prætor permiserit dicere, non protinus est erumpendum, sed danda brevis cogitationi mora : mire enim auditurum dicturi cura delectat, et judex se ipse componit. Hoc præcipit Homerus Ulixis exemplo, *quem stetisse oculis in terram*

mouvoir, et surabondamment de *plaire*, ce qui en est une conséquence naturelle. *On se concilie la faveur*, soit par la considération qui s'attache aux qualités personnelles de l'orateur, lesquelles, je ne sais comment, se décèlent jusque dans sa voix et dans ses gestes, soit par un langage plein de douceur et d'aménité. *On parvient à persuader* par un ton d'assurance et de bonne foi, qui produit souvent plus d'effet que les preuves mêmes. *Si cela était vrai*, disait Cicéron à Calidius, *nous le diriez-vous sur ce ton ?* et ailleurs : *Tant s'en faut que ce récit jetât le trouble dans nos âmes, que nous avions grand' peine à nous défendre du sommeil.* Il est donc bon que l'orateur montre de la confiance et de la fermeté, surtout s'il a quelque crédit. Enfin, on *émeut* son auditoire, en se passionnant véritablement, ou en imitant habilement les passions.

Lors donc que le juge, dans les causes privées, ou que l'huissier, dans les causes publiques, aura appelé notre affaire, levons-nous avec modestie; puis, afin de nous mettre dans un état décent, et de nous ménager quelques minutes de réflexion, arrêtons-nous un peu à rajuster notre robe, ou même, s'il est nécessaire, à la déplier et à la relever sur l'épaule, sorte de liberté qu'on tolère dans les jugemens ordinaires, mais qu'on ne se permettra ni devant le prince, ni devant des magistrats ou des tribunaux du premier ordre. Ensuite, lorsque nous serons tournés vers le juge, et que le préteur nous aura accordé la parole, au lieu de la prendre brusquement, faisons encore une petite pause pour nous recueillir; car, rien n'est plus agréable à l'auditoire que ces préparatifs de l'orateur, qui donnent d'ailleurs au juge le temps de composer aussi son maintien. N'est-ce pas ce qu'Homère semble

defixis, immotoque sceptro, priusquam illam eloquentiæ procellam effunderet, dicit.

In hac cunctatione sunt quædam non indecentes, ut appellant scenici, moræ, caput mulcere, manum intueri, infringere articulos, simulare conatum, suspiratione sollicitudinem fateri, aut quod quemque magis decet; eaque diutius, si judex nondum intendet animum.

Status sit rectus, æqui et diducti paulum pedes, vel procedens minimo momento sinister; genua recta, sic tamen, ut non extendantur; humeri remissi, vultus severus, non mœstus, nec stupens, nec languidus; brachia a latere modice remota; manus sinistra, qualem supra demonstravi; dextra, quum jam incipiendum erit, paulum prolata ultra sinum gestu quam modestissimo, velut exspectans quando incipiendum sit.

Vitiosa enim sunt illa, intueri lacunaria, perfricare faciem, et quasi improbam facere; tendere confidentia vultum, aut, quo sit magis torvus, superciliis astringere; capillos a fronte contra naturam retroagere, ut sit horror ille terribilis; tum, id quod Græci frequentissime faciunt, crebro digitorum labiorumque motu commentari, clare exscreare, pedem alterum longe proferre, partem togæ sinistra tenere, stare diductum, vel rigi-

recommander, quand il dit qu'Ulysse *resta long-temps debout, les yeux fixés en terre, et tenant son sceptre immobile, avant de donner cours au torrent de son éloquence?*

Pendant cette scène muette, il est, disent les maîtres de l'art, certaines manières de tuer le temps qui sont permises; comme de se frotter la tête, de regarder ses mains, de faire craquer ses doigts, de feindre une grande contention d'esprit, de marquer son anxiété par des soupirs, et autres contenances plus ou moins propres à chaque orateur; et cela, jusqu'à ce que le juge paraisse disposé à vous écouter.

Il faut se tenir droit, les pieds très-peu écartés et sur la même ligne, ou, si l'on veut, le pied gauche tant soit peu en avant; les genoux d'aplomb, mais non tendus; les épaules rabattues; l'air grave, sans être ni morne, ni langoureux, ni étonné: les bras légèrement détachés des flancs; la main gauche dans la position que je lui ai déjà assignée; la droite se déployant au moment de commencer, un peu hors du sein, par un geste plein de modestie, et comme attendant le signal.

Les défauts à éviter, c'est d'avoir toujours les yeux collés au plancher, de se tourmenter le visage au point de le renfrogner, d'en raidir tous les muscles pour se donner un air d'assurance, ou de les contracter fortement avec les sourcils, pour imprimer aux traits quelque chose de farouche; de rejeter ses cheveux en arrière et bien loin du front, afin d'inspirer l'horreur et l'effroi; de paraître étudier ce qu'on va dire, en agitant continuellement les doigts et en remuant les lèvres, défaut assez commun chez les Grecs; de cracher avec bruit;

dum, vel supinum, vel incurvum, vel humeris, ut luctaturi solent, ad occipitium ductis.

Proœmio frequentissime lenis convenit pronunciatio : nihil enim est ad conciliandum gratius verecundia; non tamen semper : neque enim uno modo dicuntur exordia, ut docui. Plerumque tamen et vox temperata, et gestus modestus, et sedens humero toga, et laterum lenis in utramque partem motus, eodem spectantibus oculis, decebit.

Narratio magis prolatam manum, amictum recidentem, gestum distinctum, vocem sermoni proximam, et tantum acriorem, sonum simplicem frequentissime postulabit, in his duntaxat, *Q. enim Ligarius, quum esset in Africa nulla belli suspicio*, et, *A. Cluentius Habitus pater hujusce*. Aliud in eadem poscent affectus, vel concitati, *Nubit genero socrus*; vel flebiles, *Constituitur in foro Laodiceæ spectaculum acerbum et miserum toti Asiæ provinciæ*.

Maxime varia et multiplex actio est probationum : nam et proponere, partiri, interrogare, sermoni sunt proxima, et contradictionem sumere : nam ea quoque

d'allonger une jambe ; de tenir une partie de sa robe avec la main gauche ; d'être tantôt en deux, tantôt raide, tantôt renversé en arrière, tantôt courbé en avant, ou d'élever ses épaules jusqu'à l'occiput, comme des lutteurs qui se mesurent des yeux.

Dans l'exorde, le plus souvent, la prononciation doit être calme, parce que rien n'est plus propre à prévenir en notre faveur ; sauf donc quelques exceptions, suivant la nature des exordes, qui, ainsi que je l'ai dit, ne doivent pas se prononcer tous de la même manière : un son de voix tempéré, peu de gestes, la robe arrêtée sur l'épaule, des mouvemens de corps légèrement marqués, le regard fixé sur le même point, voilà généralement ce qui y convient.

La narration demande que la main s'étende davantage, que la robe soit tombante, le geste distinct. Le ton doit y être presque celui de la conversation, seulement un peu plus vif; le plus souvent il y faut de la simplicité, comme dans ces récits : *Q. Ligarius, avant qu'il y eût aucune apparence, aucun soupçon de guerre...* etc.; *A. Cluentius Habitus, père de celui qui est devant vous*, etc. Mais c'est autre chose, quand le récit comporte ou de l'indignation, comme ici : *Une belle-mère a osé épouser son gendre!* ou de la pitié, comme dans ce passage des Verrines : *C'est au sein même de la place publique de Laodicée, qu'on prépare un spectacle si odieux, si lamentable pour toute la province d'Asie!*

Dans la preuve, l'action doit être très-variée; car, bien qu'on ne s'éloigne guère du ton ordinaire, pour avancer une proposition, pour la diviser, pour interroger, et même pour réfuter les argumens de son adversaire, ce

diversa propositio est : sed hanc tamen aliquando irridentes, aliquando imitantes pronunciamus. Argumentatio plerumque agilior, et acrior, et instantior, consentientem orationi postulat etiam gestum, id est, fortem celeritatem : instandum quibusdam in partibus, et densanda oratio : egressiones fere et lenes, et dulces, et remissæ, *raptus Proserpinæ, Siciliæ descriptio, Cn. Pompeii laus* : neque enim mirum, minus habere contentionis ea, quæ sunt extra quæstionem.

Mollior nonnunquam cum reprehensione diversæ partis imitatio, *Videbar videre alios intrantes, alios autem exeuntes, quosdam ex vino vacillantes* : ubi non dissidens a voce permittitur gestus quoque, in utramque partem tenera quædam, sed intra manus tamen, et sine motu laterum, translatio.

Accendendi judicis plures sunt gradus : summus ille, et quo nullus est in oratore acutior : *Suscepto bello, Cæsar, gesto jam etiam ex parte magna;* prædixit enim, *Quantum potero voce contendam, ut populus hoc romanus exaudiat.* Paulum inferior, et habens aliquid jam jucunditatis, *Quid enim tuus ille, Tubero, in acie pharsalica gladius agebat?* Plenius adhuc et lentius, ideoque dulcius, *In cœtu vero populi romani negotium*

qui est encore un genre de proposition, cependant, cette réfutation est quelquefois mêlée de sarcasmes, et quelquefois on y contrefait la partie adverse. Quant à l'argumentation, comme elle est presque toujours plus vive, plus animée, plus pressante, elle veut un geste qui réponde aux paroles, c'est-à-dire, qui soit fort et accéléré; il est des points sur lesquels il faut insister avec chaleur, et où la diction ne saurait être trop serrée. Les digressions n'ont besoin que d'un débit doux, facile et coulant, comme *l'enlèvement de Proserpine, la description de la Sicile et l'éloge de Pompée*, dans Cicéron; et cela ne doit pas étonner, puisque tout ce qui est hors de la question exige par là même moins d'efforts.

Quoique l'imitation soit assez souvent blâmable, on peut se la permettre dans certains cas : *Il me semblait voir les uns entrer, les autres sortir, d'autres que l'ivresse faisait chanceler,* etc. On sent qu'ici le geste peut fort bien s'accorder avec le ton, au moyen d'un balancement, renfermé toutefois dans le mouvement des mains, et sans y faire participer les flancs.

Quand il s'agit d'enflammer son juge, il y a plusieurs degrés à observer dans le ton. Le plus élevé, le plus aigu dans l'orateur, est sans doute celui dont furent proférés ces mots : *La guerre étant entreprise, César, et même en grande partie commencée*, etc.; car Cicéron avait dit auparavant : *J'éleverai la voix autant que je le pourrai pour être entendu de tout le peuple romain.* Un ton un peu plus bas, et accompagné d'une légère ironie, convenait aux paroles suivantes : *Dites-nous, Tubéron, que faisait votre épée le jour de la bataille*

publicum gerens : producenda omnia, trahendæque tum vocales, aperiendæque sunt fauces : pleniore tamen hæc canali fluunt, *Vos, albani tumuli atque luci.* Jam cantici quiddam habent, sensimque resupina sunt, *Saxa atque solitudines voci respondent.*

Tales sunt illæ inclinationes vocis, quas invicem Demosthenes atque Æschines exprobrant, non ideo improbandæ; quum enim uterque alteri objiciat, palam est utrumque fecisse : nam neque ille per Marathonis et Platæarum et Salaminis propugnatores recto sono juravit, nec ille Thebas sermone deflevit.

Est his diversa vox, et pæne extra organum, cui Græci nomen *amaritudinis* dederunt, super modum ac pæne naturam vocis humanæ acerba : *Quin compescitis vocem istam, indicem stultitiæ, testem paucitatis ?* Sed id, quod excedere modum dixi, in illa parte prima est, *Quin compescitis.*

Epilogus, si enumerationem rerum habet, desiderat quamdam concisorum continuationem; si ad concitandos judices est accommodatus, aliquid ex iis, quæ supra dixi; si placandos, inclinatam quamdam lenitatem; si

de Pharsale? Il en fallait un plus plein, plus lent, et par conséquent plus accentué encore, à ce passage : *Mais dans une assemblée du peuple romain, un homme revêtu de fonctions publiques!* etc. Ici, en effet, tout doit être allongé, il faut traîner les voyelles, et ouvrir le gosier. Voici une phrase qui doit couler à plein canal : *Et vous, tombeaux, vous, bois sacrés des Albains!* Quant à celle-ci : *Les rochers et les déserts répondent à sa voix*, il y entre quelque chose de chantant qui finit par dégénérer en mollesse.

Ce sont ces diverses inflexions de voix que Démosthène et Eschine se reprochent mutuellement, et qu'il ne faut pas pour cela condamner; car, s'ils se les reprochent, c'est la preuve qu'ils en ont fait usage. Et, en effet, ce ne fut pas sans doute sur un ton simple que le premier jura par les mânes des héros tombés à Marathon, à Platée, à Salamine; ni que le second déplora les malheurs de la ville de Thèbes.

Il est un genre de voix tout différent de ces inflexions, et pour ainsi dire en dehors de l'organe, auquel les Grecs ont donné un nom qui désigne l'amertume, voix aigre outre mesure, et qui répugne en quelque sorte à la nature de la voix humaine. *Que ne réprimez-vous cette intempérance de langue qui accuse votre folie et votre nullité?* C'est dans la première partie de cette phrase qu'éclate cette voix aigre dont je parle : *Que ne réprimez-vous?.....*

L'épilogue, s'il se borne à la récapitulation des faits, réclame des sons continus, mais coupés. A-t-on en vue d'exciter les juges, on peut recourir à quelques-unes des inflexions dont j'ai parlé plus haut. Veut-on les apaiser, le ton doit être soumis et doux. Mais s'il s'agit

misericordia commovendos, flexum vocis, et flebilem suavitatem, qua præcipue franguntur animi, quæque est maxime naturalis : nam etiam orbos viduasque videas in ipsis funeribus canoro quodam modo proclamantes. Hic etiam fusca illa vox, qualem Cicero fuisse in Antonio dicit, mire faciet; habet enim in se, quod imitamur.

Duplex est tamen miseratio; altera cum invidia, qualis modo dicta de damnatione Philodami; altera cum deprecatione demissior. Quare, etiamsi est in illis quoque cantus obscurior, *In cœtu vero populi romani;* non enim hæc rixantis modo dixit; et, *Vos, albani tumuli;* neque enim, quasi inclamaret, aut testaretur, locutus est; tamen infinito magis illa flexa et circumducta sunt, *Me miserum, me infelicem!* et, *Quid respondebo liberis meis?* et, *Revocare tu me in patriam potuisti, Milo, per hos; ego te in eadem patria per eosdem retinere non potero?* et quum bona C. Rabirii uno sestertio addicit, *O meum miserum acerbumque præconium!*

Illa quoque mire facit in peroratione velut deficientis dolore et fatigatione confessio; ut pro eodem Milone, *Sed finis sit : neque enim præ lacrymis jam loqui possum* : quæ similem verbis habere debent etiam pronun-

d'émouvoir leur pitié, c'est alors qu'il faut varier le timbre de sa voix et lui donner ces accens lamentables et pénétrans qui sont si propres à amollir les cœurs, et en même temps si naturels, que, dans les funérailles, les veuves et les orphelins nous font entendre des cris en quelque sorte harmonieux. C'est aussi là que sert merveilleusement un organe sombre et déchirant, tel que l'avait Antoine au rapport de Cicéron, et qu'on peut se créer, jusqu'à un certain point, par l'imitation.

Mais il y a deux sortes de pitié : l'une, mêlée d'indignation, comme je l'ai dit au sujet de la condamnation de Philodamus; l'autre, plus modérée, et qui se renferme dans les supplications. Ainsi, quoique l'oreille sente une mélodie sourde dans ces mots : *Mais dans une assemblée du peuple romain*, car Cicéron ne les a pas prononcés du ton d'un homme qui se dispute, et dans ceux-ci : *Vous, tombeaux sacrés des Albains!* car il n'a pas dit cela comme s'il eût appelé ces tombeaux mêmes en témoignage; cependant, il a dû varier infiniment plus ses intonations dans les passages suivans : *Que je suis malheureux! que je suis à plaindre! — Que répondrai-je à mes enfans? — Quoi, Milon, vous aurez pu me rendre à ma patrie par ceux mêmes qui sont aujourd'hui vos juges, et je ne pourrai vous y retenir par la même voie!* et lorsque, obligé d'adjuger les biens de Rabirius à vil prix, il s'écrie : *O que le métier de crieur est pour moi triste et rigoureux!*

Il est aussi d'un bel effet dans la péroraison de faire l'aveu de son accablement, comme si l'on succombait sous le poids de la douleur et de la fatigue. En voici un exemple tiré de la même oraison pour Milon : *Mais il est temps de finir; les larmes me suffoquent; je ne*

ciationem. Possunt videri alia quoque hujus partis atque officii, *reos excitare, pueros attollere, propinquos producere, vestes laniare,* sed suo loco dicta sunt : et quia in partibus causæ talis est varietas, satis apparet, accommodandam sententiis ipsis pronunciationem, sicut ostendimus; sed verbis quoque, quod novissime dixeram, non semper, sed aliquando. An non hæc, *misellus* et *pauperculus,* summissa atque contracta; *fortis* et *vehemens* et *latro,* erecta et concitata voce dicendum est? Accedit enim vis et proprietas rebus tali astipulatione ; quæ nisi adsit, aliud vox, aliud animus ostendat. Quid? quod eadem verba mutata pronunciatione indicant, affirmant, exprobrant, negant, mirantur, indignantur, interrogant, irrident, elevant? Aliter enim dicitur,

  Tu mihi, quodcunque hoc regui;

et,

  Cantando tu illum ?. . . . .

et,

  Tune ille Æneas?. . . . . .

et,

     Meque timoris
 Argue tu, Drance. . . . . .

puis plus parler. Cela ne doit se prononcer qu'avec un accent conforme à la situation. Il semble entrer aussi dans les devoirs de l'épilogue, de relever le courage des accusés, de prendre leurs enfans entre ses bras, d'introduire devant les juges toute une famille éplorée, de déchirer ses vêtemens, etc.; mais j'ai traité de tout cela en son lieu *. Et comme enfin il y a la même variété dans les autres parties de la cause, il est évident que partout, ainsi que je l'ai démontré, la prononciation doit être en harmonie avec les pensées. Elle doit même être en rapport avec les mots, comme je le disais, sinon toujours, du moins quelquefois. Par exemple, quand nous disons : *l'infortuné! le pauvre malheureux!* ces mots ne se prononcent-ils pas d'une voix humble et triste? tandis que ceux-ci : *l'audacieux! le forcené! le brigand!* se prononcent avec énergie, avec éclat. En effet, sans cette concordance qui donne aux choses la force et la propriété, notre ton démentirait à chaque instant notre pensée. Que dis-je? les mêmes mots, suivant l'intonation que nous y mettons, servent à indiquer, à affirmer, à censurer, à nier, à interroger, et expriment l'indignation ou l'étonnement, le sarcasme ou l'exagération. Le monosyllabe *vous*, dans les vers suivans, se prononce d'une manière toute différente :

O reine, c'est par *vous* que je règne en ces lieux.
Én., liv. I.

Quoi! c'est *vous* dont les chants auraient vaincu Damon?
Écl. III, v. 25.

Seriez-*vous* cet Énée?.... *Én.*, liv. I.

Insultez à ma peur,
Vous, Drancès,.......... *Én.*, liv. XI.

* Liv. VI, chap. I.

et, ne morer, intra se quisque vel hoc, vel aliud, quod volet, per omnes affectus verset; verum esse, quod dicimus, sciet.

Unum jam his adjiciendum est, quum præcipue in actione spectetur decor, sæpe aliud alios decere : est enim latens quædam in hoc ratio, et inenarrabilis; et ut vere hoc dictum est, *caput esse, decere quod facias;* ita id neque sine arte esse, neque totum arte tradi potest. In quibusdam virtutes non habent gratiam, in quibusdam vitia ipsa delectant.

Maximos actores comœdiarum, Demetrium et Stratoclea, placere diversis virtutibus vidimus : sed illud minus mirum, quod alter deos, et juvenes, et bonos patres, servosque, et matronas, et graves anus optime, alter acres senes, callidos servos, parasitos, lenones, et omnia agitatiora melius : fuit enim natura diversa; nam vox quoque Demetrii jucundior, illius acrior erat. Annotandæ magis proprietates, quæ transferri non poterant, manus jactare, et dulces exclamationes theatri causa producere, et ingrediendo ventum concipere veste, et nonnunquam dextro latere facere gestus; quod neminem alium præter Demetrium decuit; namque in hæc omnia statura et mira specie adjuvabatur : illum

mais, sans nous arrêter ici plus long-temps, que chacun fasse le même essai sur ce mot *vous* ou sur tout autre, en l'appliquant aux divers mouvemens de l'âme, et il reconnaîtra la vérité de ce que je dis.

Je n'ai plus qu'une remarque à ajouter ici, c'est que, la grâce étant ce qu'on doit rechercher avant tout dans la prononciation, souvent ce qui convient aux uns ne convient point aux autres. Cela tient à une cause cachée que l'on ne saurait définir; et comme l'on a eu raison de dire que le talent consiste à mettre de la grâce à tout ce qu'on fait, aussi est-il vrai que, si ce talent ne peut pas se passer de l'art, il n'est cependant pas tout-à-fait l'ouvrage de l'art. C'est pour cela que certaines qualités sont sans agrément chez quelques-uns, tandis que, chez d'autres, tout plaît jusqu'à leurs défauts.

Nous avons vu les deux plus grands acteurs dans le genre comique, Demetrius et Stratoclès, charmer le public par des qualités tout opposées. Que le premier représentât à merveille les dieux, les amans, les bons pères, les esclaves fidèles, les matrones et les vieilles appesanties par l'âge; que l'autre jouât dans la perfection les vieillards bilieux, les esclaves rusés, les parasites, les complaisans, et tous les rôles qui demandaient du mouvement, il n'y a rien là qui étonne : la nature de leur talent était différente. Demetrius avait plus de douceur dans la voix, Stratoclès plus de mordant. Ce qui était vraiment remarquable, c'est qu'ils avaient des manières qui leur étaient propres et qui n'auraient pu se transmettre. Ainsi, agiter ses mains en l'air, prolonger des exclamations pour le plaisir de filer des sons, entrer en scène avec des vêtemens où le vent semblait s'engouffrer, gesticuler souvent à droite, tout cela ne

cursus, et agilitas, et vel parum conveniens personæ risus (quem non ignarus rationis populo dabat), et contracta etiam cervicula : quidquid horum alter fecisset, fœdissimum videretur : quare norit se quisque, nec tantum ex communibus præceptis, sed etiam ex natura sua capiat consilium formandæ actionis : neque illud tamen est nefas, ut aliquem vel omnia, vel plurima deceant.

Hujus quoque loci clausula sit eadem, necesse est, quæ ceterorum est, regnare maxime modum : non enim comœdum esse, sed oratorem volo; quare neque in gestu persequemur omnes argutias, nec in loquendo distinctionibus, temporibus, affectionibus moleste utemur; ut si sit in scena dicendum,

> Quid igitur faciam? non eam, ne nunc quidem,
> Quum arcessor ultro? an potius ita me comparem,
> Non perpeti meretricum contumelias?

Hic enim dubitationis moras, vocis flexus, varias manus, diversos nutus actor adhibebit.

Aliud oratio sapit, nec vult nimium esse condita : actione enim constat, non imitatione. Quare non immerito reprehenditur pronunciatio et vultuosa, et gesticulationibus molesta, et vocis mutationibus resul-

pouvait convenir qu'à Demetrius, et passait chez lui à la faveur de sa taille et de sa bonne mine. Stratoclès était toujours en mouvement, toujours en haleine; il riait souvent à contre-sens, non par ignorance, mais pour flatter le goût du peuple, il portait la tête enfoncée dans les épaules, toutes allures qui auraient indubitablement choqué dans un autre. L'essentiel est donc de se bien connaître et de prendre conseil, pour composer son action, non-seulement des préceptes, mais encore de ses dispositions naturelles. Trop heureux quand on est propre à tout, ou du moins à beaucoup de choses!

Je terminerai cet article comme j'ai terminé tous les autres, en recommandant de garder une juste mesure, attendu que ce n'est pas un comédien qu'il s'agit de former, mais un orateur. On ne s'attachera donc pas, dans le geste, à rendre tout minutieusement, de même qu'en parlant on n'affectera pas de marquer toutes les pauses, de distinguer tous les intervalles, d'exprimer jusqu'aux nuances de sentimens les plus fugitives, comme si, par exemple, on avait à dire sur la scène les paroles suivantes : *Que faire donc? n'y point aller, quand c'est elle-même qui m'en prie? Ne m'arrangerai-je pas plutôt pour n'avoir plus à supporter désormais les affronts de pareilles femmes* *? Car ici l'acteur doit varier les inflexions de voix, les gestes, les signes de tête, pour bien peindre les fluctuations de l'incertitude.

Le discours oratoire veut un autre goût, et ne s'arrange pas d'assaisonnemens si recherchés; c'est qu'il consiste dans l'action, non dans l'imitation. Aussi, blâme-t-

---

* *Eunuque* de Térence, acte I, scène I, *trad.* de M. AMAR.

tans; nec inutiliter ex Græcis veteres transtulerunt, quod ab iis sumptum Lænas Popilius posuit, esse *hanc inotiosam actionem.*

Optime igitur idem, qui omnia, Cicero præceperat, quæ supra ex Oratore posui : quibus similia in Bruto de M. Antonio dicit. Sed jam recepta est actio paulo agitatior, et exigitur, et quibusdam partibus convenit; ita tamen temperanda, ne, dum actoris captamus elegantiam, perdamus viri boni et gravis auctoritatem.

on à juste titre un orateur dont la physionomie est toujours en mouvement, dont les gestes fatiguent par leur continuité, et dont la voix change si souvent de ton, que les paroles ont l'air de bondir. Voilà ce que nos anciens, et Lenas Popilius après eux, ont défini *une action tracassière*.

Cicéron, dans son traité de l'*Orateur*, avait donné tous les préceptes que je viens de tracer d'après lui, avec cette supériorité de raison qu'il met dans tout ce qu'il dit. Il les reproduit encore dans son dialogue intitulé *Brutus*, en parlant de M. Antonius. Mais aujourd'hui on aime plus de mouvement dans l'action, on l'exige même, et il est certaines parties où cela peut n'être pas déplacé. Soit donc ; mais au moins réglons ce mouvement de telle sorte, qu'en affectant les grâces du comédien nous ne perdions pas la dignité et la gravité qui conviennent à l'honnête homme.

LIBER DUODECIMUS.

PROOEMIUM.

Ventum est ad partem operis destinati longe gravissimam : cujus equidem onus si tantum opinione prima concipere potuissem, quanto me premi ferens sentio, maturius consuluissem vires meas : sed initio pudor omittendi, quæ promiseram, tenuit; mox, quamquam per singulas prope partes labor cresceret, ne perderem, quæ jam effecta erant, per omnes difficultates animo me sustentavi. Quare nunc quoque, licet major quam unquam moles premat, tamen prospicienti finem mihi constitutum est vel deficere potius, quam desperare.

Fefellit autem, quod initium a parvis ceperamus : mox velut aura sollicitante provecti longius, dum tamen nota illa, et plerisque artium scriptoribus tractata præcipimus; nec adhuc a littore procul videbamur, et multos circa velut iisdem se ventis credere ausos habebamus. Jam quum eloquendi rationem novissime repertam, paucissimisque tentatam ingressi sumus, rarus, qui tam procul a portu recessisset, reperiebatur. Postquam vero

LIVRE DOUZIÈME.

EXORDE.

Me voici arrivé à la partie sans contredit la plus importante de mon ouvrage. Si j'avais pu, dans l'origine, apprécier le fardeau dont je me sens aujourd'hui accablé, j'aurais peut-être plus mûrement consulté mes forces; mais j'ai cédé d'abord à la honte de ne pas tenir tout ce que j'avais promis : ensuite, quoique les difficultés s'accrussent presque à chaque pas, la crainte de perdre le fruit de ce que j'avais déjà fait a soutenu mon courage au milieu de toutes les épreuves; et maintenant, quoique ce fardeau me pèse plus que jamais, comme j'aperçois le terme de mes efforts, j'ai résolu d'y succomber plutôt que de désespérer.

Or, ce qui m'a abusé, c'est que j'ai commencé par le plus facile : bientôt engagé plus avant et comme poussé par un vent favorable, tant que je me suis borné à des préceptes connus et traités par la plupart des écrivains, je ne perdais pas encore de vue le rivage, et je me voyais entouré de navigateurs courant avec moi les mêmes hasards. Arrivé insensiblement à ces hauteurs nouvellement découvertes dans l'éloquence et que très-peu de rhéteurs ont abordées, à peine en ai-je vu qui se fussent risqués avec moi si loin du port.

nobis ille, quem instituebamus, orator, a dicendi magistris dimissus, aut suo jam impetu fertur, aut majora sibi auxilia ex ipsis sapientiæ penetralibus petit, quam in altum simus ablati, sentire cœpimus : nunc *cœlum undique et undique pontus.*

Unum modo in illa immensa vastitate cernere videmur M. Tullium, qui tamen ipse, quamvis tanta atque ita instructa nave hoc mare ingressus, contrahit vela, inhibetque remos, et de ipso demum genere dicendi, quo sit usurus perfectus orator, satis habet dicere. At nostra temeritas etiam mores ei conabitur dare, et assignabit officia : ita nec antecedentem consequi possumus, et longius eundum est, ut res feret : et probabilis tamen cupiditas honestorum, et velut tutioris audentiæ est tentare, quibus paratior venia est.

Mais, à présent que l'orateur, instruit par mes soins et prenant congé de ses maîtres, va se livrer à son propre essor, où chercher de plus puissans secours dans le sanctuaire même de la sagesse, je commence à sentir combien ma navigation est aventureuse, et je puis m'écrier avec le poète : *Je ne vois plus partout que la mer et les cieux.*

Un seul guide m'apparaît encore dans cette vaste étendue, c'est Cicéron; mais lui-même, quoique pilote habile et monté sur un vaisseau si bien équipé, je le vois qui plie ses voiles et cesse de ramer. Pour parler sans figures, il lui suffit d'avoir traité du genre d'éloquence que doit ambitionner le parfait orateur. Ma témérité osera davantage : je veux, en outre, lui donner des mœurs et lui tracer des devoirs; ainsi, quoique impuissant à suivre le grand homme qui me précède, mon sujet me mènera plus loin que lui. Cependant, comme c'est dans un but honorable, j'espère qu'on ne me désapprouvera pas. On peut être audacieux avec sécurité, quand on tente des projets qui portent avec eux leur excuse.

CAPUT I.

Non posse oratorem esse nisi virum bonum.

Sit ergo nobis *orator*, quem constituimus, is, qui a M. Catone finitur, *vir bonus, dicendi peritus;* verum, id quod et ille posuit prius, et ipsa natura potius ac majus est, utique *vir bonus.* Id non eo tantum, quod, si vis illa dicendi malitiam instruxerit, nihil sit publicis privatisque rebus perniciosius eloquentia, nosque ipsi, qui pro virili parte conferre aliquid ad facultatem dicendi conati sumus, pessime mereamur de rebus humanis, si latroni comparamus hæc arma, non militi. Quid de nobis loquor? Rerum ipsa natura in eo, quod præcipue indulsisse homini videtur, quoque nos a cæteris animalibus separasse, non parens, sed noverca fuerit, si facultatem dicendi, sociam scelerum, adversam innocentiæ, hostem veritatis invenit : mutos enim nasci, et egere omni ratione, satius fuisset, quam providentiæ munera in mutuam perniciem convertere.

Longius tendit hoc judicium meum : neque enim tantum id dico, eum, qui mihi sit orator, *virum bonum esse oportere;* sed ne futurum quidem oratorem, nisi virum bonum : nam certe neque intelligentiam concesseris iis, qui, proposita honestorum ac turpium via,

CHAPITRE I.

On ne peut être orateur, si l'on n'est pas homme de bien.

J'ENTENDS donc que mon orateur soit tel que le définit M. Caton, *un homme de bien, savant dans l'art de parler;* et remarquez que ce qu'il met en premier est aussi ce qui, de sa nature, est préférable et plus important, la qualité d'*homme de bien.* Car si le talent de la parole n'était qu'un moyen de succès pour la perversité, non-seulement rien ne serait plus pernicieux que l'éloquence dans les intérêts publics et privés, mais nous-mêmes, qui avons contribué de tous nos efforts à étendre cette faculté, nous aurions rendu un très-mauvais service à la société en forgeant des armes pour des brigands et non pour des soldats. Que dis-je, nous? la nature elle-même qui, par le don de la parole, semble avoir spécialement favorisé l'espèce humaine et l'avoir séparée du reste des animaux, la nature ne se serait-elle pas montrée plus marâtre que mère, si elle ne nous avait accordé ce don que pour servir d'auxiliaire au crime, opprimer l'innocence, et déclarer la guerre à la vérité? n'eût-il pas mieux valu naître muets et privés de toute intelligence, que de convertir ces présens de la divinité en une cause de destruction mutuelle?

Mais je vais plus loin et je dis non-seulement que l'orateur doit être homme de bien, mais qu'on ne peut pas devenir orateur, à moins d'être un homme de bien. Et, en effet, accorderons-nous des lumières à ceux qui, maîtres de choisir entre la vertu et le vice, se déterminent pour le dernier? accorderons-nous de la prudence

pejorem sequi malent, neque prudentiam, quum in gravissimas frequenter legum, semper vero malæ conscientiæ, pœnas a semet ipsis improviso rerum exitu induantur. Quod si neminem *malum* esse, *nisi stultum* eumdem, non modo sapientibus dicitur, sed vulgo quoque semper est creditum, certe non fiet unquam stultus orator.

Adde quod ne studio quidem operis pulcherrimi vacare mens, nisi omnibus vitiis libera, potest : primum quod in eodem pectore nullum est honestorum turpiumque consortium, et cogitare optima simul ac deterrima non magis est unius animi, quam ejusdem hominis bonum esse ac malum : tum illa quoque ex causa, quod mentem tantæ rei intentam, vacare omnibus aliis, etiam culpa carentibus, curis oportet : ita demum enim libera, ac tota, nulla distringente atque alio ducente causa, spectabit id solum, ad quod accingitur. Quod si agrorum nimia cura, et sollicitior rei familiaris diligentia, et venandi voluptas, et dati spectaculis dies, multum studiis auferunt (huic enim rei perit tempus, quodcunque alteri datur); quid putamus facturas cupiditatem, avaritiam, invidiam? quarum impotentissimæ cogitationes somnos etiam et illa per quietem visa perturbant. Nihil est enim tam occupatum, tam multiforme, tot ac tam variis affectibus concisum atque laceratum, quam

à ceux qui, faute de prévoir les suites de leurs actions, encourent souvent les peines légales les plus graves et sont livrés aux tourmens infaillibles d'une mauvaise conscience? Si donc c'est une maxime avouée des sages, et reçue même généralement, que tout *méchant* est *insensé*, certes un insensé ne deviendra jamais orateur.

Ajoutez qu'on ne peut pas vaquer librement à d'aussi belles études, si l'on n'est entièrement dégagé de l'influence de tout vice : premièrement, parce que les penchans honnêtes et les penchans déréglés ne peuvent loger à la fois dans le même cœur, et qu'un même esprit ne peut pas plus associer dans sa pensée ce qu'il y a de meilleur et ce qu'il y a de pire, qu'il n'est possible à un même homme d'être tout ensemble bon et méchant; secondement, parce que l'âme, appliquée à un si grand objet, doit être inaccessible à tous les autres soins, fût-ce même aux plus innocens; car ce n'est qu'avec un entier usage de toutes ses facultés, et sans que rien distraie ou partage son attention, qu'elle peut bien embrasser le sujet qu'elle se propose. Si déjà trop d'occupations pour la culture de nos champs, trop de sollicitude dans nos affaires domestiques, les plaisirs de la chasse, ceux du spectacle, enlèvent beaucoup à nos études, puisque le temps qu'on emploie à une chose est nécessairement perdu pour une autre, que sera-ce si nous sommes en proie à l'ambition, à l'avarice, à la haine, passions effrénées qui ne nous laissent aucun repos et nous poursuivent jusque dans le sommeil? car il n'est rien d'aussi agité, rien qui soit susceptible de prendre autant de

mala mens : nam et quum insidiatur, spe, curis, labore distringitur; et jam, quum sceleris compos fuit, sollicitudine, pœnitentia, pœnarum omnium exspectatione torquetur. Quis inter hæc litteris, aut ulli bonæ arti locus? non hercle magis, quam frugibus in terra sentibus ac rubis occupata.

Age, non ad perferendos studiorum labores necessaria frugalitas? quid igitur ex libidine ac luxuria spei? Non præcipue acuit ad cupiditatem litterarum amor laudis? num igitur malis esse laudem curæ putamus? Jam hoc quis non videt, maximam partem orationis in tractatu æqui bonique consistere? dicetne de his secundum debitam rerum dignitatem malus atque iniquus? Denique, ut maximam partem quæstionis eximam, demus, id quod nullo modo fieri potest, idem ingenii, studii, doctrinæ, pessimo atque optimo viro; uter melior dicetur orator? nimirum qui homo quoque melior. Non igitur unquam malus idem homo, et perfectus orator : non enim perfectum est quidquam, quo melius est aliud.

Sed, ne more Socraticorum nobismet ipsi responsum finxisse videamur, sit aliquis adeo contra veritatem obstinatus, ut audeat dicere, eodem ingenio, studio, doctrina præditum nihilo deteriorem futurum oratorem malum virum, quam bonum. Convincamus hujus quo-

formes, que l'âme du méchant incessamment brisée, déchirée par mille sentimens divers. Médite-t-il le mal; l'espérance, l'inquiétude et les soucis le harcèlent. Jouit-il du fruit de son crime; la crainte, les remords, l'attente de tous les châtimens, ne lui laissent aucun relâche. Comment, au milieu d'un pareil trouble, cultiver les lettres ou toute autre connaissance utile? pas plus sans doute qu'on ne ferait venir de grains dans une terre couverte de ronces et d'épines.

Poursuivons : la tempérance est nécessaire pour supporter la fatigue attachée à l'étude; comment l'espérer au sein de la débauche et des dérèglemens? l'amour de la gloire est le principal aiguillon de ceux qui s'adonnent aux lettres; pense-t-on que les méchans y soient sensibles? Qui ne sait aussi que la plupart des discours traitent de l'équité et du souverain bien? et comment un homme injuste et pervers parlera-t-il de ces choses avec la dignité convenable? Enfin, pour simplifier la question, admettons, ce qui ne saurait jamais être, que le plus vertueux des mortels et le plus corrompu aient une dose égale de génie, de talent, d'instruction : lequel sera réputé le meilleur orateur? sans contredit, celui qui vaudra moralement mieux. Donc, on ne peut être à la fois un méchant homme et un parfait orateur; car une chose n'est plus parfaite, dès qu'il en existe une autre comparativement meilleure.

Mais, pour que nous ne paraissions pas nous faire à nous-mêmes nos objections et nos réponses, à la manière de l'école de Socrate, je suppose quelqu'un d'assez entêté contre la vérité, pour oser soutenir qu'à partage égal de génie, de talent, d'instruction, le pervers ne sera pas moins bon orateur que l'homme de bien. Je vais dé-

que amentiam : nam certe nemo dubitabit, omnem orationem id agere, ut judici, quæ proposita fuerint, vera et honesta videantur : utrum igitur hoc facilius bonus vir persuadebit, an malus? Bonus quidem dicet sæpius vera atque honesta. Sed etiam si quando aliquo ductus officio (quod accidere, ut mox docebimus, potest) falso hæc affirmare conabitur, majore cum fide necesse est audiatur : at malis hominibus ex contemptu opinionis et ignorantia recti, nonnunquam excidit ipsa simulatio : inde immodeste proponunt, sine pudore affirmant. Sequitur in iis, quæ certum est effici non posse, deformis pertinacia, et irritus labor : nam sicut in vita, in causis quoque, spes improbas [habent. Frequenter autem accidit, ut his etiam vera dicentibus fides desit, videaturque talis advocatus malæ causæ argumentum.

Nunc de iis dicendum est, quæ mihi quasi conspiratione quadam vulgi reclamari videntur : *Orator ergo Demosthenes non fuit?* atqui malum virum accepimus. *Non Cicero?* atqui hujus quoque mores multi reprehenderunt. Quid agam? magna responsi invidia subeunda est, mitigandæ sunt prius aures. Mihi enim nec *Demosthenes* tam gravi morum dignus videtur invidia, ut omnia, quæ in eum ab inimicis congesta sunt, cre-

montrer la folie d'un pareil raisonnement. Certes, il est incontestable que le but auquel aspire tout orateur est de persuader aux juges que les propositions qu'il avance sont vraies et honnêtes. Or, lequel y parviendra plus aisément de l'homme de bien ou du méchant? sans contredit, l'homme de bien; car tout ce qu'il dira sera le plus souvent vrai et honnête. Si même certains devoirs l'obligent à présenter comme vrai ce qui ne l'est pas, circonstance qui peut se rencontrer, comme je le démontrerai tout-à-l'heure, on sera nécessairement plus disposé à lui accorder quelque créance. Le méchant, au contraire, est souvent réduit à l'impuissance de dissimuler, par le mépris qui s'attache à son opinion et à ses principes, ce qui donne un caractère d'immodestie à tout ce qu'il avance, et d'impudeur à tout ce qu'il affirme. Il en résulte encore que, dans les choses jugées improbables, son opiniâtreté révolte sans que sa peine aboutisse à rien. Car, dans les causes qu'il défend comme dans les autres actions de sa vie, le méchant est le jouet de ses folles et iniques espérances. Bien plus, il arrive souvent qu'on ne le croit pas, même lorsqu'il dit la vérité; et il y a tel avocat dont le choix suffit pour discréditer une cause.

Je vais maintenant répondre à certaines objections qu'il me semble voir s'élever de concert contre moi. Quoi! va-t-on me dire, *est-ce que Démosthène n'était point orateur?* cependant, il passe pour avoir été un malhonnête homme. *Et Cicéron?* pourtant, beaucoup de gens ont blâmé sa conduite. Que dire à cela? Je sens que ma réponse va faire jeter les hauts cris; prenons donc des lénitifs, pour ne pas blesser les oreilles. Et d'abord, à l'égard de Démosthène, il ne me paraît pas avoir eu des mœurs tellement mauvaises, qu'il faille

dam; quum pulcherrima ejus in republica consilia et finem vitæ clarum legam. Nec *Marco Tullio* defuisse video in ulla parte civis optimi voluntatem. Testimonio est actus nobilissime consulatus; integerrime provincia administrata; et repudiatus vigintiviratus; et civilibus bellis, quæ in ætatem ejus gravissima inciderunt, neque spe neque metu declinatus animus, quo minus optimis se partibus, id est, reipublicæ, jungeret. Parum fortis videtur quibusdam : quibus optime respondit ipse, *non se timidum in suscipiendis, sed in providendis periculis;* quod probavit morte quoque ipsa, quam præstantissimo suscepit animo.

Quod si defuit his viris summa virtus; sic, quærentibus, an oratores fuerint, respondebo, quomodo stoici, si interrogentur, an sapiens Zeno, an Cleanthes, an Chrysippus, respondeant, magnos quidem illos ac venerabiles, non tamen id, quod natura hominis summum habet, consecutos. Nam et Pythagoras, non *sapientem* se, ut qui ante eum fuerunt, sed *studiosum sapientiæ* vocari voluit.

Ego tamen secundum communem loquendi consuetudinem sæpe dixi, dicamque, *perfectum oratorem* esse

croire tout ce que ses ennemis ont accumulé contre lui, surtout quand je considère la sagesse des conseils qu'il donnait à la république d'Athènes, et sa fin à jamais illustre. Quant à Cicéron, je ne vois pas non plus que, dans aucune partie de sa carrière, il ait manqué aux devoirs d'un excellent citoyen; j'en citerai pour preuves, son consulat rempli avec tant de distinction, une province administrée avec la plus rare intégrité, le refus qu'il fit d'adhérer au gouvernement des Vingt, et sa conduite dans les guerres civiles si actives et si cruelles de son temps; conduite telle, que jamais ni l'espérance, ni la crainte, ne lui firent déserter le parti le plus honorable, c'est-à-dire, le parti de la république. Quelques personnes lui ont reproché de manquer de courage : il a pris soin lui-même de leur répondre, en disant, *qu'il n'était pas timide à faire face aux dangers, mais à les prévoir;* et c'est ce qu'il a justifié par sa mort, où il a déployé toute la fermeté d'une grande âme.

Que si ces deux personnages n'ont pas été des modèles accomplis de vertu, et qu'on me demande si ce furent de véritables orateurs, je répondrai ce que disent les stoïciens, quand on leur demande si Zénon, Cléanthe, Chrysippe, ont été de véritables sages : que ce furent de grands hommes, des hommes dignes de vénération, mais que, toutefois, ils n'ont pas atteint à toute la perfection dont la nature humaine est susceptible. Aussi, Pythagore ne voulut-il pas, comme ceux qui l'avaient précédé, qu'on l'appelât sage, mais seulement sectateur zélé de la sagesse.

Quant à moi, pour parler le langage ordinaire, j'ai souvent dit et je répèterai que Cicéron est un *parfait*

Ciceronem; ut amicos et *bonos viros,* et *prudentissimos* dicimus vulgo, quorum nihil nisi perfecte sapienti datur: sed quum proprie, et ad legem ipsam veritatis loquendum erit, eum quæram oratorem, quem et ille quærebat. Quamquam enim stetisse ipsum in fastigio eloquentiæ fateor, ac vix, quid adjici potuerit, invenio, fortasse inventurus, quod adhuc abscisurum putem fuisse (nam fere sic docti judicaverunt, *plurimum in eo virtutum, nonnihil fuisse vitiorum;* et ipse se multa ex juvenili abundantia coercuisse testatur) : tamen quando nec sapientis sibi nomen, minime sui contemptor, asseruit; et melius dicere, certe data longiore vita, et tempore ad componendum securiore, potuisset; non maligne crediderim, defuisse ei summam illam, ad quam nemo propius accessit. Et licebat, si aliter sentirem, fortius id liberiusque defendere. An vero M. Antonius *neminem a se visum eloquentem,* quod tanto minus erat, professus est; ipse etiam M. Tullius *quærit adhuc eum,* et tantum imaginatur ac fingit; ego non audeam dicere, aliquid in hac, quæ superest, æternitate inveniri posse eo, quod fuerit, perfectius? Transeo illos, qui Ciceroni ac Demostheni ne in eloquentia quidem satis tribuunt; quamquam neque ipsi Ciceroni Demosthenes videatur satis esse perfectus, quem *dormitare* interim dicit; nec Cicero Bruto Calvoque, qui certe compositionem illius etiam apud ip-

orateur, comme nous disons de nos amis, qu'ils sont vertueux et pleins de raison, quoique cela n'appartienne qu'au vrai sage. Mais, lorsqu'il s'agira de parler suivant l'exactitude rigoureuse de la vérité, je me reporterai à l'orateur que Cicéron cherchait lui-même. Personne, je l'avoue, n'est parvenu aussi haut que lui dans l'art de la parole; je ne vois guère ce qu'on pourrait ajouter à son éloquence : peut-être trouverait-on plutôt ce qu'il y aurait encore à en élaguer; du moins, c'est le jugement qu'en ont porté presque tous les savans, qui lui reconnaissent un grand nombre de qualités mêlées de quelques défauts, et lui-même atteste qu'il a eu beaucoup à réprimer de l'exubérance de sa jeunesse. Cependant, puisque Cicéron ne s'est pas arrogé le titre de sage, quoiqu'il s'estimât assez; puisqu'il eût pu devenir encore plus éloquent, s'il eût vécu davantage, et dans des temps plus calmes et plus favorables à l'étude : je suis fondé à croire, sans qu'on me taxe de malignité, qu'il lui a manqué ce fini de la perfection dont, toutefois, nul n'a plus approché que lui. Si j'étais d'un autre avis, qui m'empêcherait de le soutenir en toute liberté? Quoi! M. Antonius a déclaré, ce qui est bien plus fort, qu'il n'avait jamais vu un homme éloquent; Cicéron lui-même s'évertue à chercher ce phénix, et se contente de l'imaginer, de s'en faire une idée; et moi, je n'oserai pas dire que, dans l'immensité des siècles à venir, il peut se rencontrer quelque chose de plus parfait que ce qui a existé jusqu'ici! Je ne parle pas de ceux qui, même sous le rapport de l'éloquence, n'ont pas rendu assez de justice à Démosthène et à Cicéron, quoique Démosthène ne soit pas encore parfait aux yeux de l'orateur romain, qui l'accuse de dormir quelquefois; quoique Bru-

sum reprehendunt; nec Asinio utrique, qui vitia orationis ejus etiam inimice pluribus locis insequuntur.

Concedamus sane, quod minime natura patitur, repertum esse aliquem malum virum, summe disertum; nihilo tamen minus oratorem eum negabo : nam nec omnibus, qui fuerint manu prompti, viri fortis nomen concesserim, quia sine virtute intelligi non potest fortitudo. An ei, qui ad defendendas causas advocatur, non est opus fide, quam nec cupiditas corrumpat, nec gratia avertat, nec metus frangat? sed proditorem, transfugam, prævaricatorem donabimus oratoris illo sacro nomine?

Quod si mediocribus etiam patronis convenit hæc, quæ vulgo dicitur, *bonitas;* cur non orator ille, qui nondum fuit, sed potest esse, tam sit moribus, quam dicendi virtute perfectus? Non enim forensem quamdam instituimus operam, nec mercenariam vocem, nec, ut asperioribus verbis parcamus, non inutilem sane litium advocatum, quem denique *causidicum* vulgo vocant; sed virum, quum ingenii natura præstantem, tum vero tot pulcherrimas artes penitus mente complexum, datum tandem rebus humanis, qualem nulla antea vetustas cognoverit, singularem, perfectumque undique, optima sentientem, optimeque dicentem. In hoc quota pars erit,

tus et Calvus en aient pensé autant de Cicéron, et qu'ils aient blâmé sa composition, en parlant à lui-même; quoiqu'enfin ç'ait été aussi le sentiment des deux Pollion, qui, dans plusieurs endroits de leurs ouvrages, se déchaînent amèrement contre son style.

Mais je reprends ma thèse, et j'accorde, ce qui est incompatible, qu'il se soit trouvé un méchant homme fort disert : je ne lui en dénierai pas moins le titre d'orateur, de même que je ne donnerai pas le nom de braves à tous ceux qui sont prêts à faire un coup de main, parce que je ne puis concevoir le courage sans la vertu. Ne faut-il pas, à celui qui est appelé à défendre des causes, une fidélité à toute épreuve, qui le rende inaccessible à la corruption, à la faveur, à la crainte? Prostituerait-on le nom sacré d'orateur, en l'appliquant à un traître, à un transfuge, à un prévaricateur?

Si donc, ce qu'on appelle vulgairement probité, est un devoir pour les plus minces avocats, pourquoi cet orateur que nous n'avons pas encore vu, mais qui peut apparaître un jour, ne serait-il pas aussi parfait du côté des mœurs que du côté de l'éloquence? Ce n'est pas ici une simple éducation de barreau que nous prétendons faire, ce n'est pas une voix mercenaire que nous voulons former, ni même, pour adoucir l'expression, un défenseur utile dans les procès, ni enfin, comme on l'appelle communément, *un diseur de causes;* mais un homme qui s'élève au dessus des autres, tant par la trempe de son génie que par la vaste étendue de ses connaissances, véritable présent fait à la terre, et dont l'antiquité n'a point offert de modèle, un homme unique, accompli de tout point, aussi admirable par ses sentimens que par la manière de les exprimer. Quelle part n'y aura-t-il pas

quod aut innocentes tuebitur, aut improborum scelera compescet, aut in pecuniariis quæstionibus veritati contra calumniam aderit? Summus ille quidem in his quoque operibus fuerit, sed majoribus clarius elucebit, quum regenda senatus consilia, et popularis error ad meliora ducendus. An non talem quemdam videtur finxisse Virgilius, quem in seditione vulgi, jam faces et saxa jaculantis, moderatorem dedit?

>Tum pietate gravem ac meritis si forte virum quem
>Conspexere, silent, arrectisque auribus astant.

Habemus igitur ante omnia *virum bonum*, post hæc adjiciet *dicendi peritum*,

>Ille regit dictis animos, et pectora mulcet.

Quid? non in bellis quoque idem ille vir, quem instituimus, si sit ad prœlium miles cohortandus, ex mediis sapientiæ præceptis orationem trahet? nam quomodo pugnam ineuntibus, tot simul metus laboris, dolorum, postremo mortis ipsius exciderint, nisi in eorum locum pietas, et fortitudo, et honesti præsens imago successerit? Quæ certe melius persuadebit aliis, qui prius persuaserit sibi: prodit enim se, quamlibet custodiatur, simulatio; nec unquam tanta fuerit loquendi facultas,

en lui, pour défendre l'innocence, pour réprimer l'audace du crime, ou pour prêter assistance à la vérité contre le mensonge, dans les questions pécuniaires? Il se montrera grand, n'en doutons pas, dans ces diverses circonstances; mais, c'est surtout dans les affaires d'un ordre plus élevé qu'il brillera de tout son éclat, lorsqu'il faudra diriger les délibérations du sénat, ou ramener un peuple égaré dans de meilleures voies. N'est-ce pas un pareil personnage que Virgile semble s'être complu à nous peindre comme modérateur d'une sédition populaire, où déjà la fureur s'est armée de torches et de pierres?

> Mais qu'à leurs yeux émus il se présente un sage,
> Son aspect imposant soudain calme l'orage;
> On se tait, on l'écoute. . . . . .

Voilà d'abord l'homme de bien, vient ensuite l'homme éloquent, l'orateur :

> . . . . . et ses discours vainqueurs
> Gouvernent les esprits et subjuguent les cœurs.
>
> Del., *Én.*

Transportez le même homme dans les camps : s'il lui faut haranguer ses soldats, ne sera-ce pas aux sources mêmes de la sagesse qu'il puisera son éloquence? et comment, en effet, détruire chez tant de gens dévoués aux chances des combats, toutes les craintes qui les assaillent à la fois, celles de la fatigue, des douleurs, et de la mort même, si, à la place de ces images lugubres, on ne leur présente l'amour de la patrie, le devoir et l'honneur? sentimens qu'on n'inspire bien, qu'autant qu'on en est animé soi-même; car, on a beau faire, quand on dissimule, on finit toujours par se trahir : quelque

ut non titubet atque hæreat, quoties ab animo verba dissentiunt : vir autem malus aliud dicat necesse est, quam sentit. Bonos nunquam honestus sermo deficiet, nunquam rerum optimarum (nam iidem etiam prudentes erunt) inventio : quæ etiamsi lenociniis destituta sit, satis tamen natura sua ornatur; nec quidquam non diserte, quod honeste, dicitur.

Quare juventus, immo omnis ætas (neque enim rectæ voluntati serum est tempus ullum), totis mentibus huc tendamus, in hoc laboremus; forsan et consummare contingat : nam si natura non prohibet et esse virum bonum, et esse dicendi peritum, cur non aliquis etiam unus utrumque consequi possit? cur autem non se quisque speret fore illum aliquem? Ad quod si vires ingenii non suffecerint, tamen ad quem usque modum processerimus, meliores erimus ex utroque. Hoc certe prorsus eximatur animo, rerum pulcherrimam eloquentiam cum vitiis mentis posse misceri. Facultas dicendi, si in malos incidit, et ipsa judicanda est malum : pejores enim illos facit, quibus contigit.

Videor mihi audire quosdam (neque enim deerunt unquam, qui diserti esse, quam boni, malint), illa dicentes : « Quid ergo tantum est artis in eloquentia? cur tu de coloribus, et difficilium causarum defensione, nonnihil etiam de confessione locutus es, nisi aliquando

facilité qu'on ait à s'exprimer, on chancelle, on hésite, lorsque la bouche n'est pas d'accord avec le cœur. Or, il est de toute nécessité que le méchant parle autrement qu'il ne pense. L'honnête homme, au contraire, n'est jamais embarrassé, ni pour parler le langage de la vertu, ni pour trouver les meilleurs expédiens, car la prudence est aussi son partage; ses discours, même dénués d'agrément, ont un charme naturel qui captive : tout ce qui émane d'un principe honnête, est toujours bien dit.

Attachons-nous donc, dès notre jeunesse, et même à tout âge, car il n'est jamais trop tard pour vouloir le bien, à acquérir cette perfection ; travaillons-y de tous nos efforts, et peut-être y atteindrons-nous. La nature, en effet, ne s'oppose pas à ce qu'on soit vertueux et à ce qu'on soit éloquent : pourquoi ne se trouverait-il pas quelqu'un qui parvînt à devenir l'un et l'autre? et pourquoi désespèrerait-on d'être ce mortel privilégié ? Que si les forces de notre esprit étaient insuffisantes pour cela, au moins serions-nous d'autant meilleurs, que nous aurions fait plus de progrès dans la vertu et dans l'éloquence. Surtout, ôtons-nous bien de l'esprit que la plus noble des facultés puisse jamais s'allier avec les bassesses du cœur. Le talent de la parole, quand il échoit aux méchans, doit être considéré comme une véritable calamité, puisqu'il ne fait que les rendre plus dangereux.

Comme il ne manque pas de gens qui sont plus jaloux de se montrer éloquens que vertueux, je crois d'ici les entendre dire : « A quoi bon, en ce cas, tant d'art dans l'éloquence? à quoi bon nous parler vous-même des couleurs à donner au discours, des moyens à employer dans la défense des causes difficiles, de celles

vis ac facultas dicendi expugnat ipsam veritatem? Bonus enim vir non agit nisi bonas causas, eas porro etiam sine doctrina satis per se tuetur veritas ipsa. »

Quibus ego, quum de meo primum opere respondero, etiam pro boni viri officio, si quando eum ad defensionem nocentium ratio duxerit, satisfaciam : tractare enim, quomodo aut pro falsis, aut etiam pro injustis aliquando dicatur, non est inutile, vel propter hoc solum, ut ea facilius et deprehendamus, et refellamus; quemadmodum remedia melius adhibebit, cui nota, quæ nocent, fuerint. Neque enim academici, quum in utramque disseruerunt partem, non secundum alteram vivent; nec Carneades ille, qui Romæ audiente Censorio Catone non minoribus viribus contra justitiam dicitur disseruisse, quam pridie pro justitia dixerat, injustus ipse vir fuit. Verum et *virtus* quid sit, adversa ei *malitia* detegit, et *æquitas* fit ex *iniqui* contemplatione manifestior, et plurima contrariis probantur : debent ergo oratori sic esse adversariorum nota consilia, ut hostium imperatori.

Verum et illud, quod prima propositione durum videtur, potest afferre ratio, ut *vir bonus* in defensione causæ velit auferre aliquando judici veritatem. Quod si

même où l'aveu de l'accusé semble interdire tout espoir, si l'art de la parole n'est pas une arme dont on se sert pour attaquer la vérité elle-même? car un homme de bien ne doit se charger que de bonnes causes, et celles-là se défendent assez sans le secours de la science. »

Répondons d'abord à ce qui touche au fond même de cet ouvrage, à l'éloquence; je me fais fort ensuite de prouver qu'un honnête homme, sans manquer à ses devoirs, peut quelquefois avoir de justes motifs pour défendre des coupables. Je maintiens donc qu'il n'est pas inutile de savoir comment on plaide le faux et même l'injuste, ne fût-ce que pour apprendre à mieux les démasquer et les confondre. C'est ainsi qu'on emploie plus judicieusement les remèdes, quand on connaît toutes les substances nuisibles. Il ne faut pas croire que les philosophes de l'académie, qui soutiennent alternativement le pour et le contre, aient, pour cela, une conduite équivoque; ni que ce Carnéade qui, dit-on, parla à Rome devant Caton le Censeur, avec autant de force contre la justice, qu'il l'avait fait la veille en faveur de cette qualité, fût pour cela un homme injuste. Au contraire, la vertu ne paraît jamais plus pure, que lorsqu'on lui met en regard la perversité; et le bon droit ne brille jamais tant, que lorsqu'on dévoile toutes les manœuvres de l'iniquité : la plupart des vérités se prouvent par leurs contraires. L'orateur doit donc connaître les desseins de son adversaire, comme un général doit pénétrer les projets de l'ennemi.

Quant à ce que j'ai dit, et qui paraît si mal sonnant au premier aspect, qu'il peut exister des motifs pour qu'un homme de bien, dans la défense d'une cause, cherche à dérober au juge la connaissance de la vérité;

quis a me proponi mirabitur (quamquam non est hæc mea proprie sententia, sed eorum, quos gravissimos sapientiæ magistros ætas vetus credidit), sic judicet, pleraque esse, quæ non tam factis, quam causis eorum, vel honesta fiant, vel turpia. Nam si *hominem occidere*, sæpe virtus, *liberos necare*, nonnunquam pulcherrimum est; asperiora quædam adhuc dictu, si communis utilitas exegerit, facere conceditur; ne hoc quidem nudum est intuendum, qualem causam vir bonus, sed etiam quare, et qua mente, defendat.

Ac primum concedant mihi omnes oportet, quod stoicorum quoque asperrimi confitentur, facturum aliquando virum bonum, ut mendacium dicat, et quidem nonnunquam levioribus causis: ut in pueris ægrotantibus, utilitatis eorum gratia multa fingimus, multa non facturi promittimus: nedum si ab homine occidendo grassator avertendus sit, aut hostis pro salute patriæ fallendus; ut hoc, quod alias in servis quoque reprehendendum est, sit alias in ipso sapiente laudandum.

Id si constiterit, multa jam video posse evenire, propter quæ orator bene suscipiat tale causæ genus, quale, remota ratione honesta, non recepisset. Nec hoc dico, quia severiores sequi placet leges, pro patre,

si l'on s'étonne que ce soit moi qui avance une pareille proposition (bien qu'à vrai dire ce ne soit pas mon sentiment personnel que je donne ici, mais celui d'hommes que l'antiquité regardait comme des oracles de sagesse), que l'on veuille bien considérer que la plupart de nos actions sont honnêtes ou honteuses, non pas tant envisagées en elles-mêmes, que dans les causes qui les ont produites. En effet, si c'est souvent un acte de vertu que de tuer son semblable; s'il est quelquefois d'un héroïsme sublime d'immoler ses propres enfans; si des choses plus révoltantes encore sont excusables, quand l'intérêt public les a commandées, il ne s'agit plus d'examiner quelle est la cause qu'un homme de bien défend, mais encore pourquoi et dans quelle intention il la défend.

Et d'abord, il faut bien qu'on m'accorde ce dont conviennent les plus rigides des stoïciens ; qu'un homme vertueux peut être dans le cas de mentir pour des causes même assez légères. Quand nos enfans sont malades, nous leur faisons des contes pour les distraire de leurs maux; nous les amusons de promesses que nous savons ne pas pouvoir tenir : à plus forte raison, le mensonge doit-il être permis, dans la vue de détourner le fer d'un assassin, ou de tromper un ennemi, pour le salut de son pays; en sorte que ce qui est ordinairement répréhensible même dans un esclave, peut devenir louable dans un sage.

Cela posé, je vois qu'il peut se présenter bien des circonstances où mon orateur entreprendra telle cause dont il ne se serait pas chargé sans un motif honorable, et je ne dis pas s'il s'agit d'un père, d'un frère, d'un ami, qu'une accusation met en danger; car ces liens ne

fratre, amico periclitantibus; tametsi non mediocris haesitatio est, hinc *justitiae* proposita imagine, inde *pietatis*. Nihil dubii relinquamus : sit aliquis insidiatus tyranno, atque ob id reus; utrumne salvum eum nolet is, qui a nobis finitur, orator? an, si tuendum susceperit, non tam falsis defendet, quam qui apud judices malam causam tuetur? Quid si quaedam bene facta damnaturus est judex, nisi ea non esse facta convicerimus; non vel hoc modo servabit orator non innocentem modo, sed etiam laudabilem civem? Quid si quaedam justa natura, sed conditione temporum inutilia civitati sciemus; nonne utemur arte dicendi, bona quidem, sed malis artibus simili? Ad hoc nemo dubitabit, quin, si nocentes mutari in bonam mentem aliquo modo possint, sicut posse interdum conceditur, salvos esse magis e republica sit, quam puniri : si liqueat igitur oratori, futurum bonum virum, cui vera objicientur, non id aget, ut salvus sit?

Da nunc, ut crimine manifesto prematur dux bonus, et sine quo vincere hostem civitas non possit; nonne ei communis utilitas oratorem advocabit? Certe Fabricius Cornelium Rufinum, et alioqui malum civem, et sibi

sauraient faire fléchir le devoir, et pourtant ce n'est pas un léger motif d'hésitation que d'avoir sous les yeux, d'un côté la justice, et de l'autre sa tendresse. Mais choisissons des exemples qui ne laissent aucun doute. Quelqu'un a machiné la perte d'un tyran et est accusé pour ce fait. L'orateur, tel que nous l'avons défini, se fera-t-il scrupule de vouloir le sauver ? et s'il entreprend sa défense, n'emploiera-t-il pas des couleurs mensongères, comme tous ceux qui plaident une mauvaise cause? Il est certaines actions qu'on tient pour bonnes, mais on sait que le juge les condamnera, si l'on ne parvient à le convaincre qu'elles n'ont pas eu lieu; l'orateur balancera-t-il à user de ce moyen, pour soustraire à une sentence inique, je ne dis pas seulement un innocent, mais un citoyen recommandable? Il est des choses qui sont justes de leur nature, mais nous les savons sans utilité pour l'état, à cause de la conjoncture des temps; dans ce cas, n'aurons-nous pas recours à une éloquence, bonne en soi, mais qui ressemblera beaucoup aux subtilités de la chicane? Poursuivons. On ne contestera pas que si des criminels peuvent faire un retour sincère sur eux-mêmes, et cela se voit quelquefois, il ne soit plus avantageux à la société de leur faire grâce que de les punir; si donc il est démontré à un orateur que tel accusé deviendra honnête homme, quoiqu'il soit évidemment coupable, ne fera-t-il pas tous ses efforts pour le sauver?

Supposons maintenant qu'un général habile, et sans lequel la république ne peut espérer de vaincre, soit sous le poids d'un crime avéré; l'intérêt commun ne commandera-t-il pas de le défendre? Certes, quand Fabricius donna ouvertement son suffrage pour le consu-

inimicum, tamen, quia utilem sciebat ducem, imminente bello palam consulem suffragio suo fecit; idque admirantibus quibusdam respondit, *A cive se spoliari malle, quam ab hoste venire.* Ita, si fuisset orator, non defendisset eumdem Rufinum vel manifesti peculatus reum?

Multa dici possunt similia, sed vel unum ex iis quodlibet sufficit : non enim hoc agimus, ut istud illi, quem formamus, viro saepe sit faciendum; sed ut, si talis coegerit ratio, sit tamen vera finitio, *oratorem esse virum bonum, dicendi peritum.*

Praecipere vero ac discere quomodo etiam probatione difficilia tractentur, necessarium est : nam frequenter etiam optimae causae similes sunt malis, et innocens reus multis verisimilibus premitur : quo fit, ut eadem actionis ratione defendendus sit, qua, si nocens esset. Jam innumerabilia sunt bonis causis malisque communia, *testes, litterae, suspiciones, opiniones* : non aliter autem verisimilia, quam vera, et confirmantur et refelluntur : quapropter, ut res feret, flectetur oratio, manente honesta voluntate.

lat à Cornelius Rufinus, il n'ignorait pas que c'était un mauvais citoyen et de plus son ennemi personnel; mais la guerre était imminente, et il savait que Rufinus serait utile comme capitaine; aussi, quelques personnes s'étonnant de cette conduite, *J'aime mieux*, dit-il, *être dépouillé par un concitoyen, que vendu par l'ennemi.* Pense-t-on que si Fabricius eût été orateur, il eût hésité à défendre ce même Rufinus, quand même il aurait été convaincu de péculat?

Je pourrais multiplier de semblables exemples, mais un seul de ceux que j'ai cités doit suffire. D'ailleurs mon dessein n'est pas d'encourager l'orateur que je veux former, à plaider souvent de pareilles causes : j'ai voulu prouver que, si des motifs de la même nature le forçaient à s'en charger, il n'en sera pas moins exact de définir l'orateur, *un homme de bien, savant dans l'art de parler.*

Il est également indispensable d'enseigner et d'apprendre comment se traitent les choses qui sont difficiles à prouver; car souvent les meilleures causes ressemblent aux mauvaises, et un innocent qu'on accuse peut avoir contre lui les apparences les plus fâcheuses. D'où il suit qu'il faudra le défendre par les mêmes procédés que s'il était coupable. Ensuite, que de circonstances communes aux bonnes et aux mauvaises causes! les témoins, la correspondance, les suspicions, les rumeurs. Or, ce qui est vraisemblable se confirme ou s'attaque, comme ce qui est vrai. C'est donc à l'orateur à donner à son plaidoyer le tour qui convient à sa cause, sans jamais avoir que des intentions droites et pures.

CAPUT II.

Cognoscenda esse oratori quibus mores formentur.

Quando igitur orator est *vir bonus,* is autem citra virtutem intelligi non potest; virtus, etiamsi quosdam impetus ex natura sumit, tamen perficienda doctrina est : *mores* ante omnia oratori studiis erunt excolendi, atque omnis honesti justique disciplina pertractanda, sine qua nemo nec vir bonus esse, nec dicendi peritus potest. Nisi forte accedimus iis, qui natura constare mores, et nihil adjuvari disciplina putant : scilicet, ut ea quæ manu fiunt, atque eorum etiam contemptissima, confiteantur egere doctoribus; virtûtem vero, qua nihil homini, quo ad deos immortales propius accederet, datum est, obviam et illaboratam, tantum quia nati simus, habeamus. Abstinens erit, qui id ipsum, quid sit abstinentia, ignoret? et fortis, qui metus doloris, mortis, superstitionis, nulla ratione purgaverit? et justus, qui æqui bonique tractatum, qui leges, quæ natura sunt omnibus datæ, quæque propriæ populis et gentibus constitutæ, nunquam eruditiore aliquo sermone tractarit? O quam istud parvum putant, quibus tam facile videtur!

Sed hoc transeo, de quo neminem, qui litteras vel

CHAPITRE II.

L'étude de la philosophie est indispensable à l'orateur.

Si donc le véritable orateur est essentiellement homme de bien, comme un homme de bien ne saurait se concevoir sans vertu, et que la vertu, quoiqu'elle doive quelques-uns de ses mouvemens à la nature, est néanmoins susceptible de se perfectionner par la science, le premier soin d'un orateur doit être de cultiver ses mœurs par l'étude, et d'acquérir la connaissance intime de tout ce qui constitue l'honnête et le juste, connaissance sans laquelle nul ne peut se dire vertueux ni éloquent : à moins qu'on ne préfère s'en rapporter à ceux qui pensent que la nature seule fait les mœurs, et que les doctrines n'y sont pour rien ; ce qui équivaut à dire que nous avons besoin de maîtres qui nous enseignent les arts manuels, même les plus grossiers, tandis que la vertu, cet attribut qui nous rapproche le plus des dieux, nous arrive d'elle-même, sans travail, et naît, pour ainsi dire, avec nous. Ainsi, on sera abstinent, sans savoir même ce que c'est qu'abstinence ; on sera courageux sans s'être affranchi par sa raison des craintes de la douleur et de la mort, des terreurs de la superstition ; on sera juste, sans avoir examiné en quoi consistent la justice et le souverain bien, sans avoir jamais écrit ni fait de recherches sur les lois naturelles et sur celles qui sont particulières à certains peuples, à certaines nations. Oh ! que c'est faire peu de cas d'une chose, que de la juger si facile !

Mais laissons ce point qui ne saurait être douteux

primis, ut aiunt, labris degustarit, dubitaturum puto. Ad illud sequens praevertar, ne dicendi quidem satis peritum fore, qui non et naturae vim omnem penitus perspexerit, et mores praeceptis ac ratione formarit. Neque enim frustra in tertio de Oratore libro L. Crassus cuncta, quae *de aequo, justo, vero, bono,* deque iis, quae sunt contra posita, dicantur, propria esse oratoris affirmat; ac philosophos, quum ea dicendi viribus tuentur, uti rhetorum armis, non suis. Idem tamen confitetur, ea jam esse a philosophia petenda, videlicet quia magis haec illi videtur in possessione earum rerum fuisse. Hinc etiam illud est, quod Cicero pluribus et libris et epistolis testatur, dicendi facultatem ex intimis sapientiae fontibus fluere; ideoque aliquamdiu praeceptores eosdem fuisse morum atque dicendi.

Quapropter haec exhortatio mea non eo pertinet, ut esse oratorem philosophum velim; quando non alia vitae secta longius a civilibus officiis, atque ab omni munere oratoris recessit. Nam quis philosophorum aut in judiciis frequens, aut clarus in concionibus fuit? Quis denique in ipsa, quam maxime plerique praecipiunt, reipublicae administratione versatus est? Atqui ego illum, quem instituo, Romanum quemdam velim esse sapientem, qui non secretis disputationibus, sed rerum expe-

pour peu qu'on ait goûté de l'étude, seulement du bout des lèvres, et passons à cette autre proposition : qu'on ne sera même pas suffisamment habile dans l'art de parler, si l'on n'a approfondi les secrets de la nature, et si l'on n'a formé ses mœurs par les préceptes et la réflexion. Car, ce n'est pas en vain que L. Crassus, dans le troisième livre du traité *de Oratore*, soutient que toute discussion sur l'équité, la justice, la vérité, le souverain bien et réciproquement sur ce qui est opposé à tout cela, rentre dans le domaine réel de l'orateur, et que les philosophes, quand ils ont recours à l'éloquence pour défendre ces principes, se servent alors des armes de la rhétorique, et non des leurs. Ce même Crassus avoue cependant que c'est à la philosophie qu'il faut demander ces connaissances, sans doute parce qu'il lui semble qu'elle en a été plus spécialement en possession. C'est aussi ce qui fait dire à Cicéron, dans plusieurs de ses ouvrages et dans ses lettres, que l'éloquence se puise aux sources les plus profondes de la sagesse, et que voilà pourquoi, pendant quelque temps, les mêmes hommes ont enseigné à la fois à bien vivre et à bien parler.

Qu'on ne croie donc pas que cette exhortation tende à faire de mon orateur un philosophe. Bien loin de là; je ne sache pas de genre de vie plus antipathique avec les devoirs du citoyen et les fonctions de l'orateur. Qui, en effet, parmi les philosophes, a jamais fréquenté le barreau, ou s'est distingué dans les assemblées ? quel est celui qui ait pris part à l'administration des affaires publiques, quoique beaucoup nous aient laissé de belles théories sur cette matière ? Je veux, moi, au contraire, que l'orateur dont j'entreprends l'éducation, soit un sage, un citoyen romain dans toute l'étendue du mot, qui, au

rimentis atque operibus, vere civilem virum exhibeat. Sed quia deserta ab his, qui se ad eloquentiam contulerunt, studia sapientiæ, non jam in actu suo atque in hac fori luce versantur, sed in porticus et in gymnasia primum, mox in conventus scholarum recesserunt; id quod est oratori necessarium, nec a dicendi præceptoribus traditur, ab iis petere nimirum necesse est, apud quos remansit, evolvendis penitus auctoribus, qui de *virtute* præcipiunt; ut oratoris vita cum scientia divinarum rerum sit humanarumque conjuncta. Quæ ipsæ quanto majores ac pulchriores viderentur, si illas ii docerent, qui etiam eloqui præstantissime possent? utinamque sit tempus unquam, quo perfectus aliquis, qualem optamus, orator hanc artem superbo nomine et vitiis quorumdam bona ejus corrumpentium invisam, vindicet sibi, ac, velut rebus repetitis, in corpus eloquentiæ adducat.

Quæ quidem quum sit in tres divisa partes, *naturalem, moralem, rationalem;* qua tandem non est cum oratoris opere conjuncta? Nam ut ordinem retro agamus, de ultima illa, quæ tota versatur in verbis, nemo dubitaverit, si et proprietates vocis cujusque nosse, et ambigua aperire, et perplexa discernere, et de falsis judicare, et colligere ac resolvere, quæ velis, oratorum

lieu de disputer oiseusement dans l'ombre, se montre, par son expérience dans les affaires et par ses œuvres, un véritable homme d'état. Mais enfin, puisque l'étude de la sagesse, délaissée par ceux qui se sont adonnés à l'éloquence, n'est plus dans son centre d'activité naturel et fuit l'éclat du barreau, puisqu'elle s'est retirée d'abord dans les portiques et dans les gymnases, et de là dans les écoles; puisque, d'ailleurs, les maîtres de l'art ne fournissent pas à l'orateur ce qu'il lui est indispensable de connaître : il faut bien qu'il aille le prendre chez ceux qui en sont restés dépositaires, et qu'il lise à fond les auteurs qui traitent de la vertu, afin que la morale s'unisse en lui à la science des choses divines et humaines. Et combien ces choses ne paraîtraient-elles pas plus imposantes, si elles étaient enseignées par ceux qui sauraient en parler le plus dignement! Puisse-t-il arriver un temps où l'orateur parfait que j'appelle de tous mes vœux, ose enfin revendiquer une étude qu'on a décriée par un titre trop fastueux, que quelques-uns même ont déshonorée par des vices qui en altèrent la bonté! Puisse-t-il reprendre son bien aux mains qui l'ont, pour ainsi dire, usurpé, et la sagesse ne faire désormais qu'un seul et même corps avec l'éloquence!

Or, la philosophie étant divisée en trois parties, *la morale, la physique et la logique,* en est-il une, je le demande, qui ne tienne à l'office d'orateur? Et d'abord, pour suivre un ordre rétrograde, cela ne fera pas difficulté à l'égard de la logique, qui est toute dans les mots, si l'on reconnaît qu'il est essentiellement du ressort de l'orateur, de savoir la propriété de chaque terme, d'éclaircir ce qui est équivoque, de démêler ce qui est embrouillé, de discerner le faux du vrai, de bien

est. Quamquam ea non tam est minute atque concise in actionibus utendum, quam in disputationibus; quia non docere modo, sed movere etiam ac delectare audientes debet orator; ad quod impetu quoque ac viribus et decore est opus : ut vis amnium major est altis ripis, multoque gurgitis tractu fluentium, quam tenuis aquæ, et objectu lapillorum resultantis; et ut palæstrici doctores illos, quos *numeros* vocant, non idcirco discentibus tradunt, ut iis omnibus, quos didicerunt, in ipso luctandi certamine utantur (plus enim pondere et firmitate et spiritu agitur), sed ut sit copia illa, ex qua unum, aut alterum, cujus se occasio dederit, efficiant; ita hæc pars dialectica, sive illam dicere malumus *disputatricem*, ut est utilis sæpe et finitionibus et comprehensionibus, et separandis, quæ sunt differentia, et resolvenda ambiguitate distinguendo, dividendo, illiciendo, implicando; ita si totum sibi vindicaverit in foro certamen, obstabit melioribus, et sectas ad tenuitatem suam vires ipsa subtilitate consumet. Itaque reperias quosdam in disputando mire callidos, quum ab illa cavillatione discesserint, non magis sufficere in aliquo graviore actu, quam parva quædam animalia, quæ in angustiis mobilia, campo deprehenduntur.

Jam quidem pars illa *moralis*, quæ dicitur *Ethice*,

enchaîner les syllogismes, et d'en déduire des conséquences exactes, quoique, à vrai dire, le barreau n'admette pas une dialectique aussi minutieuse, aussi concise que les disputes philosophiques, attendu que l'orateur ne doit pas seulement instruire, mais émouvoir et charmer ses auditeurs, ce qui exige de l'entraînement, de la vigueur et de la grâce. C'est ainsi qu'un fleuve profondément encaissé, et qu'alimentent de grosses sources, a bien plus d'impétuosité qu'un faible ruisseau dont le cours est incessamment brisé par des cailloux. De même donc que les maîtres de gymnastique n'enseignent pas à leurs élèves certains mouvemens qu'ils appellent *harmonieux*, dans le dessein que ceux-ci en fassent usage au milieu de la lutte, où il s'agit, avant tout, d'avoir de l'aplomb, de la force, de l'ardeur, mais seulement pour qu'ils aient ces mouvemens à leur disposition, et qu'ils déploient tantôt l'un, tantôt l'autre, suivant l'occasion : de même, cette partie qu'on nomme dialectique, ou, si vous l'aimez mieux, *contentieuse*, fort utile souvent pour définir ou expliquer les choses ; pour en marquer les différences, pour résoudre ce qui est ambigu, pour distinguer, diviser, tendre des pièges et embarrasser ; cette partie, dis-je, si elle domine exclusivement dans un plaidoyer, nuira à des qualités plus essentielles, et épuisera, par sa subtilité même, les forces de l'orateur, en les divisant à l'infini. Aussi, voyons-nous quelques personnes d'une adresse admirable dans la controverse, qui, une fois hors de cette arène sophistique, sont incapables de se soutenir sur un plus grand théâtre, semblables à ces petits animaux qui échappent dans un espace étroit, par leur mobilité, et qu'on prend facilement en plaine.

Quant à la *morale*, certes, rien n'est plus approprié à

certe tota oratori est accommodata : nam in tanta causarum, sicut superioribus libris diximus, varietate, quum alia conjectura quærantur, alia finitionibus concludantur, alia jure summoveantur, vel transferantur, alia colligantur, vel ipsa inter se concurrant, vel in diversum ambiguitate ducantur; nulla fere dici potest, cujus non aliqua in parte tractatus æqui ac boni reperiatur : plerasque vero esse quis nescit, quæ totæ in sola qualitate consistant? In consiliis vero quæ ratio suadendi est ab honesti quæstione seposita? Quid illa etiam pars tertia, quæ *laudandi* ac *vituperandi* officiis continetur? Nempe in tractatu recti pravique versatur. An de *justitia*, *fortitudine*, *abstinentia*, *temperantia*, *pietate* non plurima dicet orator? Sed ille vir bonus, qui hæc non vocibus tantum sibi nota atque nominibus aurium tenus in usum linguæ perceperit, sed qui virtutes ipsas mente complexus ita sentiat, nec in cogitando laborabit, sed, quod sciet, vere dicet.

Quum sit omnis generalis quæstio speciali potentior, quia universo pars continetur, non utique accedit parti, quod universum est; profecto nemo dubitabit, generales quæstiones in illo maxime studiorum more versatas. Jam vero quum sint multa propriis brevibusque comprehensionibus finienda, unde etiam status causarum dicitur

l'orateur; car, comme je l'ai dit dans les livres précédens, au milieu de cette prodigieuse variété de causes, dont les unes se traitent par conjecture, les autres par définition, les autres par des considérations tirées du droit, soit pour écarter l'accusation, soit pour décliner la compétence; où les questions se fondent tantôt sur l'état du syllogisme, tantôt sur *l'antinomie*, ou opposition des lois, tantôt enfin sur l'état d'ambiguité, ou amphibologie : il n'en est peut-être pas une où l'on ne trouve à placer des traits sur l'équité et le souverain bien. Qui ne sait, d'ailleurs, que la majeure partie des causes roule entièrement sur la qualification morale du fait? Et, dans les matières délibératives, est-il un moyen de persuasion qui n'ait pour base l'honnêteté? Que dirai-je ensuite du genre démonstratif, dont l'unique office est de louer ou de blâmer? n'est-ce pas d'un bout à l'autre un traité sur la vertu et sur le vice? l'orateur n'a-t-il pas à y parler sans cesse de la justice, du courage, de la modération, de la piété, de la tempérance? Or, l'homme de bien pour qui ces mots ne seront pas de vains sons qui n'auront fait que passer de l'oreille sur la langue, mais qui aura médité sur ces vertus mêmes, et s'en sera profondément pénétré, cet homme de bien n'aura pas de grands efforts de réflexion à faire, pour en parler comme il les sentira.

S'il est vrai encore qu'une question *générale* a plus d'importance qu'une question spéciale, parce que la partie est contenue dans le tout, et non le tout dans la partie; il est également incontestable que les questions générales appartiennent plus particulièrement à l'étude de la philosophie. Il est aussi beaucoup de choses qui veulent être définies d'une manière juste et concise, d'où naît l'état de cause que l'on nomme définitif : ne faut-il donc pas

finitivus; nonne ad id quoque instrui ab iis, qui plus in hoc studii dederunt, oportet? Quid? non quæstio juris omnis, aut verborum proprietate, aut æqui disputatione, aut voluntatis conjectura continetur? quorum pars ad rationalem, pars ad moralem tractatum redundat. Ergo natura permixta est omnibus istis oratio, quæ quidem oratio est vere : nam ignara quidem hujusce doctrinæ loquacitas erret necesse est, ut quæ vel nullos, vel falsos duces habeat.

Pars vero *naturalis,* quum est ad exercitationem dicendi tanto cæteris uberior, quanto majore spiritu de divinis rebus, quam humanis loquendum est, tum illam etiam moralem, sine qua nulla esse, ut docuimus, oratio potest, totam complectitur. Nam si regitur providentia mundus, administranda certe bonis viris erit respublica : si divina nostris animis origo, tendendum ad virtutem; nec voluptatibus terreni corporis serviendum. An hæc non frequenter tractabit orator? An *de auguriis, responsis, religione* denique omni, de quibus maxima sæpe in senatu consilia versata sunt, non erit ei disserendum, si quidem, ut nobis placet, futurus est vir civilis idem? Quæ denique intelligi saltem potest eloquentia hominis optima nescientis?

Hæc si ratione manifesta non essent, exemplis tamen crederemus : siquidem et Periclem, cujus eloquentiæ,

apprendre cet art de ceux qui s'en sont le plus occupés ? Que dis-je ? toute question de droit ne gît-elle pas ou dans la signification que l'on attache aux mots, ou dans la controverse que l'on établit sur l'équité, ou dans l'intention que l'on explique par conjecture ? ce qui tient en partie à la dialectique, en partie à la morale. Donc, tout discours oratoire comporte naturellement l'une et l'autre : je dis un vrai discours ; car, pour cette ignorante loquacité qui ne s'appuie sur aucune doctrine, il faut à toute force qu'elle s'égare, parce qu'elle n'a pas de guides, ou qu'elle n'en suit que de faux.

Reste la *physique*, qui, outre qu'elle offre un champ d'autant plus vaste à l'exércice de la parole, qu'il faut plus d'enthousiasme pour parler des choses divines que des intérêts humains, renferme encore toute la morale, sans laquelle, comme je l'ai démontré, il n'existe pas de discours. En effet, si le monde est régi par une providence, le gouvernement de l'état doit être confié aux gens de bien ; si notre âme a une origine céleste, nous devons tendre à la vertu, et ne pas être esclaves des plaisirs de nos sens. Ne sont-ce pas de ces inductions morales qu'un orateur aura souvent à traiter ? et, s'il veut en même temps devenir homme d'état, ce que je prétends qu'il devienne, n'aura-t-il pas aussi à disserter sur les réponses des augures, et sur tout ce qui touche à la religion, matières qui ont souvent donné lieu à de graves délibérations dans le sénat ? Comment enfin concevoir l'éloquence dans un homme qui ignorerait ce qu'il y a de plus important à connaître ?

Quand tout cela ne serait pas manifeste aux yeux de la raison, il faudrait se rendre à l'autorité des exemples.

etiamsi nulla ad nos monumenta venerunt, vim tamen quamdam incredibilem quum historici, tum etiam, liberrimum hominum genus, comici veteres tradunt, Anaxagoræ physici constat auditorem fuisse; et Demosthenem, principem omnium Græciæ oratorum, dedisse operam Platoni. Nam M. Tullius, non tantum se debere scholis rhetorum, quantum Academiæ spatiis, frequenter ipse testatur : neque se tanta in eo unquam fudisset ubertas, si ingenium suum consepto fori, non ipsius rerum naturæ finibus terminasset.

Verum ex hoc alia mihi quæstio exoritur, quæ secta conferre plurimum eloquentiæ possit; quamquam ea non inter multas potest esse contentio : nam inprimis nos *Epicurus* a se ipse dimittit, qui fugere omnem disciplinam navigatione quam velocissima jubet : neque vero *Aristippus,* summum in voluptate corporis bonum ponens, ad hunc nos laborem hortatur. *Pyrrhon* quidem quas in hoc opere habere partes potest ? cui judices esse, apud quos verba faciat, et reum, pro quo loquatur, et senatum, in quo sit dicenda sententia, non liquebit. *Academiam* quidam utilissimam credunt, quod mos in utramque partem disserendi ad exercitationem forensium causarum proxime accedat : adjiciunt loco probationis, quod ea præstantissimos in eloquentia viros ediderit. *Peripatetici* studio quoque se quodam oratorio jactant :

Or, il est constant que Périclès, dont les historiens, dont les anciens comiques, genre d'écrivains les moins suspects de flatterie, s'accordent à dire que l'éloquence était d'une puissance incroyable, quoiqu'il n'en soit parvenu aucun monument jusqu'à nous, il est constant que Périclès avait suivi les leçons du physicien Anaxagore; que Démosthène, le prince des orateurs grecs, avait étudié sous Platon; quant à Cicéron, il atteste, dans vingt endroits, qu'il doit bien moins aux écoles des rhéteurs qu'à la fréquentation de l'Académie, et l'on peut croire, en effet, qu'il eût été moins fécond, si son génie eût été resserré dans l'enceinte du barreau, et qu'il lui eût donné d'autres bornes que celles de la nature même.

Mais, de là naît cette autre question : quelle est, parmi les sectes de philosophie, celle où il y a le plus à gagner pour l'éloquence? Le débat se réduira à un petit nombre; car, premièrement, nous mettrons hors de cause *Épicure*, qui recommande à ses disciples de fuir au plus vite toute espèce de doctrine; *Aristippe* nous dispensera aussi de cette peine, lui qui place le souverain bien dans les plaisirs des sens; et *Pyrrhon*, que ferait-il ici avec son scepticisme qui ne lui montrerait qu'illusion dans les juges auprès de qui l'on plaide, dans l'accusé qu'on défend, dans le sénat où l'on délibère? Quelques-uns croient *l'académie* fort utile, parce que ses philosophes ont l'usage de discuter le pour et le contre, ce qui se rapproche beaucoup de la méthode du barreau; et, pour preuve, ils ajoutent que c'est cette école qui a produit les écrivains les plus éloquens. Les *péripatéticiens* se targuent aussi d'un certain zèle pour l'art oratoire; et, en effet, c'est à peu près à eux qu'on doit

nam theses dicere exercitationis gratia fere est ab iis institutum. *Stoici*, sicut copiam nitoremque eloquentiæ fere præceptoribus suis defuisse concedant necesse est, ita nullos aut probare acrius, aut concludere subtilius contendunt.

Sed hæc inter ipsos, qui velut sacramento rogati, vel etiam superstitione constricti, nefas ducunt a suscepta semel persuasione discedere : oratori vero nihil est necesse in cujusquam jurare leges. Majus enim est opus atque præstantius, ad quod ipse tendit, et cujus est velut candidatus, si quidem est futurus quum vitæ, tum etiam eloquentiæ laude perfectus : quare in exemplum dicendi facundissimum quemque proponet sibi ad imitandum : moribus vero formandis quam honestissima præcepta, rectissimamque ad virtutem viam deliget : exercitatione quidem utetur omni, sed tamen erit plurimus in maximis quibusque ac natura pulcherrimis. Nam quæ potest materia reperiri ad graviter copioseque dicendum magis abundans, quam *de virtute, de republica, de providentia, de origine animorum, de amicitia?* Hæc sunt, quibus mens pariter atque oratio insurgant : *quæ vere bona, quid mitiget metus, coerceat cupiditates, eximat nos opinionibus vulgi, animumque cœlestem.* Neque ea solum, quæ talibus disciplinis continentur, sed magis etiam, quæ sunt antiquitus dicta ac facta præ-

l'exercice des thèses. Quant aux *stoïciens*, si, d'un côté, ils sont forcés d'avouer que l'éloquence de leur maître est dépourvue d'abondance et d'éclat, de l'autre, ils soutiennent qu'ils n'ont point de rivaux pour la force des démonstrations, et la rigoureuse exactitude des conséquences.

Au surplus, laissons ce débat entre les philosophes eux-mêmes, qui, liés par une espèce de serment, esclaves d'une sorte de superstition, se font scrupule de se départir du système qu'ils ont une fois adopté. L'orateur ne doit être partisan déclaré d'aucune secte; c'est une œuvre autrement élevée, autrement noble qu'il se propose; c'est une candidature qu'il brigue, pour arriver un jour à la suprématie des mœurs et de l'éloquence. Il s'attachera donc, pour l'art de bien dire, aux plus beaux modèles oratoires, et, pour former ses mœurs, il fera choix des préceptes les plus sûrs, et du chemin qui conduit le plus directement à la vertu; il s'exercera sur toute sorte de sujets, mais de préférence sur ceux qui sont d'une nature grande et belle. Or, est-il une matière plus imposante et plus riche, que d'avoir à parler sur la vertu, sur le gouvernement, sur la providence, sur l'origine de l'âme, sur l'amitié? Voulez-vous donc élever votre esprit, agrandir votre style; appliquez-vous à connaître ce qui constitue le vrai bien, comment on s'affranchit des vaines terreurs, ce qui met un frein à nos passions, ce qui nous arrache aux préjugés du vulgaire, ce qui est digne enfin de la partie immatérielle qui vit en nous. Et ne vous bornez pas à exploiter ces hautes questions; attachez-vous plus encore à connaître, à mé-

clare, et nosse, et animo semper agitare conveniet. Quæ profecto nusquam plura majoraque, quam in nostræ civitatis monumentis reperientur. An fortitudinem, justitiam, fidem, continentiam, frugalitatem, contemptum doloris ac mortis, melius alii docebunt, quam Fabricii, Curii, Reguli, Decii, Mutii, aliique innumerabiles? Quantum enim Græci præceptis valent, tantum Romani, quod est majus, exemplis.

Tantumque non cognatis id e rebus admoneri sciet, qui non modo proximum tempus, lucemque præsentem intueri satis credat, sed omnem posteritatis memoriam, spatium vitæ honestæ, et curriculum laudis existimet : hinc mihi ille justitiæ haustus bibat, hinc sumptam libertatem in causis atque consiliis præstet : neque erit perfectus orator, nisi qui honeste dicere et sciet, et audebit.

diter les paroles et les actions mémorables que l'antiquité nous a transmises. A cet égard, où trouver une moisson plus abondante, que dans nos fastes nationaux? quelles sont les annales étrangères qui offrent des modèles de courage, de justice, de bonne foi, de continence et de frugalité, qui apprennent à mépriser les douleurs et la mort, comme les Fabricius, les Curius, les Regulus, les Decius, les Mutius, et tant d'autres? Car, autant les Grecs sont puissans en préceptes, autant, ce qui est bien plus important, les Romains le sont en exemples.

Mais il n'aura pas même besoin d'être averti par ces leçons qui sont presque des leçons de famille, l'orateur bien convaincu que ce n'est pas assez d'envisager ce qui est près de nous, ni le cours de la vie présente, mais qu'il faut encore se recommander au souvenir de la postérité, en parcourant une carrière honorable et glorieuse. C'est à cette source que je veux le voir s'abreuver de la plus pure morale, et puiser la noble indépendance qu'il portera dans les plaidoyers et les délibérations. Car, on ne peut être un parfait orateur, si l'on ne sait ou si l'on n'ose parler le langage de la vertu.

TABLE
DES MATIÈRES.

LIVRE DIXIÈME.

Chapitres	Pages
I. De la lecture.	3
II. De l'imitation.	73
III. Comment on s'exerce à écrire.	89
IV. Comment il faut retoucher ses ouvrages.	107
V. Sur quoi l'on doit principalement s'exercer à écrire.	111
VI. De la méditation.	125
VII. Comment s'acquiert la faculté d'improviser, et comment elle se conserve.	129

LIVRE ONZIÈME.

I. Préface. Des convenances oratoires.	149
II. De la mémoire.	203
III. Du débit oratoire.	233

LIVRE DOUZIÈME. — Ire PARTIE.

Exorde.	339
I. On ne peut être orateur, si l'on n'est pas homme de bien.	343
II. L'étude de la philosophie est indispensable à l'orateur.	369

FIN DU TOME CINQUIÈME.

www.ingramcontent.com/pod-product-compliance
Lightning Source LLC
Chambersburg PA
CBHW050420170426
43201CB00008B/479